VEINTE CUENTOS
ESPAÑOLES
DEL SIGLO XX

Veinte Cuentos
Españoles
del Siglo XX

Edited with *Introduction*
Notes, and *Vocabulary* by
ENRIQUE ANDERSON-IMBERT
Harvard University

LAWRENCE B. KIDDLE
University of Michigan

Prentice-Hall, Inc., Englewood Cliffs, New Jersey

ISBN: 0-13-941567-X

Library of Congress Catalog Card Number: 61-5287

10 9 8 7 6 5 4 3

PRENTICE-HALL INTERNATIONAL, INC., *London*
PRENTICE-HALL OF AUSTRALIA, PTY. LTD., *Sydney*
PRENTICE-HALL OF CANADA, LTD., *Toronto*
PRENTICE-HALL OF INDIA PRIVATE LIMITED, *New Delhi*
PRENTICE-HALL OF JAPAN, INC., *Tokyo*

A la memoria de
nuestros maestros,
Amado Alonso
y
Antonio G. Solalinde

PREFACE

This anthology of Spanish stories of our century complements the anthology of Spanish American stories that we published several years ago.[1] We have followed the same criteria used for the earlier volume and we could repeat here much of what we said in the Preface to the companion volume of Spanish American stories: we have tried to maintain a high level of artistic accomplishment, we trust that our collection will serve as a means for teaching the Spanish language to English-speaking students, and we hope that this volume will be useful in more advanced courses that treat Spanish literature.

Another intention has been to offer the greatest possible variety in these stories. The twenty authors represented come from all sections of Spain and they typify the most significant literary movements of our century: Naturalism, Realism, Existentialism, Aestheticism, Ultraism, Surrealism, Tremendism, and others. The stories concern life in cities, villages, and in the country. The characters, men, women, and children, are from different social classes. The themes of the stories are also varied: civil war, memoirs, recreation of historical periods, supernatural events, customs, violence, and pure fantasy. The tone of the stories changes, running a rich gamut from humor to tragedy, from realism to lyrical exaltation, and from social protest to tenderness. A vast repertory of storytelling techniques may be observed in these stories: stream of consciousness, surprise ending, the contrapuntal presentation of points of view, to mention only a few.

The order in which these stories are presented stems from the historical introduction on the Spanish short story. In general the

---

[1] **Veinte cuentos hispanoamericanos del siglo XX** (New York, Appleton-Century-Crofts, Inc., 1956).

sequence reflects the chronological succession of the authors based on their dates of birth. Nevertheless, this order has been modified occasionally to bring out more clearly the generation to which an author belongs, and the literary movement he represents. For example, Vicente Blasco Ibáñez, although younger than Miguel de Unamuno, appears first in our anthology because his style of writing belongs really to the period of the predecessors of the Generation of 1898. As would be expected, the first authors in the collection have well established reputations. The later authors, because of their youth, are less well known, and definitive judgements of their work are impossible at the present moment. The historical introduction on the short story in Spain and the short profiles that deal with each individual author should be helpful in the study of contemporary Spanish literature.

The stories we have chosen are presented here without change in the original published versions, except for corrected punctuation and modernization of accentuation. The *preguntas* that follow each story provide an opportunity for conversational practice at both the intermediate and advanced levels. The vocabulary is intended to be complete. The footnotes to the text clarify passages that could represent problems in comprehension or translation.

We are grateful to the authors or to their heirs and representatives who gave us so generously the right to reproduce their stories in this anthology. We are also grateful to our friends, Dr. Manuela M. Cirre and Professor Diego Marín, for their assistance in preparing the manuscript for publication.

E. A.-I.
L. B. K.

CONTENTS

ix

A SPECIAL NOTE TO OUR READERS

THE CHRONOLOGICAL arrangement of the stories in this anthology reflects the many-sided development of the short story in twentieth-century Spain. In classes at the intermediate level where this book may be used as a text, the stories should be read in an order based on a progression of linguistic difficulties. We suggest that teachers and students of these classes read the stories in the following order:

Easy

LOS NIÑOS TONTOS
LA MEMORIA, ESA FUENTE DEL DOLOR
ELIZABIDE EL VAGABUNDO
SENTADO EN EL ESTRIBO
EL FORD
SÓLO UN DÍA CUALQUIERA

Medium

LA TARDE LIMITA CON LA MUERTE
LA CONFERENCIA
LA HELOISADA
EL AUTOBÚS DE LAS 7,40
EL ESPEJO DE LA MUERTE
EN LA BOCA DEL HORNO
RECTIFICACIÓN DE LÍNEA

Difficult

EL SEÑOR AUGUSTO
EL VERANEO
EL HECHIZADO
LA CASA TRIANGULAR
EL ATENTADO
EL MILAGRO
ANITA

VEINTE CUENTOS
ESPAÑOLES
DEL SIGLO XX

El cuento en España[1]

De la Edad Media al siglo XIX

SIEMPRE los hombres contaron cuentos. A veces, cuentos transmitidos oralmente, desde una remota antigüedad. A veces, cuentos aprovechados para construir obras de otros géneros. A veces, cuentos escritos especialmente para ser leídos como formas autónomas: estos cuentos, que valen como unidades literarias independientes, son los últimos en aparecer. Son los últimos en aparecer y, sin embargo, aparecieron en España hace muchos siglos. Siendo España un país tan viejo no es de extrañar que de allí hayan surgido algunas de las primeras recopilaciones de cuentos escritos en las lenguas modernas de nuestra cultura occidental.

De todas las influencias que recibió el pueblo español— influencias grecorromanas, germánicas, árabes, hebreas, francesas, italianas—fueron las orientales las que hicieron brotar allí los primeros repertorios de relatos breves. Es natural. En Oriente los cuentos, por ser enseñanzas religiosas, adquirieron una importancia sin par. De la India pasaron a la literatura árabe; y gracias en parte a la presencia de los árabes en España (711–1492) continuaron su larga emigración al mundo cultural de

---

[1] Todos los autores que mencionemos (con la excepción de José Ortega y Gasset) han contribuido al género cuento, aunque hayan sobresalido en otros géneros. Los nombres que van en letra versalita son los que están representados en nuestra antología: sobre ellos se encontrarán más noticias en las semblanzas que preceden a cada cuento escogido.

Para un panorama histórico más completo véase Enrique Anderson Imbert, *El cuento español* (Buenos Aires: Editorial Columba, 1959.)

1

Occidente. España fue, pues, un puente de comunicación entre Oriente y Occidente.

Las colecciones de cuentos orientales influyeron en todas las literaturas europeas. En castellano, el *Libro de Calila et Dimna* (1251) y el *Sendebar* (1253). El primer gran cuentista que se benefició de los cuentos orientales fue el Infante Don Juan Manuel (1283–1348?), cuyo *Conde Lucanor o Libro de Patronio* (1335) es una de las obras maestras de toda la literatura medieval. En los cincuenta cuentos del *Conde Lucanor* ya se advierte cómo la literatura cuentística de fines de la Edad Media da importancia al valor artístico, al estilo narrativo personal. Claro que esto sin abandonar la intención didáctica. Las colecciones de ejemplos y apólogos de la Edad Media son, ante todo, manuales de ética. El arte de narrar se subordina a los intereses morales y, por lo tanto, se reduce a esquemas esenciales. No hay libre desarrollo artístico de personajes, acciones y situaciones, sino que todo el cuento queda como un esqueleto de símbolos. Para un autor medieval lo que no respondía a una intención moral era superfluo. Habrá que esperar hasta el Renacimiento para que aparezcan recursos narrativos que analicen los personajes, amplifiquen la acción y hagan que el esqueleto se redondee con las formas de la literatura. Juan Manuel, pues, como todo moralista medieval, se propone primero enseñar una tabla de valores éticos y después cautivar al lector con las gracias del arte; pero sin duda él fue ya un hombre de letras, plenamente consciente de su oficio.

Después de don Juan Manuel la tradición de los apólogos continuó con varias colecciones, de las que mencionaremos el *Isopete historiado* (1489), fábulas de Esopo y otros autores puestas en castellano y, sobre todo, el *Libro de los ejemplos*, de Clemente Sánchez de Vercial (1370?–1426?), que es traducción y a veces elaboración personal de 467 cuentos tomados de diversas fuentes.

No todos los cuentos procedían de Oriente, como se ve.

Algunos eran occidentales, de la época clásica o de la Edad Media, y se incorporaron a obras mayores. Temas narrativos de los diferentes ciclos de la literatura caballeresca (temas de Tebas, Eneas, Troya; de Carlomagno y las Cruzadas; del ciclo bretón de la leyenda artúrica y de Tristán) y también temas hagiográficos pasaron a *El Caballero Cifar*, al primitivo *Amadís de Gaula* y a la *Gran Conquista de Ultramar* a principios del siglo XIV. En el siglo XV comienza la influencia italiana, gracias a la cual la descripción de la vida sentimental ha de prevalecer sobre la pura aventura. Por supuesto que se siguen escribiendo relatos breves con los temas antiguos, carolingios y bretones de la literatura caballeresca, y hasta con los temas orientales. Pero lo característico de las últimas décadas del siglo XV y sobre todo del siglo XVI es, como dijimos, la disminución de aventuras y la minuciosidad en las tramas del amor. Boccaccio es una de las fuentes de Alfonso Martínez de Toledo, Arcipreste de Talavera (1397?–1470?), cuyo *Corbacho* aprovecha cuentecillos y diálogos. El cuento continúa como tradición popular o asoma la cabeza en obras que, en sí, no son cuentos sino novelas o tratados didácticos. Pero, con la forma independiente del cuento, ahora, en el siglo XVI, la literatura se hace tributaria del arte italiano de contar. Giovanni Boccaccio (1313– 1375), en el *Decameron* (1353) había emancipado el cuento de la sujeción a intenciones morales y religiosas. A Boccaccio le interesaba más deleitar estéticamente que adoctrinar éticamente. La materia narrativa pasa, pues, al primer plano. Ya traducido al castellano a fines del siglo XV, el gran impacto del *Decameron* en España ocurrió en el siglo XVI. Las traducciones de Boccaccio más las de los *novellieri* Doni, Poggio, Bandello, Cinthio y muchos otros son las fuentes de una nueva familia de cuentistas españoles, en la que descuella Juan de Timoneda (m. en 1583). Sus cuentos de *Sobremesa y alivio de caminantes* (1563), *Buen aviso y portacuentos* (1564) y el

Patrañuelo (1567) no son originales. Se limitaba a difundir una materia artística ya elaborada. Pero Timoneda— como Mal Lara, Santa Cruz, Rufo, Mexía y Torquemada—representaba un arte anecdótico que acabará por abrirse camino y llegar a los cuentos de Cervantes.

En efecto, medio siglo después de Timoneda fue Miguel de Cervantes (1547–1616) quien dio alta dignidad al género. No los llamó cuentos, sino novelas:

> Yo soy el primero que he novelado en lengua castellana; que las muchas novelas que en ella andan impresas todas son traducidas de lenguas extranjeras, y éstas son mías propias, ni imitadas ni hurtadas; mi ingenio las engendró y las parió mi pluma, y van creciendo en los brazos de la estampa. (Prólogo a *Novelas ejemplares*, 1613).

Cervantes emplea el término *novela* para toda narración escrita y, dentro de la novela, reserva el término *cuento* para la narración oral. Para Cervantes, pues, la diferencia entre novela y cuento no es cosa de dimensiones en el espacio, sino de actitud: popular, espontánea y graciosa en el cuento; escrita y empinada en la novela. El cuento se refiere a una materia común; la novela, a la invención. Pero, sin duda, sus *Novelas ejemplares* son cuentos en el sentido que hoy damos a esta palabra. Estos cuentos de Cervantes—imaginados en variadas formas y direcciones—fueron el modelo del arte de la novela en todo el siglo XVII. Es decir, que se puede hablar de una escuela cervantina del cuento. Imposible clasificar la abundante producción cuentística de estos años. Se nota, sin embargo, cómo la novela picaresca se desintegra, y sus elementos sueltos entran en la composición de relatos italianizantes, siguiendo el modelo de Cervantes. Los cuentos (o novelas cortas) de Alfonso Jerónimo de Salas Barbadillo (m. 1635), Alonso de Castillo Solórzano (1584-m. antes de 1648) y María de Zayas y Sotomayor (1590–1661?) son los más notables en esta clase. Hay de todo: historias eróticas entre cortesanos, aventuras, rivalidades familiares, naufragios, piratas, reencuentros inesperados, conversaciones entre amigos en días de Carnaval, anécdotas y chistes, ejemplos morales, alegorías, escenas satíricas y costumbristas. En esta escuela que podríamos llamar cervantina aprendieron sus lecciones narradores interesados en entretener a su auditorio y aun en señalar la ejemplaridad de ciertas formas de vida.

En el siglo XVII el cuento ya se hace barroco. El barroco fue un estilo retorcido de formas que expresaba, torturadamente, los conflictos del vivir: vivir la vida tal como es y desvivirse pensando en la vida tal como debería ser. Un ejemplo notable son los *Sueños* de Francisco de Quevedo (1580–1645).

Dijimos que las novelas picarescas se disgregaron y mezclaron con las formas de la novela corta, de sentimientos o aventuras, tal como Cervantes, lector de los italianos, las había aclimatado en España. Pero otros elementos picarescos fueron a mezclarse a narraciones en las que lo importante era la observación de las costumbres. Del Siglo de Oro sale, pues, un tipo narrativo que ha de ser fértil en el desarrollo del cuento: el costumbrismo, esto es, la descripción—festiva, moralizadora, didáctica—de tipos humanos o de escenas típicas de la sociedad contemporánea de los autores. Este costumbrismo pasa al siglo XVIII. Aparecen cuentos intercalados en la *Historia del famoso predicador Fray Gerundio de Campazas* (1758–70) del Padre José Francisco de Isla (1703–1781) y, mejor perfilados, en algunos libros de Diego de Torres Villarroel (1693–1770).

En la segunda mitad del siglo XVIII se abren paso las nuevas ideas de la Ilustración y plasman, en el periodismo y en el folleto, un género que oscila entre el cuento y el ensayo. Género breve, autónomo, ligero, ameno, con intención de crítica moral y política. Es curioso lo que ocurre a fines del siglo XVIII. La forma periodística del "cuadro de costumbres" procedía de Francia (Jouy, Mercier) y de Inglaterra (Steele, Addison), pero era más bien una influencia de retorno. La literatura picaresca española había influido en aquellos franceses e ingleses, y ahora volvía a España con un nuevo espíritu. El más notable de los muchos periodistas que lo cultivan es José Clavijo y Fajardo (1726–1806), director de la revista *El Pensador.*

Ya en el siglo XIX el cuadro de costumbres llega a su plenitud con Serafín Estébanez Calderón (1799–1867), Ramón de Mesonero Romanos (1803–1882) y Mariano José de Larra (1809–1837). Algunos de esos cuadros, por sus apoyaturas argumentales, valen ya como cuentos, como "De tejas arriba" de Mesonero o "El castellano viejo" de Larra.

La sensibilidad romántica hace que el sentimiento de lo popular, de lo pintoresco, de lo histórico y de lo legendario prevalezca sobre el propósito de reforma. Los románticos, a diferencia de los clasicistas anteriores, prestaban atención a la diversidad del hombre, no a las notas comunes de una humanidad abstracta. El gusto con que los escritores contemplaban el color local de los modos de vida de cada pueblo les excitaba la fantasía y así dignificaron literariamente las formas del cuento popular. El auge del periodismo invita a escribir narraciones cortas y, en efecto, muchos de los cuentos de este período no aparecen en forma de libro, sino como colaboración en las revistas. Casi todos los románticos escribieron cuentos. De todos ellos, "Fernán Caballero"—seudónimo de Cecilia Böhl de Faber (1796–1877)—es la figura central, de donde deriva una larga descendencia de narradores, sea en la vertiente sentimental, sea en la vertiente realista. (El más directo de sus continuadores en el cuento fue Antonio de Trueba, 1819–1889). Porque gracias al romanticismo resurgió el cuento con renovadas fuerzas y en todas las direcciones de la imaginación: del folklore a las situaciones reales, de la ficción a la historia, de la inocente invención para niños a los misterios horripilantes, de las costumbres cotidianas a las maravillas sobrenaturales, de la poesía al documento. Desde el corazón mismo de la generación romántica, pues, el cuento se bifurcará, a lo largo del siglo, en dos direcciones. Por un lado, las leyendas, las "baladas en prosa" al gusto germánico, el arte de contar con tensión imaginativa y lírica cuyo representante más puro fue Gustavo Adolfo Bécquer (1836–1870), autor de *Leyendas* y *Desde mi celda*. Por otro, una trayectoria hacia el realismo. En el nacimiento de esta trayectoria podríamos mencionar a Pedro Antonio de Alarcón (1833–1891) porque, si bien sigue siendo un romántico trasnochado, improvisador y superficial, se propuso detallar anécdotas y "casos verdaderos"; a Juan Valera (1824–1905) porque a pesar de su hostilidad al realismo—él defendía los derechos de la "ficción libre", de pintar la realidad "no como es, sino como debía ser"—fue impermeable al romanticismo; y al regionalista José María de Pereda (1833–1906).

En el umbral del 1900

Gracias al realismo—que domina durante la segunda mitad del siglo XIX—el molde forjado por el cuento romántico se llenó con una nueva materia. Hubo también un cambio de técnicas. Al separarse de su origen tradicional, popular, el cuento cobró conciencia de su importancia literaria. La influencia de los procedimientos naturalistas del extranjero (especialmente de Francia) acabó por redondear, concentrar y sutilizar la estructura cuentística. Pocos son los escritores que no cultivaron el cuento y sería imposible mencionar a todos. Las grandes figuras del cuento realista son—además de Valera, Alarcón y Pereda, ya mencionados—Galdós, Pardo Bazán, "Clarín" y Palacio Valdés. Benito Pérez Galdós (1843–1920), el mayor narrador de todo el siglo XIX español, observaba la vida española y, al describirla, quería comunicarse con el pueblo y hacerle llegar un mensaje de reforma. Primero, narraciones de evocación histórica o con personajes que simbolizaban la fuerza de la historia. Después, un período naturalista, en que procura desentrañar del mediocre medio familiar y social el carácter nacional de España. De la pintura de los hechos pasa a reflexionar sobre el conflicto entre la inercia de la materia y la libertad del espíritu. Alrededor de 1900 Galdós afirma el poder creador de la personalidad: sigue usando las técnicas narrativas del realismo, pero su concepción del mundo es ahora espiritualista. La obra de sus últimos años se hará más subjetiva, más imaginativa. Emilia Pardo Bazán (1851–1921), a pesar de su catolicismo, mantuvo una actitud liberal ante las novedades literarias y filosóficas de Europa. Hizo conocer en España novelistas rusos y franceses. Pero su catolicismo le impedía simpatizar con las implicaciones deterministas y políticas de la literatura naturalista. Su tendencia fue la del realismo, no la del naturalismo. Admiró, sí, a Zola, pero también admiraba a Balzac y a Tolstoy, cuyo impulso creador sentía más afín al propio. Leopoldo Alas, "Clarín" (1852–1901), cerca de la Pardo Bazán en la atenta curiosidad por lo moderno, simpatizó asimismo con Zola y el naturalismo, pero se cuidó de sus exageraciones: fue más bien un realista de penetrante don de observación que sabía idealizar las cosas y afirmaba los valores morales del espíritu. Armando Palacio Valdés (1853–1938) escribió cuentos de un realismo atenuado por un temple tranquilo, tierno, burgués y aun humorístico. Todos ellos eran realistas; y aun podría señalárseles ribetes naturalistas si no fuera que, a diferencia de lo que pasaba en otros países, en España no se dio una literatura que, para probar tesis deterministas, acentuara lo brutal, lo sórdido, lo patológico de la vida. Hubo, sí, naturalistas a la francesa[2], pero en esta línea de cuentistas sólo se destacó VICENTE BLASCO IBÁÑEZ.

[2] El naturalismo español se inició con Jacinto Octavio Picón (1853–1923), y cuajó con Joaquín Dicenta (1863–1917), Felipe Trigo (1865–1915) y Eduardo Zamacois (1876–   ?).

Nuestra antología arranca del 1900. Pero no se puede trazar en ese año una línea divisoria. Cuentistas típicos del siglo XIX penetraron con su actividad muy dentro del siglo XX (Galdós, Pardo Bazán, Palacio Valdés, Clarín); y, en cambio, cuentistas novecentistas, por sus maneras anticuadas, pertenecían más a la sensibilidad estilística del siglo XIX que a la del siglo XX (BLASCO IBÁÑEZ). Pasemos, pues, el umbral del 1900 y entremos en la época que está representada en esta antología que ofrecemos.

DE 1900 A LA PRIMERA GUERRA MUNDIAL

Las dos primeras décadas del siglo XX comprende la producción cuentística de lo que se ha llamado "la generación del 1898". Este concepto de "generación del 98" es demasiado vago y, como tal, ha sido discutido y aun negado. En primer lugar se refiere a un hecho extraliterario: la guerra con los Estados Unidos, a consecuencia de la cual España perdió sus últimas colonias en América. Además, los críticos no se ponen de acuerdo en los componentes de esa generación. Si el criterio es meramente cronológico ¿pueden colocarse juntos a UNAMUNO (n. en 1864) y a Pérez de Ayala (n. en 1880)? Si el criterio es puramente estético ¿pueden ponerse juntos al naturalista BLASCO IBÁÑEZ y al preciosista MIRÓ? El concepto de "generación del 98" no distingue suficientemente los diferentes ideales de expresión que se dieron en esos años. Sin duda todos los "hombres del 98" tenían de común una misma insatisfacción por las causas de la decadencia nacional, una misma preocupación en levantar la cultura española al nivel de los países más adelantados de Europa, una misma voluntad de crear brillantes estilos personales. Pero esa generación se escinde en dos grupos: 1) un grupo de escritores castizos, ahincados en las circunstancias históricas y geográficas del país, austeros, ensimismados, con sentido moral y político. Son los "noventa

y ochistas" UNAMUNO, BAROJA, AZORIN, Antonio
Machado (1875–1939), Pérez de Ayala (1880); y 2) un
grupo de escritores cosmopolitas, aristocráticos, esteticistas, que renuevan el estilo con el ejemplo de las corrientes
poéticas de moda en el resto de Europa y en Hispanoamérica. Son los "modernistas" Jacinto Benavente
(1866–1954), Ramón María del Valle Inclán (1866–
1935), Eduardo Marquina (1879–1946), Juan Ramón
Jiménez (1881–1958), GABRIEL MIRÓ, Gregorio Martínez Sierra (1881–1948), Francisco Villaespesa (1887–
1936).

Podríamos agregar un tercer grupo, de menos significación en la historia de la literatura española, aunque
imprescindible en la historia específica de las narraciones
cortas: la promoción de *El cuento semanal* (1907–1920),
una de cuyas figuras más interesantes fue Alfonso Hernández Catá (1885–1942). La tendencia dominante de
este tercer grupo fue la del realismo y el naturalismo.[3]
En nuestra antología hemos tomado, como ejemplo de
naturalismo, a VICENTE BLASCO IBÁÑEZ.

LAS TENDENCIAS DE VANGUARDIA

Algunos de los escritores mencionados anteriormente—
como Valle Inclán, AZORÍN, Juan Ramón Jiménez—
intentaron renovarse en sus técnicas narrativas, ponerse
al día con las tendencias que, en el resto de Europa,
empezaban a modelar la nueva literatura. Pero, aunque
rompieran con ciertas formas del pasado, permanecieron fieles a la visión con que ya se habían expresado.
El gran cambio comienza con RAMÓN GÓMEZ DE LA

---

[3] Los iniciadores, ya se dijo, fueron Picón, Trigo y Zamacois. Otros escritores de
El cuento semanal fueron Tomás Borrás, Concha Espina (1877–1955), Carmen de
Burgos (1878–1932), Wenceslao Fernández Flórez (1879), Guillermo Díaz Caneja
(1876–1933), Emilio Carrere (1880–1947), Julio Camba (1882) y otros más. Véase
Federico Carlos Sainz de Robles *La novela corta española. Promoción de 'El cuento semanal'*
1901–1920, Madrid, 1952.

SERNA (1888). Fue tan diferente a todos los escritores de su tiempo que los críticos hablan de la "generación unipersonal de Ramón". Con él España da unos rápidos pasos, alcanza al grupo europeo que iba a la vanguardia y, ya a la cabeza, enciende sus propias bengalas metafóricas, que los demás países aplaudirán regocijadamente.

¿Hacia dónde soplaban los nuevos vientos artísticos de Europa? Alrededor de 1910 fue ya evidente que en pintura, en música, en literatura había jóvenes que querían dinamitar los templos tradicionales. El Expresionismo, el Cubismo, el Futurismo fueron explosiones de nuevas ansias. Se sentían hartos de la imitación de la realidad, aun de las impresiones embellecedoras de la realidad. Querían, violentamente, dar salida a los impulsos de la vida, por incoherentes y oscuros que fueran. El escritor se sentía un productor de realidad, no un consumidor de ella. La guerra de 1914 a 1918 vino a exacerbar esa rebelión. El Dadaísmo primero, el Superrealismo después incorporaron a la literatura automatismos de la subconsciencia, delirios anormales, orgías de fabricantes de metáforas, balbuceos infantiles y manifestaciones de los pueblos primitivos, lo folklórico, los ejemplos de distorsión y extravagancia formales de literaturas archicultas, como la del barroco, la destrucción de las formas consagradas, la subversión contra el mundo, la befa al hombre y a cuanto hacía, incluyendo la literatura misma. Fue un magnífico ejercicio de libertad irresponsable. Ya dijimos que RAMÓN GÓMEZ DE LA SERNA enarboló la bandera de la insurrección. Después de la guerra de 1914 a 1918 un escandaloso arte literario ("ultraísmo" lo llamaron) desfiló por España sobre los hombros de una nueva generación. Las expresiones más distinguidas del juvenil escándalo fueron acogidas por la *Revista de Occidente*, fundada en 1923 por el filósofo José Ortega y Gasset, quien acuñó la fórmula de "la deshumanización del arte". El tono dominante fue el lírico, no el narrativo; por eso sus figuras más importantes no se encontrarán en este panorama del cuento, sino en una historia de la poesía. Pero hubo también narradores. Algunos poetas escribieron cuentos. Más normal era que los narradores natos escribieran en tensión lírica, como Benjamín Jarnés (1888–1950) y Rosa Chacel (1898). Y aun los narradores más inclinados a la realidad—como Antonio Espina (1894), FRANCISCO AYALA, Juan Chabás (1898–1955), Max Aub (1902)—hacían reventar en sus cuentos metáforas fabricadas en el taller de pirotecnia de las flamantes literaturas europeas de vanguardia. Esos relatos de la vanguardia proponían, en el fondo, una retórica, distinta a las anteriores, pero tan rebuscada como ellas: se rechazaba adrede las experiencias vitales importantes y a cualquiera insignificancia se la vestía con imágenes sensoriales.

Un rasgo común de estos narradores—se los llama "la generación de 1925"—es que, en verdad, no narraban. Escribían novela contra el género "novela"; cuentos contra el género "cuento". Es decir, en vez de describir una situación objetiva y unos personajes allí comprometidos, se presentaban ellos, los autores, en actitud de captar sus propias sensaciones o en actitud deliberadamente frívola, de deportistas o humoristas de la literatura. Puesto que la función normal de la prosa es articular el pensamiento, exige, mucho más que la poesía, que entre el escritor y la realidad objetiva haya una relación directa. Al renunciar a esta realidad, la prosa vanguardista se quedó con un pie en el aire, sin poder caminar. Fue un experimento. Poco, en verdad, es lo que ha quedado en la historia del cuento. Claro que, con más madurez, esos jóvenes fueron también los primeros en comprender las limitaciones del nuevo arte y se corrigieron. Pero el "ultraísmo"—que fue uno de los nombres que se dieron en España a los "ismos" que siguieron a la primera guerra mundial—fue un momento de la sensibilidad europea y no puede olvidarse. En el prólogo a *La Cabeza del Cordero* (1949) Francisco Ayala se refiere a ese movimiento juvenil de los años veintitantos:

¿Quién no recuerda la tónica de aquellos años? aquel impávido afirmar y negar, hacer tabla rasa de todo con el propósito de construir—en dos patadas, digamos—un mundo nuevo, dinámico y brillante. Se había roto con el pasado, en literatura como en todo lo demás; los jóvenes teníamos la palabra: se nos sugería que la juventud, en sí y por sí, era ya un mérito, una gloria; se nos invitaba a la insolencia, al disparate gratuito; se tomaban en serio nuestras bromas, se nos quería imitar... El balbuceo, la imagen fresca, o bien el jugueteo irresponsable, los ejercicios de agilidad, la eutrapelia, la ocurrencia libre, eran así los valores literarios de más alta cotización. Pero, a la vez que mi juventud primera, pasó pronto la oportunidad y el ambiente de aquella sensual alegría que jugaba con imágenes, con metáforas, con palabras, y se complacía en su propio asombro del mundo, divirtiéndose en estilizarlo.

La trágica crisis de la civilización occidental, en los años 1930 y tantos, puso fin al espíritu juguetón y despreocupado de los ultraístas. La burguesía había creado un mundo liberal. Ahora ese mundo de libertad y aun de respeto a las minorías cultas fue amenazado por la rebelión de las masas, por los movimientos totalitarios, del comunismo y del fascismo. Durante algunos años pareció evidente el triunfo del fascismo en toda Europa. En 1931 España había elegido en los comicios la forma republicana de gobierno. En 1936 un levantamiento militar—en armonía con el fascismo de Mussolini y con el nazismo de Hitler—destruyó la República e impuso un régimen teocrático, antiintelectual y antiliberal.

España desde 1936

La guerra civil en España aplastó y dispersó una generación que todavía estaba buscando su propia expresión. Los escritores antitotalitarios, democráticos, liberales e izquierdistas, tuvieron que desterrarse. Algunos de ellos ya tenían reputación por su obra narrativa, como Benjamín Jarnés, Francisco Ayala, Rosa Chacel, Antonio

Espina, Antoniorrobles. Otros intentaron el cuento por
primera vez, como Pedro Salinas, María Teresa León.
Como quiera que sea, en la llamada "España peregrina,"
la España que los emigrados se llevaron consigo, se hizo
una importante obra narrativa.[4] Pero el destierro les fue
secando a algunos cuentistas su vocación y aun su
capacidad. Los que quedaron en España tuvieron que
escribir sus cuentos bajo un régimen de censura política
y religiosa. La falta de libertad afectó el repertorio de
temas, la elección de situaciones, el movimiento de las
ideas. España quedó aislada del resto de Europa, y en la
miseria. Mientras en otros países se renovaban la materia
y la forma del relato, los españoles quedaron a oscuras,
aplastados por el miedo, desorientados por una forzosa
ignorancia. España dio, pues, un bajón. Los que encontraron libertad en otros países tenían las raíces en el aire.
Los que hundían sus raíces en el suelo español, no podían
producir por la opresión. Al examinar la producción
cuentística de la España de estos últimos años hay que
tener en cuenta, pues, los estragos de la muerte, la
acción de la miseria, el debilitamiento de la emigración
y el freno de la tiranía.

Como se comprenderá, la pasión moral y política hace
difícil el estudio de este tema. Hay ya una copiosa bibliografía—de tono polémico, naturalmente—sobre los
resultados que la guerra civil tuvo en la literatura española. Unos declaran que el mayor y mejor caudal de la
creación literaria brotó fuera de España. Otros, sin dejar
de reconocer que algunas de las mejores plumas se deste-
rraron después del triunfo del general Franco, señalan que
en España también se produjo buena literatura, a pesar
del régimen franquista. Nos parece palmario que, desde
el punto de vista de la literatura, la España de Franco
significó una profunda decadencia, por lo menos hasta

---

[4] A los nombres citados habría que agregar los de Ramón J. Sender, Rafael Dieste,
Arturo Barea, Juan José Domenchina, Paulino Masip, Manuel D. Benavides,
César María Arconada, Corpus Barga, Segundo Serrano Poncela.

1945. En este año, derrotado el fascismo en la segunda guerra mundial, no se pudo impedir un despertar de la inteligencia. Por aquello de que en el país de los ciegos el tuerto es rey, algunos escritores menores, de segundo o de tercer orden, adquirieron en España una importancia desproporcionada a sus méritos. Se beneficiaron así del hecho de que los competidores más fuertes estaban diseminados por el mundo, invisibles al ojo del lector común. Por estar en su propia casa se beneficiaron también de la atención de la crítica, de las facilidades editoriales, de los periódicos, de las tertulias de café, de los honores académicos y de los premios literarios; premios literarios tan excesivos en número que resultan sospechosos de responder más a la propaganda patriótica de un país que aspira al público reconocimiento de su cultura que a un espíritu de serio discernimiento de los valores artísticos.

Después de 1936 trabajan en España dos generaciones de cuentistas: la de los nacidos de 1900 a 1915 y la de los nacidos de 1915 a 1930. (Hay una incipiente tercera promoción, de nacidos después de 1930, pero no entran todavía en el foco de la crítica).

Cuentistas que vivieron la guerra civil

El desconcierto, el desánimo, la desconfianza no permitieron la formación de un pujante grupo. Cada uno tiraba por su lado. No había propósitos comunes ni unidad de estilo. Aunque, individualmente, y en secreto, estuvieran desconformes, su literatura tiene un aire de conformidad. Los que se asomaban a la realidad preferían no comprometerse con lo que allí veían: buscaban una fría objetividad, seleccionando los aspectos de España menos excitantes o deformaban las cosas a lo artista o a lo humorista. Otros se dedicaban resueltamente a contar sus mundos privados, en una literatura introspectiva hecha de sueños, de recuerdos, de arte, de fugas y de análisis psicológicos.

Dos tendencias patentes. Una, de los cuentistas que idealizaban la realidad con fino sentido poético (como José Antonio Muñoz Rojas). Otra, de los que preferían la realidad gruesa que observaban a su alrededor (como José Antonio Zunzunegui).[5] Y, entre ambos, los cuentistas que van elaborando un nuevo estilo, aparentemente popular, pero elaborado con tanto esfuerzo que su realismo denuncia cierto empaque académico. Este "estilo" será el que prevalezca en la generación que va de Cela a Sánchez Ferlosio (la que veremos en el próximo capitulillo): se coleccionan giros campechanos, se practican lugares comunes, el diálogo imita el habla viva de la masa, una fórmula coloquial, por vulgar que sea, saca pecho con orgullo, y el lector no puede menos de preguntarse si los cuentistas, para deletrear sus voces, han educado el oído en la conversación espontánea del hombre humilde o si han educado la vista en la lectura de cuadros de costumbres y sainetes.

Cuentistas que se formaron después de la guerra civil

Desde el punto de vista técnico, el comienzo de los narradores de la "generación del 36" fue cauto. Para ellos la época de los experimentos vanguardistas había pasado definitivamente. Los desastres en toda Europa y, dentro de España, la dictadura, no invitaban a la aventura. Al contrario: había que defender los derechos de la literatura a existir, contra el resentimiento, la indiferencia, la mediocridad y el misoneísmo de los poderosos. El no experimentar fue, pues, uno de los rasgos distintivos de Cela, Delibes y otros con respecto a los cuentistas de la generación de 1925. Cela se pondrá a renovar la estruc-

---

[5] Cuentistas de esta generación, en España: Eulalia Galvarriato, Samuel Ros, Manuel Halcón, Alfredo Marquerie, Emiliano Aguado, José María Silva, Antonio Gaya Nuño, José María Gironella, Edgar Neville, José Pla, Sánchez Mazas, Carmen Conde, Eusebio García Luengo.

tura del relato solamente cuando se sienta seguro, después de sus éxitos iniciales.

No se meten directamente con la religión ni con la política, pero su pesimismo tiene algo de la "literatura comprometida", como la llamó el existencialista Sartre. Literatura comprometida con los arduos problemas de la realidad, ante los cuales hay que tomar una posición definida, cueste lo que cueste. España había tenido su propia literatura existencialista: la de UNAMUNO, por ejemplo. Pero ahora, de 1940 en adelante, surgió en España otra manera de existencialismo, a la que se ha llamado "tremendismo". Según algunos, esta palabra salió del uso y abuso que el poeta Zubiaurre hacía del adjetivo "tremendo". Como quiera que sea, uno de los promotores del tremendismo en ficción fue CELA. El negro humor, la complacencia en lo cruel, el desarraigarse del orden moral de la civilización para hundir las raíces en un mundo sin propósitos, el jugarse la vida a cada paso no son, necesariamente, notas existencialistas. No sería propio llamar, pues, "existencialista" a la última promoción literaria española. El "tremendismo" no ofrece una filosofía de la existencia, como las narraciones de UNAMUNO o, en Francia, las de Sartre: eso sí, nos desazona allí el mismo sentimiento de angustia, el mismo problema del libre albedrío, del pecado y de la muerte. En cambio, el "tremendismo" español de los últimos años—más cerca del animalismo y del neo-naturalismo de ciertos narradores norteamericanos, franceses e italianos que de la novelística unamuniana—se puso a describir situaciones atroces en formas truculentas. Los cuentos tremendistas se regodean en escenas repulsivas, horripilantes y escabrosas. Los personajes viven en perpetua zozobra y soledad. Las circunstancias son cruentas. El estilo tiene la dureza y la frialdad de un tremendo bisturí, con el que se disecciona la vida de la España de hoy.

La línea realista de Cervantes a Galdós y de éste a

BAROJA ha sido continuada por la mayoría de los nuevos narradores. Son los exploradores del mundo objetivo: CELA, LAFORET, DELIBES, José Suárez Carreño, Ildefonso-Manuel Gil.

Pero hay otra línea, mucho más delgada y corta, de narradores ensimismados en su subjetividad o con ideales líricos, estéticos, artísticos: JORGE CAMPOS, ALONSO ZAMORA VICENTE, Julián Ayesta, Carlos Edmundo de Ory.[6]

LOS ÚLTIMOS

Resumamos. En la literatura española contemporánea se ve, al fondo, los copudos árboles de la generación del 98: UNAMUNO, BAROJA, AZORÍN . . . Más acá, la floresta de la generación del 25, experimentadora en sus comienzos pero que después envejeció magistralmente: Benjamín Jarnés, FRANCISCO AYALA, Salinas . . . El liño más joven es el de la generación del 36: CELA, DELIBES . . . Y ahora veamos el vivero de los arbolillos nuevos, todavía en formación y por eso difíciles de juzgar.

A diferencia de los cuentistas de la generación de 1925—quienes se apartaban desdeñosamente del gran público y se apretaban alrededor de la aristocrática *Revista de Occidente*—,a diferencia de la generación de 1936—quienes tuvieron que sobreponerse a la inercia y mala fe del ambiente—estos jóvenes que aparecieron después de 1950 aspiran a ganar la atención de vastos auditorios. Es decir, que quieren recobrar la posición que tuvo el escritor realista en el siglo XIX.

Derrotado el fascismo en la segunda guerra mundial, mejoraron las condiciones de la vida literaria en España. Poco a poco el público español empezó a interesarse por los jóvenes escritores. Seis u ocho casas editoria-

---

[6] Otros cuentistas de esta promoción: Elena Soriano, María Luisa Gefaell, FRANCISCO ALEMÁN SAINZ, FRANCISCO GARCÍA PAVÓN, JOSÉ CORRALES EGEA, José Luis-Castillo Puche, Lauro Olmo.

les de España—ayudadas por los numerosos premios literarios y por la propaganda de la crítica—decidieron abrir sus puertas a valores nuevos. Surgió así un grupo de narradores que, estimulados por las facilidades editoriales, se lanzaron a escribir con la ambición de triunfar con grandes tirajes y aun de vivir de la pluma. Muchos cedieron al gusto más bajo del público y, aunque produjeron éxitos de librería, no cuentan en la historia de la literatura. Pero hubo otros que, con toda dignidad, mantuvieron en alto sus ideales artísticos y al mismo tiempo ganaron el favor popular.

Estos jóvenes escritores denotan un serio espíritu profesional. Aprovechan las tertulias, los periódicos, las editoriales y los premios. Tal profesionalismo—y la preocupación por el dinero—es parte de una actitud más exigente que la de antes. Forman un grupo compacto. Expresan así, marchando juntos en busca del reconocimiento público, su disconformidad con las condiciones de la vida intelectual de España. No cultivan el humor; y la risa es en ellos más bien una mueca. El tono dominante es patético, aun de trágica melancolía.

Su principal programa consiste en presentarse como hombres de su época. Sus narraciones suelen ser autobiográficas (evocaciones de infancia y adolescencia) o de una pertinaz y taciturna objetividad. En ambos casos, la imaginación parece no atreverse a inventar tramas y situaciones con la libertad de los verdaderos narradores. La literatura para ellos debe ser un testimonio. Más aún: un documento de la realidad en torno. Este género narrativo-documental podría ilustrarse con el ejemplo de IGNACIO ALDECOA, seco, sobrio, sin las gracias de la fantasía, y también con el de ANA MARÍA MATUTE, con sus sombrías narraciones.

Todavía estamos muy cerca para poder apreciar el valor del renacimiento del cuento español en los últimos años. Sin embargo, hay ya figuras que son más que mera promesa: agreguemos a los mencionados antes, los nombres de José Luis Acquaroni, Manuel Pilares, Rafael Sánchez Ferlosio, Vicente Soto, Julián Ayesta, Vicente Carredano, Juan Goytisolo, Luis Romero.[7]

Quienes, de esta nómina juvenil, ganarán más estatura, dependerá de lo que ellos sepan hacer en el futuro. Y también de que las circunstancias de la vida española les dejen hacer lo que quieran.

[7] La lista es larguísima: Cela Trulock, Elena Quiroga, Medardo Fraile, Jesús Fernández Santos, Elisabeth Mulder, Luis de Castresana, Juan Guerrero Zamora, José María de Quinto, Ramón Nieto, Alfonso Albalá, Juan Emilio Aragonés, Carmen Martín Gate, Juan Carlos Villacorta, Rafael Azcona, Jorge Ferrer-Vidal, Ramón Solís, Antonio Prieto, Pilar Paz Pasamar.

Vicente Blasco Ibáñez

VALENCIA; 1867–1928

Blasco Ibáñez apareció en el mundo de las letras cuando
en España y en Hispanoamérica los "modernistas" pro-
curaban analizar sensaciones exquisitas o expresar ideas
complejas en un estilo artísticamente elaborado. Sin
embargo, Blasco Ibáñez persistió en los credos del siglo
XIX: el determinismo, el naturalismo. Este retraso en
el gusto hizo que fuese más apreciado por las masas—y
por el público extranjero—que por las minorías exigen-
tes. Se le ha llamado el Zola español, acaso porque
describía la fuerza ciega de la naturaleza y, para acentuar
su dominio sobre los hombres, insistía en la ignorancia, la
pobreza, el vicio, la violencia de los instintos, la sordidez
de la vida social y el trágico fracaso de los destinos. Pero,
en el fondo, Blasco Ibáñez era un optimista, adherido a
filosofías políticas que creían en la bondad del hombre,
en el progreso y en la anárquica libertad. De aquí su
simpatía por los idealistas luchadores o por las encar-
naciones violentas de algún valor (como la valentía, la
justicia, el honor, et cétera). A sus ideas políticas las
podemos reconocer por los delgados esquemas intelectuales que introducía en sus cuentos: por ejemplo, los
representantes de la autoridad son deshonestos, el pueblo
es fundamentalmente honrado, etc. Era hombre de
acción. Su literatura, pues, tiene el dinamismo de las
aventuras. Nos da el reflejo instantáneo de lo que veía y
vivía. Su ojo de cuentista se parece al objetivo de una

21

cámara fotográfica. "Mi único secreto—dijo—consiste en hacerme olvidar en mi papel de intermediario entre mis lectores y el argumento de mi relato." Sin embargo, su prosa, aunque sin atuendos artísticos, es más viva, nerviosa, ágil y personal que la de los realistas del siglo XIX.

Habría que estudiar juntos sus cuentos y novelas. Tienen la misma materia, el mismo arte naturalista. De los cuentos han salido algunos argumentos y personajes que luego van a meterse en *La barraca* o en *Cañas y barro*. Y, al revés, hay novelas que mejorarían si se redujesen a las líneas de un cuento.

Escribió nueve colecciones de cuentos. Las mejores— *Cuentos valencianos*, 1896; *La condenada*, 1900—son las que escribió en los mismos años de su serie de novelas regionales, como *Flor de Mayo*, 1895, *La barraca*, 1898, *Cañas y barro*, 1902. Es que en la pintura de la huerta y el mar de Valencia y en las costumbres de los valencianos acertó más. Después escribió cuentos cosmopolitas, pero no son tan buenos: *El préstamo de la difunta*, 1921; *Novelas de la Costa Azul*, 1924; *Las novelas del amor y de la muerte*, 1927; *El adiós de Schubert*, 1926.

Daba importancia al argumento, y lo construía para mantener en vilo la atención del lector. Además de tener talento descriptivo, sabía levantar la acción a un clímax que era a veces una sorpresa final y a veces un choque emocional. Son los suyos cuentos que se recuerdan. Así lo observó Palacio Valdés, quien afirmaba que ningún escritor español aventajaba en eso a Blasco Ibáñez. Y aun recordamos algunos personajes: sólo que Blasco Ibáñez no analizaba psicológicamente los caracteres, sino que los presentaba en vigorosos trazos, en dramática lucha contra el ambiente. La situación, no el análisis del autor, es lo que va perfilando los caracteres, pues.

El cuento que hemos elegido—"En la boca del horno" —es típico de Blasco Ibáñez. Transcurre en Valencia. Los personajes, que hablan en su dialecto, son trabajadores humildes. Los vemos en la faena nocturna; después, en la madrugada, cuando la ciudad despierta. La observación de la realidad es minuciosa, hasta con detalles repugnantes, como el de la sangre de la nariz en la masa. Las pasiones son elementales. En medio de tanta brutalidad, reconocemos sin embargo el noble sentimiento del honor. La construcción del cuento es hábil, y al final nos deja en suspenso: un duelo bárbaro, a cuchilladas, y, destacándose sobre un fondo de sangre, una cara pálida. (¿La cara de quién? ¿la cara del sobreviviente?)

En la boca del horno

Como en agosto Valencia entera desfallece de calor, los trabajadores del horno se asfixiaban junto a aquella boca, que exhalaba el ardor de un incendio.

Desnudos, sin otra concesión a la decencia que un blanco mandil, trabajaban cerca de las abiertas rejas, y aun así, su piel 5 inflamada parecía liquidarse con la transpiración, y el sudor caía a gotas sobre la pasta, sin duda para que, cumpliéndose a medias la maldición bíblica, los parroquianos, ya que no con el sudor propio, se comieran el pan empapado en el ajeno.

Cuando se descorría la mampara de hierro que tapaba el 10 horno, las llamas enrojecían las paredes, y su reflejo, resbalando por los tableros cargados de masa, coloreaba los blancos taparrabos y aquellos pechos atléticos y bíceps de gigante, que, espolvoreados de harina y brillantes de sudor, tenían cierta apariencia femenil.   15

Las palas se arrastraban dentro del horno, dejando sobre las ardientes piedras los pedazos de pasta, o sacando los panes cocidos, de rubia corteza, que esparcían un humillo fragante de vida; y mientras tanto, los cinco panaderos, inclinados sobre las largas mesas, aporreaban la masa, la estrujaban como si fuese un 20 lío de ropa mojada y retorcida y la cortaban en piezas; todo sin levantar la cabeza, hablando con voz entrecortada por la fatiga y entonando canciones lentas y monótonas, que muchas veces quedaban sin terminar.

A lo lejos sonaba la hora cantada por los serenos, rasgando vibrante la bochornosa calma de la noche estival; y los tras-
5 nochadores que volvían del café o del teatro deteníanse un instante ante las rejas para ver en su antro a los panaderos, que, desnudos, visibles únicamente de cintura arriba, y teniendo por fondo la llameante boca del horno, parecían ánimas en pena de un retablo del purgatorio; pero el calor, el intenso perfume del
10 pan y el vaho de aquellos cuerpos, dejaban pronto las rejas libres de curiosos y se restablecía la calma en el obrador.

Era entre los panaderos el de más autoridad Toño el Bizco, un mocetón que tenía fama por su mal carácter e insolencia brutal; y eso que la gente del oficio no se distinguía por buena.
15 Bebía, sin que nunca le temblasen las piernas ni menos los brazos; antes bien, a éstos les entraba con el calor del vino un furor por aporrear, cual si todo el mundo fuese una masa como la que aporreaban en el horno. En los ventorrillos de las afueras temblaban los parroquianos pacíficos, como si se aproximara una
20 tempestad, cuando le veían llegar de merienda al frente de una cuadrilla de gente del oficio, que reía todas sus gracias. Era todo un hombre. Paliza diaria a la mujer; casi todo el jornal en su bolsillo, y los chiquillos descalzos y hambrientos, buscando con ansia las sobras de la cena de aquella cesta que por las noches se
25 llevaba al horno. Aparte de esto, un buen corazón, que se gastaba el dinero con los compañeros, para adquirir el derecho de atormentarlos con sus bromas de bruto.

El dueño del horno le trataba con cierto miramiento, como si le temiera, y los camaradas de trabajo, pobres diablos cargados
30 de familia, se evitaban compromisos sufriéndolo con sonrisa amistosa.

En el obrador, Toño tenía su víctima: el pobre *Menut*,[1] un muchacho enclenque que meses antes aún era aprendiz, y al que los camaradas reprendían por el excesivo afán de trabajo que
35 mostraba siempre, ansiando un aumento de jornal para poder casarse.

¡Pobre *Menut!* Todos los compañeros, influidos por esa adulación instintiva en los cobardes, celebraban alborozados las

---

[1] **Menut** *Val. Nickname similar to our* Shorty, Tiny, Half-pint, etc.

bromas que Toño se permitía con él.[2] Al buscar sus ropas terminado el trabajo,[3] encontrábase en los bolsillos cosas nauseabundas; recibía en pleno rostro bolas de pasta, y siempre que el mocetón pasaba por detrás de él, dejaba caer sobre su encorvado espinazo la poderosa manaza, como si se desplomara 5 medio techo.

El *Menut* callaba resignado. ¡Ser tan poquita cosa ante los puños de aquel bruto, que le había tomado como un juguete!

Un domingo por la noche, Toño llegó muy alegre al horno. Había merendado en la playa; sus ojos tenían un jaspeado san- 10 guinolento, y al respirar lo impregnaba todo de ese hedor de chufas que delata una pesada digestión de vino.

¡Gran noticia! Había visto en un merendero al *Menut*, a aquel ganso que tenía delante. Iba con su novia: una gran chica. ¡Vaya con el gusano tísico![4] Bien había sabido escoger. 15

Y entre las risotadas de sus compañeros, describía a la pobre muchacha con minuciosidad vergonzosa, como si la hubiera desnudado con la mirada.

El *Menut* no levantaba la cabeza, absorto en su trabajo; pero estaba pálido, como si dentro del estómago se revolviera la 20 merienda mordiéndole. No era el de todas las noches: también él olía a chufas, y varias veces sus ojos, apartándose de la masa, se encontraron con la mirada bizca y socarrona del tirano. De él podía decir cuanto quisiera: estaba acostumbrado; ¿pero hablar de su novia? . . . ¡Cristo! . . . 25

El trabajo resultaba aquella noche más lento y fatigoso. Pasaban las horas sin que adelantasen gran cosa los brazos, torpes y cansados por la fiesta, a los que la masa parecía resistirse.

Aumentaba el calor: un ambiente de irritación se esparcía en 30 torno de los panaderos, y Toño, que era el más furioso, se desahogaba con maldiciones. ¡Así se volviera veneno todo el pan de aquella noche![5] Rabiar como perros a la hora en que todo el mundo duerme, para poder comer al día siguiente unos cuantos pedazos de aquella masa indecente. ¡Vaya un oficio! 35

Y enardecido por la constancia con que trabajaba el *Menut*,

---

[2] **se ... él** played freely on him
[3] **terminado ... trabajo** when his day's work was through
[4] **¡Vaya ... tísico!** And he, what a sickly character!
[5] **¡Así ... noche!** I hope tonight's bread turns to poison when they eat it

la emprendió con él, volviendo a sacar a ruedo la belleza de su novia.

Debía casarse pronto. Les convenía a los amigos. Como él era un bendito, un cualquier cosa, sin pelo de hombre siquiera . . . [6]
5 los compañeros, ¿eh? . . . Los buenos mozos como él harían el favor . . . [7]

Y antes de terminar la frase guiñaba expresivamente sus ojos bizcos, provocando la carcajada brutal de todos los camaradas. Pero duró poco la alegría. El joven había lanzado un voto
10 redondo, al mismo tiempo que una cosa enorme y pesada pasó silbando como un proyectil por encima de la mesa, haciendo desaparecer la cabeza de Toño, el cual vaciló y se agarró a los tableros, doblándose sobre una rodilla.

El *Menut*, con una fuerza nerviosa, jadeante el angosto pecho
15 y trémulos los brazos, le había arrojado a la cabeza todo un montón de masa, y el mocetón, aturdido por el golpe, no sabía cómo despojarse de aquella máscara pegajosa y asfixiante.

Le ayudaron los compañeros. El golpe le había destrozado la nariz, y un hilillo de sangre teñía la blanca pasta. Pero Toño no
20 se fijaba en ello, revolviéndose como un loco entre los brazos de sus compañeros y pidiendo a gritos que le soltasen. En eso pensaban. Todos habían visto que aquel maldito, en vez de abalanzarse sobre el *Menut*, intentaba llegar hasta el rincón donde colgaban sus ropas, buscando, sin duda, la famosa faca, tan
25 conocida en las tabernas de las afueras.

Hasta el encargado del horno dejó quemarse una fila de panes para ayudar a contenerle, y nadie pensaba sujetar al agresor, convencidos todos de que el infeliz no había de pasar de su primer arrebato.
30 Apareció el dueño del horno. ¡Qué oído el de aquel tío! Le habían despertado los gritos y el pataleo, y allí estaba, casi en paños menores.

Todos volvieron a su trabajo, y la sangre de Toño desapareció en las entrañas de la pasta, vuelta a sobar. [8]
35 El mocetón mostrábase benévolo, con una bondad que daba frío. No había ocurrido nada: una broma de las que se ven todos

---

[6] **sin . . . siquiera** without even the slightest resemblance to a man
[7] **Los . . . favor** Real he-men like him would be glad to take care of his marital duties
[8] **vuelta . . . sobar** as it was kneaded again and again

los días. Cosas de chicos, que los hombres deben perdonar. Y era sabido . . . ¡entre compañeros! . . .

Y siguió trabajando, pero con más ardor, sin levantar la cabeza, deseando acabar cuanto antes.

El *Menut* miraba a todos fijamente y se encogía de hombros 5 con cierta arrogancia, como si, rota ya su timidez, le costara trabajo volver a recobrarla.

Toño fue el primero en vestirse y salió acompañado hasta la puerta por los buenos consejos del amo, que él agradecía con cabezadas de aprobación. 10

Cuando se fue el *Menut*, media hora después, los camaradas le acompañaron. Le hicieron mil ofrecimientos. Ellos se encargarían de ajustar las paces por la noche; pero mientras tanto, quieto en casa, y a evitar un mal encuentro, no saliendo en todo el día. 15

Despertábase la ciudad. El sol enrojecía los aleros; retirábanse en busca del relevo los guardias de la noche, y en las calles sólo se veían las huertanas cargadas de cestas camino del Mercado.

Los panaderos abandonaron al *Menut* en la puerta de su casa. Vio cómo se alejaban, y aún permaneció un rato inmóvil, con la 20 llave en la cerraja, como si gozara viéndose solo y sin protección. Por fin se había convencido de que era un hombre; ya no sentía crueles dudas y sonreía satisfecho al recordar el aspecto del mocetón cayendo de rodillas y chorreando sangre. ¡Granuja! . . . ¡Hablar tan libremente de su novia! No; no quería arreglos 25 con él.

Al dar la vuelta a la llave oyó que le llamaban:

—¡*Menut*! ¡*Menut*!

Era Toño, que salía de detrás de una esquina. Mejor: le esperaba. Y junto con un temblorcillo instintivo, experimentó 30 cierta satisfacción. Le dolía que le perdonasen el golpe, como si fuera él un irresponsable.

Al ver la actitud agresiva de Toño, púsose en guardia, como un gallito encrespado, pero los dos se contuvieron, notando que llamaban la atención de algunos albañiles que con el saquito al 35 hombro pasaban camino del andamio.

Se hablaron en voz baja, con frialdad, como dos buenos amigos, pero cortando las palabras como si las mordieran. Toño venía a arreglar rápidamente el asunto: todo se reducía a decirse dos palabritas en sitio retirado. Y como hombre generoso, incapaz 40 de ocultar la extensión de la entrevista, preguntó al muchacho:

—— ¿*Pòrtes ferramenta?* [9]

¿Él herramienta? No era de los guapos que van a todas horas con la navaja sobre los riñones. Pero tenía arriba un cuchillo que
5 fue de su padre, e iba por él: un momento de espera nada más. Y abriendo el portal, se lanzó por la angosta escalerilla, llegando en un vuelo a lo más alto.

Bajó a los pocos minutos, pero pálido e inquieto. Le había recibido su madre, que estaba arreglándose para ir a misa y al
10 Mercado. La pobre vieja extrañaba aquella salida, y había tenido que engañarla con penosas mentiras. Pero ya estaba él allí con todo su arreglo. Cuando Toño quisiera . . . ¡andando!

No encontraban una calle desierta. Abríanse las puertas, arrojando la fétida atmósfera de la noche, y las escobas arañaban
15 las aceras, lanzando nubecillas de polvo en los rayos oblicuos de aquel sol rojo, que asomaba al extremo de las calles como por una brecha.

En todas partes guardias que les miraban con ojos vagos, como si aún no estuvieran despiertos; labradores que, con la mano en
20 el ronzal, guiaban su carro de verduras, esparciendo en las calles la fresca fragancia de los campos; viejas arrebujadas en su mantilla, acelerando el paso como espoleadas por los esquilones que volteaban en las iglesias próximas; gente, en fin, que al verles metidos en el negocio, chillaría o se apresuraría a separarles.
25 ¡Qué escándalo! ¿Es que dos hombres de bien no podían pegarse con tranquilidad en toda una Valencia?

En las afueras, el mismo movimiento. La mañana, con su exceso de luz y actividad, envolvía a los dos trasnochadores, como para avergonzarles por su empeño.
30 El *Menut* sentía cierto decaimiento, y hasta probó a hablar. Reconocía su imprudencia. Había sido el vino y su falta de costumbre; pero debían pensar como hombres, y lo pasado . . . pasado. ¿No pensaba Toño en su mujer y los chiquillos, que podían quedar más desamparados que estaban? Él aún estaba
35 viendo a su viejecita y la mirada ansiosa con que le siguió al abandonarla. ¿Qué comería la pobre si se quedaba sin hijo?

Pero Toño no le dejó acabar. ¡Gallina! ¡Morral! ¿Y para contarle todo aquello iban vagando por las calles? Ahora mismo le rompía la cara.

---

[9] **¿Pòrtes ferramenta?** *Val.* Do you have a knife on you?

El *Menut* se hizo atrás para evitar el golpe. También él mostró deseos de agarrarse allí mismo; pero se contuvo viendo una tartana que se aproximaba lentamente, balanceándose sobre los baches de la ronda y con su conductor todavía adormecido.

—¡Che, tartanero . . . para! [5]

Y abalanzándose a la portezuela, la abrió con estrépito e invitó a subir a Toño, que retrocedía con asombro. Él no tenía dinero: ni esto. Y metiéndose una uña entre los dientes, tiraba hacia afuera.[10]

El joven quería terminar pronto. "Yo pagaré." Y hasta ayudó [10] a subir a su enemigo, entrando después de él y subiendo con presteza las persianas de las ventanillas.

—¡Al Hospital!

El tartanero se hizo repetir dos veces la dirección,[11] y como le recomendaban que no se diera prisa, dejó rodar perezosamente [15] su carruaje por las calles de la ciudad.

Oyó ruido detrás de él, gritos ahogados, choque de cuerpos, como si se rieran haciéndose cosquillas, y maldijo su perra suerte, que tan mal comenzaba el día. Serían borrachos, que, después de pasar la noche en claro, en un arranque de embriaguez llorona [20] no querían meterse en la cama sin visitar algún amigote enfermo. ¡Cómo le estarían poniendo los asientos![12]

La tartana pasaba lenta y perezosa por entre el movimiento matinal. Las vacas de leche, de monótono cencerro, husmeaban sus ruedas; las cabras, asustadas por el rocín, apartábanse [25] sonando sus campanillas y balanceando sus pesadas ubres; las comadres, apoyadas en sus escobas, miraban con curiosidad aquellas ventanillas cerradas, y hasta un municipal sonrió maliciosamente, señalándola a unos vecinos. ¡Tan temprano y ya andaban por el mundo amores *de contrabando!* [30]

Cuando entró en el patio del Hospital, el tartanero saltó de su asiento, y acariciando su caballo esperó inútilmente que bajasen aquel par de borrachos.

Fue a abrir, y vio que por el estribo de hierro se deslizaban hilos de sangre. [35]

[10] **Y . . . afuera** And, putting his thumbnail between his teeth, he pushed it forward. *This gesture accompanies the words* **Ni esto** *and means* 'I do not have even a broken fingernail'.

[11] **se . . . dirección** asked twice for the address

[12] **¡Cómo . . . asientos!** What a mess they were probably making of his seats!

—¡Socorro! ¡Socorro!—gritó abriendo de un golpe.

Entró la luz en el interior de la tartana. Sangre por todas partes. Uno en el suelo, con la cabeza junto a la portezuela. El otro caído en la banqueta, con el cuchillo en la mano y la cara
5 blanca como de papel mascado.

Acudieron las gentes del Hospital, y manchándose hasta los codos, vaciaron aquella tartana, que parecía un carro del Matadero cargado de carne muerta, rota, agujereada por todas partes.

PREGUNTAS

1. ¿Cómo es el tiempo en agosto en Valencia?
2. ¿Dónde pasa la acción de este cuento?
3. ¿Por qué se cumplía a medias la maldición bíblica?
4. Cuando se descorría la mampara de hierro ¿qué se veía?
5. ¿Cómo se metían en el horno los pedazos de pasta?
6. ¿Cómo les parecían los panaderos a los trasnochadores que se detenían para verlos en su trabajo?
7. ¿Quién era el panadero de más autoridad?
8. ¿Qué fama tenía?
9. ¿Por qué se podía decir que era todo un hombre?
10. ¿Cómo le trataba el dueño del horno?
11. ¿Quién era la víctima de Toño en el obrador?
12. ¿Por qué le reprendían los camaradas?
13. ¿Qué bromas se permitía Toño con él?
14. ¿Cómo llegó Toño al horno un domingo por la noche?
15. ¿Qué gran noticia tenía?
16. ¿Qué hacía el Menut durante todo esto?
17. ¿Cómo era el trabajo aquella noche?
18. ¿Por qué decidió Toño emprenderla con el Menut?
19. ¿Por qué, según Toño, debía casarse pronto el Menut?
20. ¿Cómo terminó la alegría?
21. ¿Qué había arrojado el Menut?
22. ¿Por qué querían contener a Toño y no al Menut?
23. ¿Quién apareció?
24. ¿Cómo se mostraba el mocetón?
25. ¿Quién salió primero?
26. ¿Quiénes acompañaron al Menut cuando salía del trabajo?
27. ¿Qué ofrecimientos le hicieron?
28. ¿Dónde le abandonaron?
29. ¿En qué pensaba el Menut cuando se alejaron sus compañeros?

30. ¿Quién le llamó en ese momento?
31. Al ver la actitud agresiva de Toño ¿qué hizo el Menut?
32. ¿Cuál era la intención de Toño?
33. ¿Por qué no tenía herramienta el Menut?
34. ¿Por qué estaba pálido e inquieto cuando bajó con la herramienta?
35. ¿Por qué no podían encontrar sitio para arreglar el asunto?
36. ¿Por qué sentía el Menut cierto decaimiento?
37. ¿Qué debían hacer ellos?
38. Cuando sentía deseos de agarrarse ¿por qué se contuvo?
39. ¿Por qué retrocedió Toño ante la invitación de su compañero?
40. ¿Quién iba a pagar la tartana?
41. ¿Adónde mandó el Menut que los llevara el tartanero?
42. ¿Qué oyó el tartanero detrás de él?
43. ¿Cómo pasaba la tartana por las calles?
44. Al abrir la tartana ¿qué vio el tartanero?
45. ¿Qué parecía la tartana?

Miguel de Unamuno

BILBAO; 1864–1936

Unamuno es, de todos los escritores españoles de nuestro siglo, el que ha alcanzado una mayor celebridad internacional. Ocupa un lugar de privilegio en el panorama de la filosofía existencialista europea. Procedió directamente de Kierkegaard, a quien leyó en danés. Sin embargo, a diferencia del de Kierkegaard, el existencialismo de Unamuno no era religioso. Es verdad que el lenguaje de Unamuno es rico en alusiones a los grandes temas de la religión: Dios, el alma, el pecado original, la redención por Cristo, la salvación eterna, etc. Pero, en el fondo, Unamuno no tenía fe; y, en efecto, algunos de sus libros han sido condenados por la Iglesia. Si prefería el lenguaje religioso era porque quería confesar su duda, su angustia y su desesperación a otros hombres, solitarios como él; y para conmover más a su público—español y, por lo tanto, católico—recurría a los símbolos tradicionales del cristianismo.

Unamuno afirmaba los impulsos irracionales de la vida. Uno de estos impulsos es el de querer perdurar sin fin. La razón nos dice que hemos de morir, pero la vida se rebela contra esa certidumbre y ansía la inmortalidad. Vivamos, pues, como si lo más importante fuera nuestra propia existencia personal. Es decir, vivamos hacia dentro, no hacia fuera. Claro está que no podremos menos de vivir desde ciertas circunstancias dadas: las circunstancias del país, de la época y de la cultura en que nos ha tocado nacer. Pero debemos ser auténticos, y ser auténticos es imponer, sobre las circunstancias, el programa vital que libremente hemos elegido en el fondo de nuestra intimidad. Agonía (que en griego quiere decir "lucha") llamaba Unamuno a su esfuerzo para salvar su yo, su personalidad sincera, de las tentaciones a ceder a los mecanismos del mundo.

Unamuno no construyó un sistema de ideas. Más: despreciaba todo pensamiento sistemático. Pero nadie interrogó los problemas con tanta hondura como él. Nadie inquietó tanto a los lectores como él. Y, si no la anhelada eternidad, logró por lo menos la única forma de inmortalidad que nos es dada a los hombres: la gloria literaria. Su inconformidad ante la muerte enriqueció, en efecto, su literatura. Su filosofía quedó expresada en un libro traducido a todas las lenguas: *Del sentimiento trágico de la vida en los hombres y en los pueblos* (1912). Esa misma filosofía alimentó sus ensayos, sus poesías, su teatro, sus novelas, sus cuentos.

Unamuno era un anárquico. Admirable espectáculo, en tiempos de conformidad, el de este individualista que trata de quitarse de encima todas las redes que le echan los hombres gregarios. Su prosa era viva, apasionada, con los movimientos impetuosos de la voluntad. Escribía contra la retórica esteticista, y al hacerlo se acercaba a la conversación. Pero en seguida rompía los esquemas de la conversación profundizando en cada frase hecha hasta revitalizarla. Sus frases, pues, suenan a pueblo sin ser populares; suenan a arte sin ser artísticas. Era un poeta, y su mayor logro fue establecer una correlación entre su concepción del mundo y su estilo. En sus libros de cuentos—*El espejo de la muerte*, 1913; *Tres novelas ejemplares y un prólogo*, 1920; *San Manuel Bueno, mártir y tres historias más*, 1933—nos encontramos con los temas de su filosofía existencialista: la conciencia de la propia personalidad; los grados de la intensidad con que nos lanzamos contra las circunstancias; las pasiones que sacuden nuestro ánimo; el sentimiento de ser insustituibles; el hambre de Dios y de eternidad; la perduración del hombre en sus obras y en sus hijos; et cétera. Del libro *El espejo de la muerte* hemos elegido el cuento que le da título. Es la historia de Matilde, la que "vivía sin apetito de vivir", la que, por su aire de muerte, suscita en los vecinos, aun en su novio, un sentimiento de respeto, compasión, aversión, y miedo.

El espejo de la muerte

¡La pobre! Era una languidez traidora que iba ganándole el cuerpo todo de día en día. Ni le quedaban ganas para cosa alguna: vivía sin apetito de vivir y casi por deber. Por las mañanas costábale levantarse de la cama, ¡a ella, que se había levantado
5 siempre para poder ver salir el sol! Las faenas de la casa le eran más gravosas cada vez.

La primavera no resultaba ya tal para ella. Los árboles, limpios de la escarcha del invierno, iban echando su plumoncillo de verdura; llegábanse a ellos algunos pájaros nuevos; todo
10 parecía renacer. Ella no renacía.

"¡Esto pasará — decíase—, esto pasará!" queriendo creerlo a fuerza de repetírselo a solas. El médico aseguraba que no era sino una crisis de la edad: aire y luz, nada más que aire y luz. Y comer bien; lo mejor que pudiese.

15 ¿Aire? Lo que es como aire le tenían en redondo,[1] libre, soleado, perfumado de tomillo, aperitivo. A los cuatro vientos se descubría desde la casa el horizonte de tierra, una tierra lozana y grasa que era una bendición del Dios de los campos. Y luz, luz libre también. En cuanto a comer[2] . . ., "pero, madre,
20 si no tengo ganas . . ."

—Vamos, hija, come, que a Dios gracias no nos falta de qué; come—le repetía su madre, suplicante.

—Pero si no tengo ganas le he dicho . . .

---

[1] **Lo . . . redondo** As far as fresh air was concerned, they had it all around them
[2] **En . . . comer** As for eating

—No importa. Comiendo es cómo se las hace una.[3] La pobre
madre, más acongojada que ella, temiendo se le fuera de entre
los brazos aquel supremo consuelo de su viudez temprana, se
había propuesto empapizarla, como a los pavos. Llegó hasta a
provocarle bascas, y todo inútil.[4] No comía más que un pajarito. [5]
Y la pobre viuda ayunaba en ofrenda a la Virgen pidiéndole
diera apetito, apetito de comer, apetito de vivir, a su pobre hija.

Y no era esto lo peor que a la pobre Matilde le pasaba; no
era el languidecer, el palidecer, marchitarse y ajársele el cuerpo; [10]
era que su novio, José Antonio, estaba cada vez más frío con ella. [10]
Buscaba una salida, sí; no había duda de ello; buscaba un modo
de zafarse y dejarla. Pretendió primero, y con muy grandes
instancias, que se apresurase la boda, como si temiera perder algo,
y a la respuesta de madre e hija de: "No; todavía no, hasta que
me reponga; así no puedo casarme", frunció el ceño. Llegó a [15]
decirle que acaso el matrimonio la aliviase, la curase, y ella,
tristemente: "No, José Antonio, no; éste no es mal de amores; es
otra cosa: es mal de vida." Y José Antonio la oyó mustio y
contrariado.

Seguía acudiendo a la cita el mozo, pero como por compromiso, [20]
y estaba durante ella distraído y como absorto en algo lejano.
No hablaba ya de planes para el porvenir, como si éste hubiera
para ellos muerto. Era como si aquellos amores no tuviesen ya
sino pasado.

Mirándole como a espejo, le decía Matilde: [25]

—Pero, dime, José Antonio, dime, ¿qué te pasa?; porque tú
no eres ya el que antes eras . . .

—¡Qué cosas se te ocurren, chica! ¿Pues quién he de ser? . . .

—Mira, oye: si te has cansado de mí, si te has fijado ya en
otra, déjame. Déjame, José Antonio, déjame sola, porque sola [30]
me quedaré; ¡no quiero que por mí te sacrifiques!

—¡Sacrificarme! Pero ¿quién te ha dicho, chica, que me
sacrifico? Déjate de tonterías, Matilde.

—No, no, no lo ocultes; tú ya no me quieres . . .

—¿Que no te quiero?   [35]

—No, no, ya no me quieres como antes, como al principio . . .

—Es que al principio . . .

—¡Siempre debe ser principio, José Antonio!; en el querer

---

[3] **Comiendo . . . una** You get to feel like it by eating
[4] **y . . . inútil** and all to no avail

siempre debe ser principio; se debe estar siempre empezando a
querer.

—Bueno, no llores, Matilde, no llores, que así te pones peor . . .

—¿Que me pongo peor?, ¿peor?; ¡luego estoy mal!

5   —¡Mal . . . no!; pero . . . Son cavilaciones . . .

—Pues, mira, oye, no quiero, no; no quiero que vengas por
compromiso . . .

—¿Es que me echas?

—¿Echarte yo, José Antonio, yo?

10   —Parece que tienes empeño en que me vaya . . .

Rompía aún a llorar la pobre. Y luego, encerrada en su
cuarto, con poca luz ya y poco aire, mirábase Matilde una y
otra vez al espejo y volvía a mirarse en él. "Pues no, no es gran
cosa [5]—se decía—; pero las ropas cada vez se me van quedando
15 más grandes, más holgadas; este justillo me viene ya flojo, puedo
meter las dos manos por él; he tenido que dar un pliegue más a la
saya . . . ¿Qué es esto, Dios mío, qué es?" Y lloraba y rezaba.

Pero vencían los veintitrés años, vencía su madre, y Matilde
soñaba de nuevo en la vida, en una vida verde y fresca, airada
20 y soleada, llena de luz, de amor y de campo; en un largo porvenir,
en una casa henchida de faenas, en unos hijos y, ¿quién sabe?,
hasta en unos nietos. ¡Y ellos, dos viejecitos, calentando al sol el
postre de la vida!

José Antonio empezó a faltar a las citas, y una vez, a los
25 repetidos requerimientos de su novia de que la dejara si es que
ya no la quería como al principio, si es que no seguía empezando
a quererla, contestó con los ojos fijos en la guija del suelo:
"Tanto te empeñas, que al fin . . ." Rompió ella una vez más a
llorar. Y él entonces, con brutalidad de varón: "Si vas a darme
30 todos los días estas funciones de lágrimas, sí que te dejo." José
Antonio no entendía de amor de lágrimas.

Supo un día Matilde, que su novio cortejaba a otra, a una de
sus más íntimas amigas. Y se lo dijo. Y no volvió José Antonio.

Y decía a su madre la pobre:

35   —¡Yo estoy muy mala, madre; yo me muero! . . .

—No digas tonterías, hija; yo estuve a tu edad mucho peor
que tú; me quedé en puros huesos. Y ya ves cómo vivo. Eso no es
nada. Claro, te empeñas en no comer . . .

---

[5] **no . . . cosa** I haven't lost much

Pero a solas en su cuarto y entre lágrimas silenciosas, pensaba la madre: "¡Bruto, más que bruto! ¿Por qué no aguardó un poco . . ., un poco, sí, no mucho . .? La está matando . antes de tiempo . . ."

Y se iban los días, todos iguales, unánimes, llevándose cada 5 uno un jirón de la vida de Matilde.

Acercábase el día de Nuestra Señora de la Fresneda, en que iban todos los del pueblo a la venerada ermita, donde se rezaba, pedía cada cual por sus propias necesidades y era la vuelta una vuelta de romería, entre bailes, retozos, cantos y relinchidos. 10 Volvían los mozos de la mano, del brazo de las mozas, abrazados a ellas, cantando, brincando, jijeando, retozándose. Era una de besos robados, de restregones, de apretujeos. Y los mayores se reían recordando y añorando sus mocedales.

—Mira, hija—dijo a Matilde su madre—; está cerca el día de 15 Nuestra Señora; prepara tu mejor vestido. Vas a pedirle que te dé apetito.

—¿No será mejor, madre, pedirle salud?

—No, apetito, hija, apetito. Con él te volverá la salud. No conviene pedir demasiado ni aun a la Virgen. Es menester pedir 20 poquito a poquito; hoy una miaja, mañana otra. Ahora apetito, que con él te vendrá la salud, y luego . . .

—Luego, ¿qué, madre?

—Luego un novio más decente y más agradecido que ese bárbaro de José Antonio. 25

—¡No hable mal de él, madre!

—¡Que no hable mal de él! ¿Y me lo dices tú? Dejarte a tí, mi cordera; ¿y por quién? ¿Por esa legañosa de Rita?

—No hable mal de Rita, madre, que no es legañosa. Ahora es más guapa que yo. Si José Antonio no me quería ya, ¿para 30 qué iba a seguir viniendo a hablar conmigo? ¿Por compasión? ¿Por compasión, madre, por compasión? Yo estoy muy mal, lo sé, muy mal. Y a Rita da gusto de verla, tan colorada, tan fresca . . .

—¡Calla, hija, calla! ¿Colorada? Sí, como el tomate. ¡Basta, 35 basta!

Y se fue a llorar la madre.

Llegó el día de la fiesta. Matilde se atavió lo mejor que pudo, y hasta se dio, ¡la pobre!, colorete en las mejillas. Y subieron madre e hija a la ermita. A trechos tenía la moza que apoyarse 40

38   CUENTOS ESPAÑOLES

en el brazo de su madre; otras veces se sentaba. Miraba al campo como por despedida, y esto aun sin saberlo.

Todo era en torno alegría y verdor. Reían los hombres y los árboles. Matilde entró a la ermita y en un rincón, con los huesos
5 de las rodillas clavados en las losas del suelo, apoyados los huesos de los codos en la madera de un banco, anhelante, rezó, rezó, rezó, conteniendo las lágrimas. Con los labios balbucía una cosa; con el pensamiento, otra. Y apenas si veía el rostro resplandeciente de Nuestra Señora, en que se reflejaban las llamas de
10 los cirios.

Salieron de la penumbra de la ermita al esplendor luminoso del campo y emprendieron el regreso. Volvían los mozos, como potros desbocados, saciando apetitos acariciados durante meses. Corrían mozos y mozas excitando con sus chillidos éstas a
15 aquéllos a que las persiguieran. Todo era restregones, sobeos y tentarujas bajo la luz del sol.

Y Matilde lo miraba todo tristemente, y más tristemente aún lo miraba su madre, la viuda.

—Yo no podría correr si así me persiguieran—pensaba la
20 pobre moza—; yo no podría provocarles y azuzarles con mis carreras y mis chillidos . . . Esto se va.

Cruzáronse con José Antonio, que pasaba junto a ellas acompañando al paso a Rita. Los cuatro bajaron los ojos al suelo. Rita palideció, y el último arrebol, un arrebol de ocaso encendió
25 las mejillas de Matilde, de donde la brisa había borrado el colorete.

Sentía la pobre moza en torno de sí el respeto como espesado: un respeto terrible, un respeto trágico, un respeto inhumano y cruelísimo. ¿Qué era aquello? ¿Era compasión? ¿Era aversión? ¿Era miedo? ¡Oh, sí; tal vez miedo, miedo tal vez! Infundía
30 temor; ¡ella, la pobre chiquilla de veintitrés años! Y al pensar en este miedo inconsciente de los otros, en este miedo que inconscientemente también adivinaba en los ojos de los que al pasar la miraban, se la helaba de miedo, de otro más terrible miedo, el corazón.

35 Así que traspuso el umbral de la solana de su casa, entornó la puerta; se dejó caer en el escaño, reventó en lágrimas y exclamó con la muerte en los labios:

—¡Ay, mi madre; mi madre, cómo estaré![6] ¡Como las feas!

---

[6] **cómo estaré** What a sight I must be! How terrible I must look!

¡Cómo estaré, Virgen santa, cómo estaré! ¡Ni por cumplido, ni por compasión, como otras: como a las feas! ¡Cómo estaré, Virgen santa, cómo estaré! ¡Ni me han retozado . . ., ni me han retozado los mozos como antaño! ¡Ni por compasión, como a las feas! ¡Cómo estaré, madre, cómo estaré!   5

—¡Bárbaros, bárbaros y más que bárbaros—se decía la viuda—. ¡Bárbaros, no retozar a mi hija, no retozarla! . . . ¿Qué les costaba? Y luego a todas esas legañosas . . . ¡Bárbaros!

Y se indignaba como ante un sacrilegio, que lo era, por ser el retozo en estas santas fiestas un rito sagrado.   10

—¡Cómo estaré, madre, cómo estaré que ni por compasión me han retozado los mozos!

Se pasó la noche llorando y anhelando, y a la mañana siguiente no quiso mirarse al espejo. Y la Virgen de la Fresnada, Madre de compasiones, oyendo los ruegos de Matilde, a los tres 15 meses de la fiesta se la llevaba a que la retozasen los ángeles.

PREGUNTAS

1. ¿Cómo vivía la pobre chica?
2. ¿Cómo se levantaba de la cama?
3. ¿Qué pasó en la primavera?
4. ¿Cómo explicaba el médico la condición de la chica?
5. ¿Qué necesitaba la chica?
6. ¿Por qué no comía?
7. ¿Qué suplica la madre?
8. ¿Qué temía ella?
9. ¿Qué pidió a la Virgen?
10. ¿Qué era lo peor que le pasaba a la pobre Matilde?
11. ¿Quién era su novio y cómo estaba con ella?
12. ¿Qué pretendió primero?
13. ¿Por qué era imposible casarse entonces?
14. Según la muchacha ¿qué mal tenía?
15. ¿Cómo acudía a la cita el joven José Antonio?
16. ¿Por qué quiere que José Antonio la deje?
17. ¿Qué hacía en su cuarto?
18. ¿Qué contestó José Antonio una vez?
19. ¿Qué supo un día Matilde?
20. ¿Cómo se iban los días?
21. ¿Qué hacían los del pueblo el día de Nuestra Señora de la Fresneda?
22. ¿Qué sugiere la madre que pida a la Virgen la hija?

23. ¿Por qué no debe pedir apetito y salud al mismo tiempo?
24. ¿Qué clase de novio debe pedir la chica?
25. ¿Cómo se atavió Matilde el día de la fiesta?
26. Al subir a la ermita ¿qué tenía que hacer la moza?
27. ¿Cómo rezó la chica?
28. ¿Cómo volvían los mozos?
29. ¿Con quiénes se cruzaron?
30. ¿Qué sentía la pobre moza en torno de sí?
31. ¿Por qué se indignaba la madre?
32. ¿Qué pasó a los tres meses de la fiesta?

Pío Baroja

SAN SEBASTIÁN 1872—1956

Después de Cervantes, Galdós; después de Galdós, Baroja.

Así de grande es este vasco, que ha escrito un centenar de novelas, casi todas ellas en la línea del realismo.

Baroja no ha creado ningún gran carácter, como el Don Quijote de Cervantes; ni ha puesto en movimiento toda una sociedad en un solo libro, como Galdós en *Fortunata y Jacinta*. En cambio, ha estampado en todos sus relatos el sello de una personalidad originalísima. Su originalidad está hecha de contradicciones. Es un abúlico que admira la acción, de ahí su avidez de espectador ante las aventuras de los hombres. Es un individualista que quisiera una sociedad más justa y ordenada, de ahí su impaciencia y su desprecio ante la chabacanería del Estado, el Ejército, la Iglesia y otras instituciones. Es un escéptico que cree en la dignidad de la conciencia humana, de ahí el fondo de sana crítica moral que late aun en sus páginas más sombrías. Es hombre sencillo y natural que se niega a cultivar las convenciones del arte literario, pero su fiera autenticidad comunica una vibración artística a todo lo que escribe. Es un filósofo que se propone pensar fríamente en qué es el hombre, pero su sentimentalismo acaba por dar a sus páginas la temperatura del corazón. Describe la crueldad de la vida, pero él mismo es tierno y bondadoso. Su aparente cinismo es más bien sentido humorístico. Si le irritan la vulgaridad, el egoís-

mo, la violencia, la ingratitud, la superstición, la ignorancia y la fealdad de la España de su tiempo es porque,
en su alma de español, no había eso, sino una tabla de
valores ideales. Es decir, que la degradación humana
está vista desde muy arriba, y su alta perspectiva es, en
sí, una prueba de que el hombre no es una criatura
esencialmente degradada. Su frase: "El hombre me
parece la cosa más repugnante de este planeta" (en
Tablado de Arlequín) es más desilusión que misantropía.
Su espíritu rebelde, no conformista, sincero, agresivo, ha
cristalizado en una prosa sin afeites retóricos. Escribe
como habla y habla como es. Al lado de una serie de
golpes duros, una rápida caricia poética. Que no tiene
estilo, que no sabe escribir, se ha dicho. Lo que se quiere
decir es que la Estética de Baroja no es la del Modernis-
mo, estetizante y preciosista. Pero expresó eficazmente lo
que quería, y estilo es eso: la expresión valiosa de un
modo personal de ver la vida. Baroja veía la vida como
aventura sin fines.

Sus colecciones de cuentos ocupan un lugar menor,
dentro de su enorme producción novelística. Así y todo,
contribuyen a aclarar el sentido de su obra total. He
aquí algunos de sus libros de cuentos: *Vidas sombrías*, 1900,
e *Idilios vascos*, 1901, se refundieron en *Cuentos* (4 volúmenes, 1919); *Idilios y fantasías*, 1918; *El horroroso crimen de
Peñaranda del Campo y otras historias*, 1929; *Los espectros del
castillo. Las familias enemigas. La caja de música, Los herejes
milenaristas*, 1941; *Los enigmáticos. Historias*, 1948.

Algunos cuentos son pedazos de vida; otros, poemas
en prosa; otros, alegorías con clave filosófica o moral;
otros, esbozos psicológicos... En todos ellos—como
en sus novelas—se ve a Baroja como bostezando de
aburrimiento por la chatura de la vida española. El ha
dicho que escribió libros para sentarse sobre ellos. Este
Baroja que descansa así, sentándose sobre sus propios
libros, amaba el vagabundaje y la aventura. Sólo que—
según dijimos antes—para este vago intelectual que fue

Baroja, para este "hombre humilde y errante", como se
llamaba a sí mismo, la aventura está desprovista de
propósitos. Es la acción por el solo gusto de moverse.
En este sentido el cuento que hemos elegido—"Elizabide
el vagabundo"—nos revela ciertos rincones de la intimidad de Baroja. Es uno de sus cuentos más bellos y con-
movedores. El lector va adivinando lo que pasa en las
almas de Elizabide, indiferente a la vida sedentaria, y
Maintoni, indiferente a los viajes. O, dicho de otro modo,
el lector va sintiendo vivamente el conflicto entre el
amor y el anhelo de libertad.

Elizabide el vagabundo

¿Cér zala usté cenuben
enamoratzia?
¿Sillan ishirí eta
guitarra jotzia? [1]

Muchas veces, mientras trabajaba en aquel abandonado jardín,
Elizabide el Vagabundo se decía al ver pasar a Maintoni, que
volvía de la iglesia.
—¿Qué pensará? ¿Vivirá satisfecha?
¡La vida de Maintoni le parecía tan extraña! Porque era 5
natural que quien, como él, había andado siempre a la buena de
Dios rodando por el mundo, encontrara la calma y el silencio de
la aldea deliciosos; pero ella, que no había salido nunca de aquel
rincón, ¿no sentiría deseos de asistir a teatros, a fiestas, a diver-
siones, de vivir otra vida más espléndida, más intensa? Y como 10
Elizabide el Vagabundo no se daba respuesta a su pregunta,
seguía removiendo la tierra con su azadón filosóficamente.
"Es una mujer fuerte—pensaba después—; su alma es tan
serena, tan clara, que llega a preocupar. Una preocupación
científica, sólo científica, eso claro" 15
Y Elizabide el Vagabundo, satisfecho de la seguridad que se

[1] ¿Cer . . . jotzia? *Basque folksong.* What did you think that falling in love was?
Sitting on a chair and playing a guitar?

concedía a sí mismo de que íntimamente no tomaba parte en aquella preocupación, seguía trabajando en el jardín abandonado de su casa.

Era un tipo curioso el de Elizabide el Vagabundo. Reunía
5 todas las cualidades y defectos del vascongado de la costa: era audaz, irónico, perezoso, burlón. La ligereza y el olvido constituían la base de su temperamento: no daba importancia a nada, se olvidaba de todo. Había gastado casi entero su escaso capital en sus correrías por América, de periodista en un pueblo, de
10 negociante en otro, aquí vendiendo ganado, allá comerciando en vinos. Estuvo muchas veces a punto de hacer fortuna, lo que no consiguió por indiferencia. Era de esos hombres que se dejan llevar por los acontecimientos sin protestar nunca. Su vida, él la comparaba con la marcha de uno de esos troncos que van por
15 el río, que si nadie los recoge se pierden al fin en el mar.

Su inercia y su pereza eran más de pensamiento que de manos; su alma huía de él muchas veces: le bastaba mirar el agua corriente, contemplar una nube o una estrella para olvidar el proyecto más importante de su vida, y cuando no lo olvidaba por
20 esto, lo abandonaba por cualquier otra cosa, sin saber por qué muchas veces.

Últimamente se había encontrado en una estancia del Uruguay, y como Elizabide era agradable en su trato y no muy desagradable en su aspecto, aunque tenía ya sus treinta y ocho años, el
25 dueño de la estancia le ofreció la mano de su hija, una muchacha bastante fea que estaba en amores con un mulato. Elizabide, a quien no le parecía mal la vida salvaje de la estancia, aceptó, y ya estaba para casarse cuando sintió la nostalgia de su pueblo, del olor a heno de sus montes, del paisaje brumoso de la tierra
30 vascongada. Como en sus planes no entraban las explicaciones bruscas, una mañana, al amanecer, advirtió a los padres de su futura que iba a ir a Montevideo a comprar el regalo de boda; montó a caballo, luego en el tren; llegó a la capital, se embarcó en un trasatlántico, y después de saludar cariñosamente la tierra
35 hospitalaria de América se volvió a España.

Llegó a su pueblo, un pueblecillo de la provincia de Guipúzcoa; abrazó a su hermano Ignacio, que estaba allí de boticario, fue a ver a su nodriza, a quien prometió no hacer ninguna escapatoria más, y se instaló en su casa. Cuando corrió por el pueblo la voz
40 de que no sólo no había hecho dinero en América, sino que lo

había perdido, todo el mundo recordó que antes de salir de la aldea ya tenía fama de fatuo, de insustancial y de vagabundo.

Él no se preocupaba absolutamente nada por estas cosas; cavaba en su huerta, y en los ratos perdidos trabajaba en construir una canoa para andar por el río, cosa que a todo el pueblo 5 indignaba.

Elizabide el Vagabundo creía que su hermano Ignacio, la mujer y los hijos de éste le desdeñaban, y por eso no iba a visitarles más que de cuando en cuando; pero pronto vio que su hermano y su cuñada le estimaban y le hacían reproches porque no iba a 10 verlos. Elizabide comenzó a acudir a casa de su hermano con más frecuencia.

La casa del boticario estaba a la salida del pueblo, completamente aislada; por la parte que miraba al camino tenía un jardín rodeado de una tapia, y por encima de ella salían ramas 15 de laurel de un verde obscuro que protegían algo la fachada del viento del norte. Pasando el jardín estaba la botica.

La casa no tenía balcones, sino sólo ventanas, y éstas abiertas en la pared sin simetría alguna; lo que era debido a que algunas de ellas estaban tapiadas. 20

Al pasar en el tren o en el coche por las provincias del norte, ¿no habéis visto casas solitarias que, sin saber por qué, os daban envidia? Parece que allá dentro se debe vivir bien, se adivina una existencia dulce y apacible; las ventanas con cortinas hablan de interiores casi monásticos, de grandes habitaciones amuebladas 25 con arcas y cómodas de nogal, de inmensas camas de madera; de una existencia tranquila, sosegada, cuyas horas pasan lentas, medidas por el viejo reloj de alta caja, que lanza en la noche su sonoro tic-tac.

La casa del boticario era de éstas: en el jardín se veían jacintos, 30 heliotropos, rosales y enormes hortensias que llegaban hasta la altura de los balcones del piso bajo. Por encima de la tapia del jardín caía como en cascada un torrente de rosas blancas, sencillas, que en vascuence se llaman *choruas* (locas), por lo frívolas que son y por lo pronto que se marchitan y se caen. 35

Cuando Elizabide el Vagabundo fue a casa de su hermano, ya con más confianza, el boticario y su mujer, seguidos de todos los chicos, le enseñaron la casa, limpia, clara y bien oliente; después fueron a ver la huerta, y aquí Elizabide el Vagabundo vio por primera vez a Maintoni, que, con la cabeza cubierta con un 40 sombrero de paja, estaba recogiendo guisantes en la falda. Elizabide y ella se saludaron fríamente.

—Vamos hacia el río—le dijo a su hermana la mujer del boticario—. Diles a las chicas que lleven el chocolate allí.

5 Maintoni se fue hacia la casa, y los demás, por una especie de túnel largo formado por perales, que tenían las ramas extendidas como las varillas de un abanico, bajaron a una plazoleta que estaba junto al río, entre árboles, en donde había una mesa rústica y un banco de piedra. El sol, al penetrar entre el follaje, 10 iluminaba el fondo del río y se veían las piedras redondas del cauce y los peces que pasaban lentamente brillando como si fueran de plata. El tiempo era de una tranquilidad admirable; el cielo azul, puro y sereno.

Antes del caer de la tarde las dos muchachas de casa del 15 boticario vinieron con bandejas en la mano, trayendo chocolate y bizcochos. Los chicos se abalanzaron sobre los bizcochos como fieras. Elizabide el Vagabundo habló de sus viajes, contó algunas aventuras y tuvo suspensos de sus labios a todos. Sólo ella, Maintoni, pareció no entusiasmarse gran cosa con aquellas 20 narraciones.

—Mañana vendrás, tío Pablo, ¿verdad?—le decían los chicos.

—Sí, vendré.

Y Elizabide el Vagabundo se marchó a su casa y pensó en Maintoni y soñó con ella. La veía en su imaginación tal cual era: 25 chiquitilla, esbelta, con sus ojos negros, brillantes, rodeada de sus sobrinos, que la abrazaban y besuqueaban.

Como el mayor de los hijos del boticario estudiaba el tercer año del bachillerato, Elizabide se dedicó a darle lecciones de francés, y a estas lecciones se agregó Maintoni.

30 Elizabide comenzaba a sentirse preocupado con la hermana de su cuñada, tan serena, tan inmutable; no se comprendía si su alma era un alma de niña sin deseos ni aspiraciones, o si era una mujer indiferente a todo lo que no se relacionase con las personas que vivían en su hogar. El vagabundo la solía mirar absorto.

35 —¿Qué pensará?—se preguntaba. Una vez se sintió atrevido, y le dijo: —¿Y usted no piensa casarse, Maintoni?

—¡Yo . . ., casarme! . . .

—¿Por qué no?

—¿Quién va a cuidar de los chicos si me caso? Además, yo ya 40 soy *nescazarra* (solterona)—contestó ella riéndose.

—¡A los veintisiete años solterona! Entonces yo que tengo
treinta y ocho, debo estar en el último grado de la decrepitud.

Maintoni a esto no dijo nada; no hizo más que sonreír.

Aquella noche Elizabide se asombró al ver lo que le preocupaba
Maintoni.   5

—¿Qué clase de mujer es ésta?—se decía—. De orgullosa no
tiene nada, de romántica tampoco, y sin embargo ...

En la orilla del río, cerca de un estrecho desfiladero, brotaba
una fuente que tenía un estanque profundísimo; el agua parecía
allí de cristal por lo inmóvil. "Así era quizá el alma de Maintoni 10
—se decía Elizabide—y, sin embargo ..." Sin embargo, a
pesar de sus definiciones, la preocupación no se desvanecía; al
revés, iba haciéndose mayor.

Llegó el verano; en el jardín de la casa del boticario reuníase
toda la familia, Maintoni y Elizabide el Vagabundo. Nunca fue 15
éste tan exacto como entonces, nunca tan dichoso y tan desgraciado al mismo tiempo. Al anochecer, cuando el cielo se llenaba
de estrellas y la luz pálida de Júpiter brillaba en el firmamento,
las conversaciones se hacían más íntimas, más familiares, coreadas
por el canto de los sapos. Maintoni se mostraba más expansiva, 20
más locuaz.

A las nueve de la noche, cuando se oía el sonar de los cascabeles
de la diligencia que pasaba por el pueblo con un gran farol
sobre la capota del pescante, se disolvía la reunión y Elizabide se
marchaba a su casa, haciendo proyectos para el día siguiente, 25
que giraban siempre alrededor de Maintoni.

A veces, desalentado, se preguntaba: "¿No es imbécil haber
recorrido el mundo, para venir a caer en un pueblecillo y
enamorarse de una señorita de aldea?" ¡Y quién se atrevía a
decirle nada a aquella mujer, tan serena, tan impasible! 30

Fue pasando el verano, llegó la época de las fiestas, y el boticario y su familia se dispusieron a celebrar la romería de Arnazábal, como todos los años.

—¿Tú también vendrás con nosotros?—le preguntó el boticario
a su hermano. 35

—Yo no.

—¿Por qué no?

—No tengo ganas.

—Bueno, bueno; pero te advierto que te vas a quedar solo,
porque hasta las muchachas vendrán con nosotros. 40

—¿Y usted también?—dijo Elizabide a Maintoni.

—Sí. ¡Ya lo creo! A mí me gustan mucho las romerías.

—No hagas caso, que no es por eso—replicó al boticario—. Va a ver al médico de Arnazábal, que es un muchacho joven que el
5 año pasado le hizo el amor.

—¿Y por qué no?—exclamó Maintoni sonriendo.

Elizabide el Vagabundo palideció, enrojeció; pero no dijo nada.

La víspera de la romería el boticario le volvió a preguntar a su
10 hermano:

—Conque, ¿vienes o no?

—Bueno, iré—murmuró el vagabundo.

Al día siguiente se levantaron temprano y salieron del pueblo, tomaron la carretera, y después, siguiendo veredas, atravesando
15 prados cubiertos de altas hierbas y de purpúreas digitales, se internaron en el monte. La mañana estaba húmeda, templada; el campo, mojado por el rocío; el cielo azul muy pálido, con algunas nubecillas blancas que se deshilachaban en estrías tenues. A las diez de la mañana llegaron a Arnazábal, un pueblo
20 en un alto, con su iglesia, su juego de pelota en la plaza, y dos o tres calles formadas por casas de piedra.

Entraron en el caserío, propiedad de la mujer del boticario, y pasaron a la cocina. Allí comenzaron los agasajos y los grandes recibimientos de la vieja, que abandonó la labor de echar ramas
25 al fuego y de mecer la cuna de un niño; se levantó del fogón bajo, en donde estaba sentada, y los saludó a todos, besando a Maintoni, a su hermana y a los chicos. Era una vieja flaca, acartonada, con un pañuelo negro en la cabeza; tenía la nariz larga y ganchuda, la boca sin dientes, la cara llena de arrugas y
30 el pelo blanco.

—¿Y vuestra merced es el que estaba en las Indias?—preguntó la vieja a Elizabide, encarándose con él.

—Sí; yo era el que estaba allá.

Como habían dado las diez, y a esa hora empezaba la misa
35 mayor, no quedaba en casa más que la vieja. Todos se dirigieron a la iglesia.

Antes de comer, el boticario, ayudado de su cuñada y de los chicos, disparó desde una ventana del caserío una barbaridad de cohetes, y después bajaron todos al comedor. Había más de veinte personas en la mesa, entre ellas el médico del pueblo, que se sentó cerca de Maintoni, y tuvo para ella y para su hermana un sinfín de galanterías y de oficiosidades.

Elizabide el Vagabundo sintió una tristeza tan grande en aquel momento que pensó en dejar la aldea y volverse a América. 5 Durante la comida, Maintoni le miraba mucho a Elizabide.

"Es para burlarse de mí—pensaba éste—. Ha sospechado que la quiero, y coquetea con el otro. El golfo de Méjico tendrá que ser otra vez conmigo".[2]

Al terminar la comida eran más de las cuatro; había comen- 10 zado el baile. El médico, sin separarse de Maintoni, seguía galanteándola, y ella seguía mirando a Elizabide.

Al anochecer, cuando la fiesta estaba en su esplendor, comenzó el *aurrescu*.[3] Los muchachos, agarrados de las manos, iban dando vuelta a la plaza, precedidos de los tamborileros; dos de los 15 mozos se destacaron, se hablaron, parecieron vacilar, descubrién- dose, con las boinas en la mano, invitaron a Maintoni para ser la primera, la reina del baile. Ella trató de disuadirles en vascuence, miró a su cuñado, que sonreía; a su hermana, que también sonreía, y a Elizabide, que estaba fúnebre. 20

—Anda, no seas tonta—le dijo su hermana.

Y comenzó el baile con todas sus ceremonias y sus saludos, recuerdos de una edad primitiva y heroica. Concluido el *aurrescu*, el boticario sacó a bailar el fandango a su mujer, y el médico joven a Maintoni. 25

Obscureció: fueron encendiéndose hogueras en la plaza, y la gente fue pensando en la vuelta. Después de tomar chocolate en el caserío, la familia del boticario y Elizabide emprendieron el camino hacia casa.

A lo lejos, entre los montes, se oían los *irrintzis*[4] de los que 30 volvían de la romería, gritos como relinchos salvajes. En las espesuras brillaban los gusanos de luz como estrellas azuladas, y los sapos lanzaban su nota de cristal en el silencio de la noche serena.

De vez en cuando, al bajar alguna cuesta, al boticario se le 35

---

[2] **El ... conmigo** It will have to be the Gulf of Mexico for me again

[3] **aurrescu** *Basque. A folk dance of the Basque country*

[4] **irrintzis** *Basque. A prolonged strident cry similar to the Swiss yodel that Basque shepherds use to call to each other. Also used to express pleasurable excitement, like a joyful whoop among us.*

ocurría que se agarraran todos de la mano, y bajaran la cuesta
cantando:

> *Aita San Antoniyo Urquiyolacua.*
> *Ascoren biyozteco santo devotua.* [5]

A pesar de que Elizabide quería alejarse de Maintoni, con la
cual estaba indignado, dio la coincidencia de que ella se encon-
5 traba junto a él. Al formar la cadena, ella le daba la mano, una
mano pequeña, suave y tibia. De pronto, al boticario, que iba el
primero, se le ocurría pararse y empujar para atrás, y entonces
se daban encontronazos los unos contra los otros, y a veces
Elizabide recibía en sus brazos a Maintoni. Ella reñía alegre-
10 mente a su cuñado, y miraba al vagabundo, siempre fúnebre.

—Y usted, ¿por qué está tan triste?—le preguntó Maintoni
con voz maliciosa, y sus ojos negros brillaron en la noche.

—¡Yo!, no sé. Esta maldad del hombre que sin querer le
entristecen las alegrías de los demás.

15 —Pero usted no es malo—dijo Maintoni, y le miró tan
profundamente con sus ojos negros que Elizabide el Vagabundo
se quedó tan turbado, que pensó que hasta las mismas estrellas
notarían su turbación.

—No, no soy malo—murmuró Elizabide—; pero soy un fatuo,
20 un hombre inútil, como dice todo el pueblo.

—¿Y eso le preocupa a usted, lo que dice la gente que no le
conoce?

—Sí, temo que sea la verdad, y para un hombre que tendrá
que marcharse otra vez a América, ése es un temor grave.

25 —¡Marcharse! ¿Se va usted a marchar?—murmuró Maintoni
con voz triste.

—Sí.

—Pero ¿por qué?

—¡Oh! A usted no se lo puedo decir.

30 —¿Y si lo adivinara?

—Entonces lo sentiría mucho, porque se burlaría usted de mí,
que soy viejo . . .

—¡Oh, no!

—Que soy pobre.

---

[5] **Aita . . . devotua** *Basque* Father Saint Anthony of Urquiola, Beloved saint
in countless hearts

—No importa.

—¡Oh, Maintoni! ¿De veras? ¿No me rechazaría usted?

—No; al revés.

—Entonces . . . ¿me querrás como yo te quiero?—murmuró
Elizabide el Vagabundo en vascuence.   5

—Siempre, siempre . . .

Y Maintoni inclinó la cabeza sobre el pecho de Elizabide y
éste la besó en su cabellera castaña.

—¡Maintoni! ¡Aquí!—le dijo su hermana, y ella se alejó de él;
pero se volvió a mirarle una vez, y muchas.   10

Y siguieron todos andando hacia el pueblo por los caminos
solitarios.

En derredor vibraba la noche llena de misterios; en el cielo
palpitaban los astros.

Elizabide el Vagabundo, con el corazón anegado de sensaciones 15
inefables, sofocado de felicidad, miraba con los ojos muy abiertos
una estrella lejana, muy lejana, y le hablaba en voz baja . . .

PREGUNTAS

1. ¿Qué se decía Elizabide al ver pasar a Maintoni?
2. ¿Por qué le parecía extraña la vida de ella?
3. ¿Por qué era natural que él encontrara deliciosa la vida del pueblo?
4. ¿Cómo se explicaba la preocupación que sentía por Maintoni?
5. ¿Cómo era Elizabide?
6. ¿Qué había hecho en su vida?
7. ¿Qué clase de hombre era?
8. ¿Con qué comparaba él su vida?
9. ¿Qué le bastaba para olvidar el proyecto más importante de su vida?
10. ¿Dónde había estado últimamente?
11. ¿Qué le había pasado allí?
12. ¿Qué fama tenía Elizabide antes de salir de su aldea?
13. ¿Le preocupaba lo que decía la gente?
14. ¿Por qué no iba mucho a visitar a su hermano?
15. ¿Por qué por fin comenzó a acudir a casa de su hermano con más
    frecuencia?
16. ¿Dónde estaba la casa del boticario?
17. ¿Cómo era la casa?
18. ¿Por qué dan envidia al turista las casas solitarias de las provincias
    del norte de España?
19. ¿Por qué dan los vascos el nombre de *choruas*, o sea "locas", a las rosas
    blancas?

20. ¿Qué tenía el boticario junto al río?
21. ¿Qué pasó allí antes del caer de la tarde?
22. ¿De qué habló Elizabide?
23. Al regresar a su casa ¿en quién pensó y con quién soñó Elizabide?
24. ¿Por qué comenzaba Elizabide a sentirse preocupado por Maintoni?
25. ¿Por qué no piensa casarse Maintoni?
26. ¿Cuántos años tenía Maintoni y cuántos tenía Elizabide?
27. ¿Dónde se reunía toda la familia en el verano?
28. ¿Cómo cambiaron las conversaciones durante el verano?
29. ¿Cuándo se disolvía la reunión?
30. ¿Alrededor de quién giraban los proyectos de Elizabide?
31. ¿Por qué a veces estaba desalentado?
32. Según el boticario ¿por qué quiere ir Maintoni a la romería de Arnazábal?
33. Dése una descripción de Arnazábal.
34. ¿Quién habitaba el caserío de la mujer del boticario en Arnazábal?
35. ¿A qué hora empezaba la misa mayor?
36. ¿Por qué sintió Elizabide tristeza?
37. ¿Qué es el *aurrescu*?
38. ¿Quién sacó a bailar a Maintoni?
39. ¿Por qué estaba indignado Elizabide con Maintoni?
40. ¿Qué se le ocurría al boticario cuando todos iban en cadena?
41. ¿A quién recibía Elizabide en sus brazos?
42. ¿Cómo explica Elizabide su tristeza?
43. ¿Por qué quiere dejar otra vez el pueblo?
44. Cuando dice a Maintoni que la quiere ¿qué idioma habla?
45. ¿Cómo termina nuestro cuento?

Azorín

MONÓVAR [ALICANTE]; 1873

José Martínez Ruiz—conocido por su seudónimo
Azorín—cultivó todos los géneros de la prosa: cuento,
novela, teatro, ensayo, cuadro de costumbres, poema en
prosa, crítica, crónica, memorias. Y en todos ellos ha
expresado una visión de la vida, sencilla y aun monótona,
pero de delicado valor estético. Nadie mejor que Azorín
ha descrito los pueblecitos de España, los hombres humildes, el primor de las cosas vulgares, los paisajes grises.
"Yo tomaré entre mis recuerdos—dice en *Las confesiones
de un pequeño filósofo*—algunas notas vivaces e inconexas
como es la realidad": y toda su obra es un precioso
álbum de láminas vivaces e inconexas. En *España*
Azorín se auto-define como "un observador que se desen-
tiende de los grandes fenómenos y se aplica a los pormenores triviales." Aunque atento al detalle de cada
porciúncula de realidad, Azorín no es un fotógrafo. Su
actitud es lírica. Por cotidianas que sean las escenas que
nos presenta, Azorín les descubre siempre un sorprendente
temblor de belleza. No busca cosas exquisitas; pero a
toda cosa la ve exquisitamente. Dialoga con las cosas,
como si tuviesen alma. De aquí ese tono de ternura, tan
característico de sus descripciones. La dulce y mansa
entrega de Azorín a las cosas le da otro tono: el de la
abulia: "Y hay momentos—dice en *La Voluntad*—en que
quiero rebelarme, en que quiero salir de este estupor, en
que cojo la pluma e intento hacer una página enérgica,

53

algo que viva ... ¡Y no puedo, no puedo! Dejo la pluma; no tengo fuerzas. ¡Y me dan ganas de llorar, de no ser nada, de disgregarme en la materia, de ser el agua que corre, el viento que pasa, el humo que se pierde en el azul!" Y aun otro tono, el de la ironía, advertimos en sus páginas. Azorín, el hombre sensitivo, se conmueve exageradamente por cualquier minucia; Azorín, el hombre inteligente, sabe que su reacción es desproporcionada a la verdad de los hechos. Y esta conversación entre su sensibilidad y su inteligencia suele terminar en frases irónicas.

Ternura, abulia e ironía son, pues, los tonos dominantes en el mejor período de su larga carrera literaria: el de *Antonio Azorín, Las confesiones de un pequeño filósofo, España, Los pueblos, La ruta de Don Quijote* y *Castilla*. Después Azorín, sintiéndose agotado en ese arte de miniaturista, intentó renovarse en su lengua poética. Surgieron así sus nuevas novelas—de *Doña Inés* en adelante—, sus aventuras teatrales—de *Old Spain* en adelante—, sus nuevos cuentos—de *Blanco en azul* en adelante—. Rompió el estilo a pedazos y hasta dejó las palabras sueltas; sondeó la subconsciencia como los superrealistas; se propuso contar con técnicas que sorprendieran al lector ... Pero, en el fondo, Azorín permaneció fiel a su vision esencial de la vida, la que llegó a su mediodía estético con *Castilla*. Se le ha negado talento de narrador. Sin embargo, ha escrito varias novelas y más de cuatrocientos cuentos. A su labor de cuentista pertenecen estos libros: *Bohemia* (1897), *Blanco en azul* (1929), *Españoles en París, Cavilar y contar* (1942), *Pensando en España, Sintiendo a España* (1942), *Cuentos* (1956).

He aquí su definición del cuento, tal como la formuló en el prólogo a la edición de *Cuentos de Azorín* (Madrid, 1956): "El cuento es cosa difícil; necesita tres períodos: prólogo, desenvolvimiento y epílogo. No se puede llevar al lector durante cierto trecho para enfrentarle luego con una vulgaridad [...] Después de escribir tantos cuen-

tos, he llegado a la conclusión de que el verdadero cuento,
el más artístico, es el que el cuentista forja con una
minucia; el cuento con argumento de cierta truculencia
está al alcance de todos. Naturalmente que la minucia
de que se trata ha de ser cosa delicada".

"Sentado en el estribo" ejemplifica la última manera
de Azorín, cuando se propuso contar con extrema sencillez. El tema es la conocida superstición de los toreros: el
espejo roto, el aullido del perro, el luto de un amigo, el
féretro que pasa por la calle son premoniciones de muerte.
La muerte, en efecto, da su golpe, sólo que no es el golpe
que el lector esperaba.

Sentado en el estribo

Juan Valflor se había despedido ya dos veces del toreo. Volvía
ahora por tercera vez al redondel. No había podido resistir la
tentación. Durante el invierno no se había acordado de los toros.
De tarde en tarde los amigos charlaban de toros y Juan perma-
necía indiferente. Los periódicos comenzaron a publicar infor- 5
maciones de toros. Se celebraban las primeras corridas. Todo
esplendía, rejuvenecido, en el aire. La luz era intensa y los
árboles se vestían nuevo follaje. Juan Valflor se sentía fuerte y
ágil. No había perdido ni la menor de sus facultades. El impulso
de la primavera le arrastraba. Evocaba sin quererlo sus pasadas 10
hazañas. La plaza, henchida de un público fervoroso, llena de
luz y de colores, se le presentaba a cada momento. Y Juan se
ponía triste. No podía coger un periódico en que se hablara de
toros, ni podía soportar una conversación sobre el arte. Su
tristeza aumentaba. En la familia observaban todos su cambio con 15
vivísima contrariedad. Juan no podía continuar de este modo.
Casi era preferible que volviese al toreo a que continuase con
esta murria dolorosa. Al fin, una voz femenina le dijo:

—Torea, y pase lo que pase.

Juan repuso vivamente, como saltando de alegría.   20

—Toreo y no pasa nada.

* * * *

Juan Valflor está en el cuarto del hotel, vistiéndose para torear la primera corrida de la temporada. Con él se encontraba su íntimo amigo, Pepe Inesta. Desde la muchachez, Pepe ha ayudado en todas sus luchas a Juan. Le ayudó pecuniariamente cuando
5 principiaba de novillero. Le ha aleccionado con sus consejos. No se aparta de él ni un minuto. Le acompaña a todas las corridas.

—Pepe—dice Juan—, tú no me has visto todavía torear. No me has visto torear nunca. No te rías. Esta tarde me vas a ver
10 torear por primera vez. A gusto mío no he toreado yo nunca. Y no he toreado porque no he tenido toros. No podía yo retirarme sin torear bien, aunque no fuera más que un toro. Me habéis hablado del cuarto de esta tarde. Decís que es un toro noble, claro y poderoso. Si los hechos responden a la lámina, ésta tarde
15 tú y toda la plaza me veréis torear. Juan Valflor toreará por primera vez esta tarde. ¿Te sigues riendo?

—¿No me he de reír, Juan? Tú has toreado siempre superiormente. ¿El toro de esta tarde? ¿El toro cuarto? Un gran toro. *Careto* es un toro soberbio.

20 Juan Valflor hizo un movimiento brusco al ponerse las medias, y un espejito de mano que había sobre la mesa cayó al suelo y se hizo pedazos. Juan y Pepe quedaron absortos. Durante unos instantes reinó en la estancia un silencio profundo.

Pepe continuó luego hablando. No daba importancia al
25 accidente. Juan había olvidado ya la aciaga rotura. La conversación proseguía cordial y animada. Un perro se puso a aullar en la casa de enfrente. Su aullido era largo, triste, plañidero. En los primeros instantes, ni Juan ni Pepe advirtieron tan fúnebres aullidos. La persistencia en el ladrar hizo que los dos amigos
30 pararan su atención en el hecho. En el silencio resonaban malagoreros los ladridos del can. Pepe salió un momento del cuarto y volvió al cabo de un rato.

—¿No podías hacer que callara ese perro?—dijo Juan.

—Ya he mandado recado—contestó Pepe—; pero resulta que
35 los dueños de la casa se han marchado y han dejado el perro en el balcón.

El tiempo pasaba. Se iba acercando la hora de la corrida. La expectación en toda la ciudad por ver a Juan Valflor era enorme. Los pasillos del hotel estaban llenos de amigos y admiradores
40 que aguardaban a que Juan acabara de vestirse para irle

acompañando a la plaza. Pepe había dado orden terminante de
que no entrase nadie en el cuarto. El perro continuaba aullando
lúgubremente. La alegría con que antes se deslizaba la conversación de los dos amigos había cesado. Juan se iba vistiendo con
movimientos lentos. Había en el ambiente algo que causaba tenaz 5
preocupación.

De pronto, la puerta se abrió y se precipitó en el cuarto un
caballero que se arrojó en los brazos de Juan. Era un antiguo e
íntimo amigo a quien Juan no había visto desde hacía muchos
años. Cuando se separaron, Juan pasó por su amigo la vista de 10
arriba abajo y vio que iba vestido de riguroso luto. Se le había
muerto a este caballero un deudo cercano hacía poco tiempo. No
sabía Juan lo que decir. Pepe no decía nada. Callaba el recién
venido. En este denso y embarazoso silencio los persistentes
aullidos del perro resaltaban trágicamente. Todo había cambiado 15
ya. Juan no era el mismo. Ni Pepe era el mismo. A veces Pepe,
violentamente, con alegría forzada, soltaba algún chiste. No se
reía nadie. Otras veces, venciendo su emoción, evocaba recuerdos
pasados. Nadie le secundaba en la charla. La hora de partir
estaba próxima. Faltaban sólo algunos momentos para abandonar 20
el cuarto. El caballero enlutado había desaparecido. Ante el
espejo, Juan daba los últimos toques a su atavío. Durante un
instante, al volverse del espejo, Juan se encontró cara a cara
con Pepe. Fue éste un momento largo, interminable, eterno. Los
dos entrañables amigos parecía que se estaban viendo por 25
primera y por última vez. Lo que Juan estaba pensando no
quería decirlo. Y Pepe, por nada del mundo hubiera dicho lo
que él tenía en este minuto en el cerebro. Lentamente, sin
quererlo ni uno ni otro, avanzó el uno hacia el otro y se fundieron
en un estrechísimo y silencioso abrazo.   30

En la puerta resonaron unos golpes.

—En marcha—dijo Juan.

Y dejaron el cuarto. En el pasillo, el tropel de los admiradores
envolvía a Juan. El cariño y el halago afectuoso de todos lograron
atenuar momentáneamente la precocupación penosa de Juan. 35
Aquí estaba ya Juan Valflor, el gran torero, el único. Y se encontraba dispuesto a torear, bien toreado,[1] como no había toreado
nunca, a ese toro que había de saltar al redondel en cuarto lugar.

---

[1] **dispuesto ... toreado** ready to fight, really fight

Sí, se despedía para siempre, con esta temporada, de los toros.
Pero se despedía después de haber toreado bien al menos un solo
toro. Los demás no contaban. Y ya en el automóvil, camino de la
plaza, bajo el cielo azul, al pasar raudo por la calle, la mirada
5 de Juan se detuvo un instante en una mancha negra. Al mismo
tiempo, Juan se estremecía profundamente. Lo había olvidado
todo y todo volvía. La mancha negra era un féretro. El entierro
se cruzaba un momento con el coche, camino de la plaza. Y de
nuevo Pepe y Juan sintieron en el espíritu un peso formidable. La
10 plaza estaba atestada de un público pintoresco y clamoroso. En
el momento de despedirse de Pepe, Juan dijo en voz baja, casi
imperceptible:

—Pepe, daría cualquier cosa por no torear esta tarde.

Estaba ya Juan en el redondel. Había tirado con desgaire su
15 rico capote de paseo a una barrera. Desde los tendidos le saludaban a voces. Había hecho el paseo de un modo desgarbado.
Parecía que se le desmadejaban los miembros. Pero en este momento de abrir el capote por primera vez ante el toro, Juan
era otro. Se había transformado. De desmañado y caído se había
20 trocado en un hombre rígido, apuesto, señoril en todos sus
ademanes. Despacio, con elegancia insuperable, parados los pies,
Juan, en la cabeza del toro, iba llevando a éste suavemente de un
lado para otro entre los pliegues de la tela. Su primer toro lo
toreó bien. Llegó el cuarto.
25 El toro salió lentamente del toril y se paró con la cabeza alta
en medio de la plaza. Su actitud era soberbia. El magnífico
animal entusiasmó a todos. La plaza entera vibraba de pasión.
Y allí estaba Juan, reposado, elegante, con un gesto de supremo
estoicismo. Con ese mismo gesto lento cogió la muleta y el
30 estoque. El momento supremo había llegado. En la plaza se
produjo un profundo silencio. Arriba, el cielo purísimo esplendía
en su azul. Los primeros trasteos arrancaron ovaciones entusiás-
ticas. Juan Valflor no había toreado nunca como toreaba ahora.
Dueño de sí mismo y dueño del toro, sin alegrías inoportunas,
35 sobriamente, con elegancia austera, el gran torero jugaba con
el noble animal. La muleta pasaba y repasaba y las astas del toro
cruzaban bajo los brazos de Juan. Y, de pronto, sobrevino la
tragedia.

Juan estaba con la muleta desplegada a un paso del toro. En la
40 barrera que ocupaba Pepe Inesta se produjo un ligero rumor.

Los espectadores cercanos a Pepe se levantaban y le rodeaban. Juan se apartó del toro y fue hacia la barrera. Transcurrieron unos minutos de confusión. Al fin se vio que se llevaban a Pepe entre varios espectadores. Comprendió Juan lo que había sucedido. Las voces de los circunstantes lo decían. 5

—¿Ha muerto Pepe?—preguntó Juan a uno de los peones—. Dime la verdad. No me engañes.

—Sí—repuso el peón—. Ha muerto.

Juan Valflor estaba intensamente pálido. Impasible, más erguido que antes, volvió al toro y continuó la faena. El silencio 10 en la plaza era imponente. Juan Valflor, pálido, inmóvil, citó a recibir y consumó la suerte de un modo prodigioso. El toro se desplomó en el acto. En la plaza resonó una ovación delirante. Bajó Juan la cabeza y levantó la muleta en señal de saludo. Lentamente se fue al estribo, se sentó, puso los codos en los 15 muslos, escondió la cara entre las manos y rompió a llorar como un niño.

PREGUNTAS

1. ¿Cuántas veces se había despedido Juan Valflor del toreo?
2. ¿Por qué volvía al redondel?
3. ¿Qué le pasó en la primavera?
4. ¿Por qué era preferible que volviese al toreo?
5. ¿Qué fue, por fin, lo que le decidió a volver al toreo?
6. ¿Quién se encuentra con Juan en el cuarto del hotel?
7. ¿Cómo había ayudado Pepe Inesta a Juan?
8. ¿Por qué dice Juan que no ha toreado nunca a su gusto?
9. ¿Cómo se llama el cuarto toro de la tarde?
10. ¿Qué pasó cuando Juan se puso las medias?
11. ¿Por qué pararon su atención los dos amigos en el ladrar?
12. ¿Por qué aguardaban los amigos y admiradores a que acabara Juan de vestirse?
13. De pronto ¿qué pasó?
14. ¿Cómo estaba vestido el amigo?
15. ¿Por qué había cambiado todo?
16. ¿Por qué estaba Juan dispuesto a torear como no había toreado nunca?
17. Cuando estaban camino de la plaza ¿qué pasó?
18. ¿Cómo había hecho el paseo?
19. Su primer toro ¿cómo lo toreó?

20. ¿Cómo salió Careto del toril?
21. ¿Cómo reaccionó el público al ver a Juan torear?
22. Cuando Juan estaba a un paso del toro ¿qué pasó en la barrera que ocupaba Pepe?
23. ¿Qué vio al fin?
24. ¿Qué preguntó Juan a uno de los peones y cómo contestó éste?
25. ¿Cómo consumó la suerte?
26. ¿Adónde fue a sentarse Juan y qué hizo?

Gabriel Miró

ALICANTE; 1879—1930

Miró era un esteticista; o sea, un escritor para quien la fruición de la belleza es primordial; y a la belleza la buscaba, exquisitamente, en lo más profundo de su intimidad. Su talento era de poeta de la prosa. Sólo que, en vez de darnos puros poemas en prosa, prefirió cultivar la novela. Algunas de sus novelas son las mejores que su generación produjo, dentro del esteticismo. Es curioso que Miró, aunque acertaba más en las breves unidades de expresión—escenas sueltas, rápidos bocetos, estampas descriptivas—escribiera tan pocos cuentos. De algunos de sus libros—*Libro de Sigüenza, El humo dormido, Años y Leguas*—podemos extraer páginas que valen como cuentos. Pero cuentos propiamente dichos sólo aparecieron en dos notables colecciones: *Corpus y otros cuentos* (1908) y *El Angel, el molino, el caracol del faro* (1921). De la primera de las colecciones mencionadas reproducimos "El señor Augusto", aunque no es el más típico de su literatura. Lo escribió muy a los comienzos de su carrera. Allí lo que más interesa es el ambiente social, el carácter del protagonista y el irónico desenlace. Sin embargo, aun en este cuento—donde hay más acción que poesía—se advierten, si bien pálidamente, rasgos de su estilo. Para el goce pleno del brillante estilo de Miró—tan brillante que resulta casi insoportable al lector común—el estudiante debería leer *Las cerezas del cementerio, El Obispo leproso* o alguna otra de sus novelas.

61

Miró comenzó por rechazar el realismo que dominaba
la narrativa española de su tiempo. No quiso presentar-
nos las cosas tal como son, sino tal como él las veía. Es
decir, que lo que él se esforzaba por describir eran sus
impresiones inmediatas, desnudas. Sus propias impresiones eran los verdaderos objetos de su contemplación.
Asombra, ante todo, la intensidad, precisión y variedad
de las percepciones de Miró. Percepciones del mundo externo y también percepciones de su propio ser. Todos los
órganos de los sentidos colaboran; y hasta se mezclan las
sensaciones en sutiles correspondencias, en que se oye el
color, se palpa la luz, se ven los olores o se gustan los
sonidos. Gracias a su imaginación creadora—"proyección sentimental"—Miró anima, personifica y alegoriza
objetos que, en el orden natural, serían inertes. Repárese
en esta frase de "El señor Augusto", en que las piedras,
como si fueran personas, miran a los hombres: "Los
lugareños salían por la mañana a sus pejugales; y la vieja
espadaña de su iglesia y las ventanas y puertas de las
casas los miraban desde lejos, y esa mirada de las piedras
llegaba hasta un pueblo blanco, risueño, ceñido de
huertas de mucho verdor y abundancia." Así, los objetos
se despojan de sus cualidades naturales y adquieren el
mismo temple lírico del poeta. En el fondo, la efusión de
Miró es una manera casi mística de entregarse a la realidad absoluta que lo trasciende. Pierde la noción de la
propia finitud, se infunde en las cosas, se enajena, se
diluye en el paisaje, anhela sentir lo que está más allá y
llega a asomarse al mundo desde perspectivas no habi-
tuales en los hombres: "Miraba el señor Augusto los verdes bancales, los árboles que ya rebrotaban muy viciosos,
la serranía del confín que se perfilaba clara y dulcemente, y todo amparado por un cielo de tanta pureza y
alegría, que redundaba felicidad en las almas y daba
como la sensación y la esperanza de una vida eterna y
gozosa." De aquí otro de sus rasgos estilísticos: su insistente busca de exquisiteces y rarezas psíquicas. Sólo que

Miró no tiene interés de psicólogo, sino de esteta. No sondea su alma para analizar sus pliegues más íntimos y revelarnos la fluidez y sentido de la vida profunda (al modo de Marcel Proust), sino que nos ofrece antologías de los momentos más bellos de esa intimidad. Estos momentos intensísimos se configuran en poemas en prosa. Sus novelas y cuentos se descomponen así en una sucesión de miniaturas líricas. Las metáforas cubren el hilo narrativo y lo dejan olvidado.

El señor Augusto

Era un lugar humilde, de casas de labranza; los campos, de llanura de rubias rastrojeras, viñal pedregoso y ralos alcáceres. Todos los horizontes estaban cerrados por un círculo de sierras peladas, sin umbría ni pastura para los ganados que habían de trashumar.

Era un pueblo de quietud y silencio. Los lugareños salían por la mañana a sus pejugales; y la vieja espadaña de su iglesia y las ventanas y puertas de las casas los miraban desde lejos, y esa mirada de las piedras llegaba hasta un pueblo blanco, risueño, ceñido de huertas de mucho verdor y abundancia.

Y al lugar humilde vino un hombre que traía amplio sombrero, pantalón de paña crujidora, chaqueta recia y tralla pasada por los hombros. Era del mediodía de Francia y hablaba un castellano tan gangoso y roto como si padeciese un mal de garganta; pero su salud era hasta insolente; grande, encendido, rebultado de poderosas espaldas cargadas de ... fuerza y grosura, un verdadero cíclope al lado de estos aldeanos españoles, enjutos, cetrinos, hundidos de ojos, de pecho y de vientre, callados, temerosos y con un rebaño de criaturas harapientas, que se quedaban contemplando al extranjero y aun le seguían haciéndole visajes de burla. Pero el francés lo resistió todo con mucho comedimiento. Las madres y los viejos y las gentes trashogueras, viendo aquel hombre tan enorme, que aplastaba los cantos de las callejas, volverse si oía alguna chanza de los rapaces y preguntarles el sentido de la grosería, y, luego de meditarlo, pasar a celebrarla y reírla sosegadamente, se sintieron arrepentidos e impusieron respeto para el recién llegado.

Si los sábados surgía en el hostal alguna contienda entre labriegos, arrieros y trajinantes, que se juntaban para sus tratos y holganzas, el señor Augusto—que así se nombraba el francés—, salía de los pesebres, donde estaba frecuentemente mirando las bestias, y hacía paz; y luego bebían todos un azumbre de vino áspero, rojo y denso como la sangre. Los ojillos, de vidrios azules, del señor Augusto, se humedecían y fulguraban. Y el resultado era siempre algún cambio o venta de mulas, que el forastero desembarcaba en la ciudad cercana.

El señor Augusto también gustaba y entendía del campo. Y muchos lugareños le llevaron a sus bancales y recibieron enseñanza para su remedio. Decíales el señor Augusto que necesitaban estiércol, una hila quincenal de agua, que podría derivarse del alumbramiento artesiano que él había hecho, y otra bestia para la labranza que aventajase al asno tristón y flaco, lleno de mataduras y roñas, y arrancar el viñedo y sustituírlo por almendros, pues el terreno los llevaría mejor que las vides.

—¡Señor Augusto, señor Augusto, lo que habemos menester nosotros son dineros!

—¡Mon Dieu, dinegos![1]—y el señor Augusto mostraba pesadumbre, pasmo y enojo de la poquedad de aquellos ánimos—. ¡Dinegos!... Eh bien![2]...

No era él rico, pero tampoco era menester serlo; y él lo dejaría.

Los campesinos se rascaban las trasquiladas cabezas; cruzaban los brazos; miraban a la tierra; miraban al cielo; se descansaban ya en un pie, ya en el otro, y sonreían con desconfianza. Mas pronto quedaban maravillados, porque recibían los árboles, los costales de guano y la mula. El señor Augusto golpeaba con mucho halago las flacas espaldas de los labriegos y las ancas y la panza de la bestia haciéndola andar y ladearse y probar su fortaleza y casi su gallardía. Y el señor Augusto no se quedaba con intereses de los dineros dejados, ni los pedía; no.

Más tarde, lo que hacía era quedarse con la finca mejorada,

---

[1] **¡Mon Dieu, dinegos!** *Fr.* Dios mío, dineros. *Dinegos* represents the Frenchman's pronunciation of the Spanish word.

[2] **Eh bien!** *Fr.* All right!

con la bestia ya domada y avezada a la mansa faena campesina
y hasta con el hombre, que había de trabajar en servidumbre la
tierra que antes fuera suya.

Y los campos se hicieron ricos y frondosos. Y el señor Augusto
se adueñó de todos los ánimos del lugar y de casi todas sus casas 5
y haciendas, y tenía espuertas llenas de monedas y billetes
mugrientos.

En el hostal, en los portales, al retorno de la faena, se murmuraba menudamente de la grande ventura del francés; pero
los malos pensamientos de los aldeanos quedaban reprimidos por 10
la sonrisilla torcida y socarrona del señor Augusto y algunas
palmaditas de protección en sus espaldas. Y las gentes se resig-
naban y le respetaban . . .

Una mañana de abril, grande, diáfana, tibia, de júbilo de sol
y azul, olorosa de sembrados húmedos, quitó el señor Augusto el 15
tendal de lona del cabriolé, enganchó su gordo caballo y salió
del lugar.

Miraba el señor Augusto los verdes bancales, los árboles que
ya rebrotaban muy viciosos, la serranía del confín que se perfilaba
clara y dulcemente, y todo amparado por un cielo de tanta 20
pureza y alegría, que redundaba felicidad en las almas y daba
como la sensación y la esperanza de una vida eterna y gozosa.

El señor Augusto tenía un cabriolé nuevecito y vistoso: hacía
sol, y sus tierras prometían abundancia; y el señor Augusto
musitaba en *patois*[3] una canción picaresca y participaba del 25
regocijo de la mañana pensando en el préstamo vencido a un
labriego del cercano pueblo, cuya plaza halló muy bulliciosa,
pues era día de mercado.

Bajo los anchos nogales colgaban dos cerdos recién desollados;
voceaban los buhoneros; un juglar de hogaño, flaco, miserable, 30
decía adivinanzas y donaires; un mendigo oracionero cantaba
los milagros de las benditas ánimas; los chicos de la escuela
gritaban en coro los mandamientos de la Santa Madre Iglesia;
la campana de la parroquia tañía a misa; dos palomos blancos
picaban, saltando, entre los cuévanos de hortalizas, y los caños 35
de la fuente caían estruendosos, llenos de resplandores.

El señor Augusto atravesó la plaza, recibiendo la salutación de
todos, que también aquí se le conocía por su mucha riqueza, y

---

[3] **patois** *Fr.* dialect

pronto llegó a la casa de su deudor. Tenía una entrada honda
y ruda, y el dueño, hombre huesudo, moreno y calvo estaba
pesando un quintal de patatas, rodeado de campesinos. En el
umbral, lleno de sol, dormitaba un viejo mastín, consintiendo por
5 pereza y mansedumbre que un muchacho le soplase en las
arrugas de los ojos y le abriese y le mirase las quijadas.

Se sentó el señor Augusto encima de un arca esperando que
acabasen de pesar y entenderse, y mientras todo lo huroneaban
sus ojitos de vidrio azul, empezó a percibir una tosecica y un
10 llorar de niña enferma, y palabras de mujer entristecida, que,
de rato en rato, pasaba templando una taza humeante.

El lugareño dejaba frecuentemente su negocio y también se
entraba y se le oía hablar conmovido y ansioso.

Llegaron dos hombres mal avenidos, por una cuenta de
15 ganados, a que aquél se la esclareciese, y como no estaba, el
señor Augusto se les ofreció; aceptaron ellos; el francés sentenció
prudentemente el pleito, y al recibir las gracias notó una buena
alegría en el corazón, que no era semejante a la sentida allá, en
el pueblo de sus empresas. Después vinieron otros que, descubrién-
20 dose, sometían a su censura sus compras y contiendas, y también
les satisfizo, gustando un desconocido sosiego. Y cuando el
lugareño quiso pasarle a un retirado aposento[4] donde tratar
préstamo, el señor Augusto le pidió que antes le dijese si
padecía alguna desgracia, pues de ella sospechaba por su tristeza
25 y ver cuidados como de enfermos.[5] Entonces respondió el otro
que tenía una hija con mal de pecho, y el francés mostró, sin
advertirlo él mismo, tan grande solicitud, que el padre le llevó
a la alcoba.

La niña enferma era rubia como el ámbar y se quejaba como
30 un corderito. No quería que le pusieran el unto y los algodones
calientes que dispuso una curandera aldeana, y el señor Augusto,
sonriendo enternecidamente, dijo que él había de ponérselos de
modo que no le doliesen ni quemasen.

Conmoviéronse los padres, y la pequeña, de tan asombrada,
35 consintió. Y el señor Augusto la curó con toda la suavidad posible
de sus enormes manos.

Otra vez quiso el padre que hablasen y acabasen lo del

---

[4] **quiso ... aposento** tried to have him go to a back room
[5] **ver ... enfermos** seeing sickroom activities

préstamo. Y el forastero replicó que después, porque había de salir. Marchóse, y a poco vino trayendo la más alta y lujosa muñeca que halló en las cajas de los buhoneros. La enfermita la besó ciñéndole el craso cuello con sus bracitos, que al francés le parecieron blancos y trémulos como las alas de un pichón. Los padres le llenaban de bendiciones, exclamando:

—¡Qué será que[6] desde que usted pisó nuestros portales ha entrado por los mismos la felicidad de esta casa, la salud de la nena y la gracia del Señor, pues todos en el pueblo no se cansan de alabar su hidalguía!

El señor Augusto sintió en lo más hondo de su vida esa dulzura que tienen los que lloran de contento. Húmedos estaban sus ojos, pero aún no lloraban. ¿Es que empezaba a llorarle el alma? ¡Y todo el bien hecho no le costaba sino los seis reales de la muñeca y los plazos que otorgó al necesitado!

Al despedirse se abrazaron; la mujer le dio un cesto de olorosas manzanas de cuelga, y hasta el viejo mastín humedeció con su lengua, ancha y caliente, los recios zapatos del extranjero . . .

Declinaba la tarde cuando el francés volvía a su lugar. La fragancia de las manzanas, puestas en el fondo del cochecito, le traía pensamientos de gratitud y sencillez; abríase su alma a la generosidad, y hasta su frente, gorda y rojiza, semejaba ennoblecida, espiritualizada, reflejando la santa palidez del cielo.

Y el señor Augusto, que de la virtud sólo había probado sus buenos dejos sin haber subido a lo áspero y difícil del sacrificio,[7] decíase muy confiadamente que el hacer el bien era dulce y sencillo, y que había de amar a todos los hombres. Y para cerciorarse de la fineza de sus generosos propósitos recordaba a sus deudores más reacios, y también les sonreía su corazón . . .

En fin: el señor Augusto habíase trocado de socarrón y avaro en manso sin hipocresía y magnánimo por goce y convencimiento.

Y arribó a su casa. Había gentes rodeándola, que miraron al señor Augusto aparentando compasión, pero sus labios murmuraban y hacían una risita torcida y pérfida. El señor Augusto se estremeció de angustia, porque aquellas miradas y risas eran como las suyas . . . de antes. Entró. Y de súbito dio un grito de locura. ¡Le habían robado todas sus espuertas de dinero y

<hr />

[6] **¡Qué . . . que** What can have happened that
[7] **a . . . sacrificio** the rough difficult heights of sacrifice

documentos de crédito! Volvióse y sorprendió el regocijo de sus
deudores y los odió . . .

Y el señor Augusto persiguió ferozmente a los menesterosos,
mientras en el hogar de la niña enferma bendecían su nombre, y
5 las manzanas, olvidadas en la cuadra, dieron su fragancia de
generosidad hasta pudrirse.

Porque mientras no coincidan los hombres habrá siempre un
señor Augusto en todos los lugares de la Tierra . . .

PREGUNTAS

1. ¿Cómo era el lugar?
2. ¿Qué hacían los lugareños por la mañana?
3. ¿Quién vino a este lugar?
4. ¿De dónde era?
5. ¿Cómo era su castellano?
6. ¿Cómo era al lado de los aldeanos españoles?
7. ¿Qué hacía el hombre si oía chanza de los rapaces?
8. ¿Por qué impusieron respeto para el recién llegado las madres y los viejos?
9. ¿Qué hacía el señor Augusto si surgía una contienda?
10. ¿Cómo eran los ojos del señor Augusto?
11. ¿Por qué le llevaron los lugareños a sus bancales?
12. ¿Qué les decía él?
13. En la opinión de los lugareños ¿qué necesitaban?
14. ¿Quién prestaría el dinero?
15. ¿Por qué quedaban maravillados los campesinos?
16. En vez de pedir intereses ¿qué hacía el señor Augusto?
17. ¿Tuvo éxito el señor Augusto?
18. ¿De qué se murmuraba en la aldea?
19. ¿Qué hizo el señor Augusto una mañana de abril?
20. ¿Por qué estaba contento?
21. ¿Adónde iba esa mañana?
22. ¿Cómo halló la plaza del pueblo?
23. Dése una breve descripción de las actividades de la plaza.
24. ¿Cómo era la entrada a la casa del deudor?
25. ¿Qué hacía el dueño?
26. ¿Dónde se sentó el señor Augusto para esperar?
27. ¿Qué percibió?
28. ¿Por qué dejaba frecuentemente el lugareño su negocio?
29. ¿Cómo sentenció el francés en el pleito de los dos hombres?

30. ¿Qué gustó al satisfacer a otros que venían con contiendas?
31. Antes de pasar a tratar del préstamo ¿qué quería el señor Augusto?
32. ¿Qué desgracia padecía el deudor?
33. ¿Cómo era la niña enferma?
34. ¿Quién ofreció poner el unto y los algodones a la niña enferma?
35. ¿Qué trajo el forastero del mercado?
36. ¿Qué sintió el señor Augusto?
37. ¿Cuánto le había costado el bien que había hecho?
38. ¿Qué le dio la mujer al despedirse del forastero?
39. ¿Qué pensamientos tenía al volver a su lugar?
40. ¿Qué se decía el francés?
41. ¿Cómo había cambiado?
42. ¿Quiénes rodeaban su casa cuando llegó el francés?
43. ¿Por qué se estremeció?
44. ¿Por qué dio un grito de locura?
45. ¿Qué hizo en su pueblo mientras bendecían su nombre en el hogar de la niña enferma?
46. ¿Qué habrá siempre mientras no coincidan los hombres?

Ramón Gómez de la Serna

MADRID; 1888

Los escritores de vanguardia que, después de la primera
guerra mundial, experimentaron en España con todos los
nuevos estilos subversivos, respetaban a un solo pre-
cursor: Ramón Gómez de la Serna. En efecto, Ramón
había asistido a la inauguración del complejo movimiento artístico y literario que, en toda Europa, se
conoce con los nombres de Cubismo, Futurismo,
Dadaísmo, Superrealismo, Creacionismo, etc. Ramón
trajo a las letras un nuevo arte de prestidigitación:
tomaba una cosa, la partía y de su seno sacaba una
metáfora fabulosa. Nadie ha mirado las cosas tan
cariñosamente como él: todas las cosas, una por una,
aun las que están escondidas en los rincones oscuros de la
realidad. Nadie, tampoco, las ha transfigurado con
tanta magia. Su mundo es grotesco, disparatado, absurdo, irracional, arbitrario, sorprendente y humorístico.
A Ramón se le ocurren cosas como éstas: "Se apagan las
sonrisas como las luces"; "A veces se teme que la luna
tropiece y se desnuque en las guardillas"; "Como de un
balcón iluminado, sale un son de violín de aquella
estrella"; "El arco iris es la cinta que se pone la Naturaleza después de haberse lavado la cabeza"; "Las violetas
son las ojeras del jardín"; "¿No será el secreto de la alta
marea que en alguna parte y a cierta hora se baña Dios
en el mar?". A esta imaginación en píldoras Ramón las
llamó "greguerías". Aunque también se ha destacado

70

en los viejos géneros—novela, cuento, teatro, biografía, ensayo—, su gran contribución a la historia de la literatura fue ese género por él inventado: la greguería. He aquí la definición que propone el mismo Ramón: "Greguería, algarabía, gritería confusa. (En los anteriores diccionarios significaba el griterío de los cerditos cuando van detrás de su mamá). Lo que gritan los seres confusamente desde su inconsciencia, lo que gritan las cosas." Ramón comenzó a escribir sus greguerías desde 1910. No ha dejado desde entonces de escribirlas. Los ojos anormalmente imaginativos de Ramón las descubren con la misma abundancia con que los ojos de las personas normales reconocen los meros objetos físicos. Esta monstruosa fecundidad de Ramón tiene sus desventajas: ha escrito toda una biblioteca (más de 115 libros), con millones y millones de greguerías, y, naturalmente, la calidad de ellas es desigual. A veces son majaderías; a veces, llegan a lo poético. Ramón no ve jerarquías: un hombre no le merece más atención que una cosa. La realidad se refracta en su mente como en un espejo hecho añicos. Las palabras le manan espontáneamente, tropezando unas con otras. En este sentido, no puede decirse que Ramón escriba bien. A pesar de ese aire de improvisación y de charla de café, sin embargo, Ramón suele conmovernos con sus aciertos de observación fantástica. Para Ramón la vida es un carnaval. En sus páginas brincan y bailan unas extrañas máscaras, siempre alegres e irresponsables, arrojándose unas a otras serpentinas policromas y aturdiéndose con matracas, cornetas y pitos. El hombre Ramón es tan raro como su literatura; y sus conferencias desde el lomo de un elefante, desde un trapecio, pintado de blanco y negro o con la mesa adosada a las caderas, sus tertulias de locos locuaces, su bohemia de payaso juguetón han enriquecido con anécdotas increíbles la vida literaria de su tiempo. Ha documentado también la literatura disolvente de su tiempo en libros más o menos teóricos o autobiográficos,

como *Ismos*, *Pombo* y *Automoribundia*. El cuento que
hemos elegido, "La casa triangular", ilustra el aspecto
"cubista" de su imaginación. Como Juan Gris y Pablo
Picasso, pintores españoles, Ramón ha solido desprenderse también de la figura humana para perseguir la
pintura de un espacio concebido intelectualmente, espacio deliciosamente visto en formas y colores geométricos.
En realidad, el nombre de "Cubismo" induce a error: a
ese movimiento artístico debería llamársele "Geo-
metrismo". Y la geometría, en este cuento, es un
triángulo, no un cubo. La fuerza de la forma geométrica
es tal que, a pesar de ser abstracta, acaba por modificar
la realidad concreta. Toda la vida de Adolfo y de Remedios queda afectada por la trigonometría de la casa: los
hijos serán trillizos, con cabezas en vértice, y el matrimonio terminará en el clásico triángulo: esposo, esposa
y amante.

La casa triangular

I

Cuando Adolfo Sureda pensó casarse, se dispuso a realizar la
promesa que se tenía hecha a sí mismo, de inaugurar una casa
construida ex profeso para él según un plano completamente
original.
5 Casa de arquitectura excepcional para que la vida conyugal
pudiese aspirar a la excepción y a que no se repitiesen las
pequeñas miserias de siempre.
Adolfo buscó al arquitecto joven que acababa de salir de la
escuela y que en los proyectos de ensayo, que son maravillosos
10 escombros de los fondos de las escuelas de arquitectura, había
sido el más osado. Nicasio García Alijo se llamaba y aceptó el
encargo con decisión.
—Será algo nunca visto—le prometió.

—Pero sin dejarse llevar por la arquitectura yugoeslava—le aconsejó Adolfo.

El joven arquitecto se puso immediatamente a proyectar, rechazando todas aquellas casitas vascas que le salían al paso,[1] sombrías, curtidas, envueltas, en su cerrada impermeabilidad [5] contra las lluvias.

No quería tampoco que consistiese en su adorno la originalidad de la casa, ni en una de esas ventanas colgadas como un cuadro en el conjunto simple, ni en un portal de academia, ni en la larga visera de un alero amenazador. La novedad de la casa tenía que [10] estar en su contorno erguido, en su nueva especie.

Su lápiz trabajaba como en sueños[2] sobre el papel. Volvía a ser algo así como ilustrador de los márgenes de un libro escolar. Pero constantemente el remolino del lápiz se ingurgitaba los esbozos y con el dedo sucio de la goma de borrar acababa de [15] disipar aquellos tópicos que le repugnaban.

Por fin, en un entresijo de la imaginación encontró un tipo de casa que le agradó. Aquella casa aislaría a su dueño en medio de los hotelitos cargantes de alrededor, todos como aparadores o bargueños en medio del paisaje. [20]

Volvió el papel del revés clavándole las chinches en puntos inéditos. Tomó el cartabón y rás-rás-rás trazó un triángulo isósceles:

Después planeó las ventanas del frente. Un ojo de buey en lo alto para el cuarto trasero o ático, dos ventanas triangulares para [25] cuartos de la servidumbre en el piso segundo[3] y tres en el piso primero.[3] El portal también repetía el triángulo isósceles.

Todo lo fue planeando con cuidado e ingenio venciendo dificultades. En cemento las dos vertientes de los lados, harían inútil el tejado, pues las lluvias resbalarían por las rampas lisas. [30]

---

[1] **que ... paso** which turned up everywhere
[2] **como ... sueños** as if dreaming
[3] **segundo ... primero** third ... second.

A las ventanas ya les pondría una especie de cofia armada para que se desviase el agua de su hueco.

Adolfo Sureda quedó encantado del proyecto y se tomaron las medidas sobre el terreno que tenía en el Sotillo, el verdadero respiradero de la ciudad, el sitio en que se ponía pie para subir al campo.

En seguida dieron con el firme y se preparó el basamento de la casa, ese plano de ruina metódica, que es el primer asiento del tiempo y también el último cuando su ventolera barre lo erigido en alto. [4]

II

La casa estaba casi pronta. El triángulo agudizado era ya un hecho orgulloso y valiente. Tenía personalidad y lo había sacrificado todo a un ideal. Se la añadió un pararrayos, aun cuando el arquitecto aseguraba que no era necesario, que el rayo al no encontrar sitio en que morder cayendo en la quilla del edificio, resbalaría por las vertientes como por un tobogán.

Se compraron muebles raros, y algunos se mandaron hacer de acuerdo con la casa, en forma triangular, la mesa de comedor, el perchero.

Las opiniones sobre la casa eran muy diversas:

—¡Chico, qué gusto más raro!—se limitaban a decir los que no quieren discusiones.

—Yo no viviría en una casa así, ni que me la regalasen—decía el intransigente.

—A mí me parecería vivir debajo de una escalera abierta—decía la señorita impresionable.

—Parece que se ha de estar tropezando con la cabeza por todos lados—decía el que hiperestesia todas sus opiniones.

—Las ventajas que tiene es que no tiene pérdida para quien os envíe un recado [5]-decía la amiga de la casa.

—No sé cómo te casas con un marido tan estrambótico—la decían las amigas.

---

[4] **ese . . . alto** that level of methodical and complete ruination, which is the first place exposed to the weather and also the last when a wind sweeps all construction away

[5] **no . . . recado** in case someone sends a message there's no way of its getting lost

—De lejos parece un pedazo de casa con la que se ha ensañado el cuchillo—decía el amigo ingenioso.

"La raja de melón," la comenzaron a llamar en el barrio.

Adolfo se sentía feliz, y su cálculo era que su felicidad resultaría inconfundible gracias a aquella novedad que había dado a su 5 hogar.

Así llegó el día solemne de la boda, en que los recién casados entraron en la casa triangular como en una casa de broma, seguidos de la madre, la tía soltera y el pobre padre que rumiaba la idea de que "depositar a su hija en una casa como aquélla era 10 como dedicarla al teatro."

La madre, en la despedida, comenzó a llorar y entre sus hipos decía:

—¡Hija mía! ¡Qué pena me da dejarte en una casa así!

La tía soltera arregló por último el encaje del embozo de la 15 cama, y dando un beso a Remedios y apretando masónicamente la mano de Adolfo, tiró de los padres hacia la calle y todos salieron agachándose bajo el ancho portal triangular.

III

La casa triangular tenía días felicísimos, un poco infantiles: mañanas de recreo en que Adolfo y Remedios parecían volver a 20 la inocencia de los juegos de construcción, cuando con aquellas primeras cajas de cubismo triste encontraban arquitecturas alegres.

"La desgracia—pensaban los dos—no puede atreverse con la casa de juguete cuyo portal no tiene nada que ver con los que 25 Ella suele buscar."

Los ojos imploradores de las ventanas triangulares, dirigidos al cielo, le pedían místicamente felicidad.

Pero la casa que había sido una inocencia revelada en aquellos primeros meses de su inauguración, entró en la serie formal de las 30 casas de la vida que se van curtiendo y enterando de todo bajo el sol de los días.

"Ya—parece que la dijo el paseo del Sotillo—eres una casa más de la barriada y allá tú con tu suerte. 6"

Aquel día apareció junto a la puerta el primer humorismo de 35

---

6 **allá . . . suerte** now your fate is up to you

los rapaces que roban para eso las tizas de encina en la carbonería.

El aldabón de la puerta sonó también tres veces, movido por la mano de la broma suelta, y a los pocos días aparecía clavado a su marco el portón.

5 El correo comenzó a traer cartas dirigidas al "Señor dueño de la Casa del Triángulo," en que se le decían las cosas más absurdas, amenazándole con los sablazos más asustantes.

La misteriosa orden del "triángulo de fuego," le nombró presidente honorario, debiendo someterse en cuerpo y alma. A 10 la sombra de su casa se celebrarían las reuniones en adelante, y él no debía darse por aludido, por ser sólo presidente honorario. En efecto; a los pocos días notó gran aglomeración a la espalda de su casa y sospechó que debía ser la reunión del "triángulo de fuego," aunque le disuadió de su sospecha el que aquellas sombras 15 se repartían una cartera.

—¿Quién quiere la cédula personal? A alguien le puede convenir alguna vez para usurpar un nombre.

—Venga—dijo un hombre pintado como un carbonero.

—¿Quién desea un librito de tarjetas anejo a la cartera?

20 Adolfo, en vista de aquella especie de subasta nocturna mandó poner rejas en todas las ventanas de abajo crucificando los triángulos.

Frente a todas aquellas derivaciones comenzó a meditar en la responsabilidad que había contraído al residir en la casa triangu- 25 lar. El triángulo de su fachada era el más tentador blanco para los tiros de lo inesperado.

No quiso cambiar impresiones con su esposa, pero se sintió preocupado al pensar que su casa era la sede de lo triangúlico.

IV

La casa triangular estaba alegre. Iba a tener sucesores que la 30 defendieran de los extraños que mediante una reparación poco costosa la convertirían en casa cuadrangular.

Remedios iba a dar a luz. Todo en la casa triangular andaba revuelto, y los vecinos que estaban enterados de lo que iba a suceder la miraban como casa indigna de una cosa seria como 35 es la natividad.

El hijo iba a nacer en su casa de juguetes, pero hasta ese instante todos pasaban por los momentos difíciles anteriores al

estreno, ésos momentos en que toda comedia parece que va a
ser tragedia.

El doctor caro que pone las inyecciones para que el parto no
resulte doloroso como estaba escrito, pulía y esterilizaba el gran
cucharón y destripaba los paquetes de algodón, sirviéndose gasa 5
como despachante de su propia tienda.

Todo estaba preparado para cuando sonase la campanilla del
nacimiento.

"A las doce menos cinco sucederá," había dicho aquel doctor
que tenía fama de no equivocarse en la hora, pues llevaba un 10
reloj que había comprado en Alemania para esos casos.

En efecto, a las doce menos cinco sucedió la novedad y
aparecieron tres críos uno tras otro.

La sorpresa del padre fue inmensa y dentro de ella comenzaron a aparecer otros problemas como el de que iba a mostrarse 15
con tipo de monstruo ante sus amistades y que de golpe se
convertía en un hombre mucho más viejo que era, por causa de
aquellos tres hijos.

Sólo a media tarde, cuando reposaron todas sus timideces,
pensó en que la casa triangular podía haber sido la inductora de 20
aquella broma, mucho más pesada que las que había recibido.

A los que se hacen especialistas de lo extraordinario es a los
que les ocurren cosas como aquélla.

—Ahora—pensó por fin, soportando todas las consecuencias—ya
están hallados los tres ángulos del triángulo, y ahora estos niños 25
deben llamarse con nombres en que figuren las iniciales A B C
que demarcan el triángulo. Así es que el primero en salir se
llamará Augusto, el segundo Benito y el tercero César.

En el barrio sonreían al hablar del suceso.

—¡Toma casas triangulares!⁷   30

—Y le tienen que suceder cosas más estupendas.

—Pobres niños ¡y qué vida más incómoda les aguarda!

V

Los tres niños crecían por igual y estaban satisfechos de vivir
en la casa que conocían todos sus amiguitos por la casa del
triángulo.   35

En el colegio les hacían preguntas escabrosas.

---

⁷ ¡Toma ... triangulares! You can have your triangular houses!

—¿Es verdad que todo lo que coméis se presenta en forma de pirámide?

—¿Es verdad que tenéis una cocinera con tres brazos?

—¿Es verdad que tu papá toca muy bien la flauta?

5 —¿Es que tu mamá es egipcia?[8]

Todos los días le llevaban al padre preguntas por el estilo, que en el fondo le desazonaban. "¿Hasta qué punto la había hecho buena,[9] haciendo construir la casa triangular?", se preguntaba Adolfo cada vez con más insistencia.

10 Benito tenía una pronunciación de agudicéfalo en la cabeza, que en los otros dos se iba acentuando también.

Todo era inquietud alrededor de la casa triangular, y muchas criadas se despedían por no poder servir en una casa con esa facha; "la casa de la que todo el mundo tiene que decir algo."

15 Ya con las amas de cría había habido el mismo jaleo porque aseguraban no poder dormir bajo aquel tejado agobiante.

Adolfo, una tarde, al volver a su hogar atraído por el consuelo acogedor de su fachada, tan comprometedora como querida, notó que un caballero hacía visajes ante sus ventanas. Adolfo se 20 detuvo aprovechando la arboleda del sotillo.

El caballero de barbas en ráfaga se tiraba de ellas en su nerviosismo. Después, como si Remedios tardase en asomarse o en hacerle la seña convenida, sacó un papel y comenzó a escribir en él.

25 Entonces Adolfo avanzó hacia el desconocido y le preguntó airadamente qué hacía mirando su casa en aquella actitud.

—Señor, soy un geómetra y su casa me tiene intrigado, porque plantea nuevos problemas geométricos y trigonométricos. Vea la plantilla del problema . . .

30 Y el Geómetra enseñó a Adolfo el papel de sus cálculos.

Cálculo del ángulo A

$$\tan \tfrac{1}{2} A = \sqrt{\frac{(p-b)(p-c)}{p(p-a)}}$$

Adolfo respiró resarcido, invitando al Geómetra para que subiese a descansar un rato.

---

[8] **egipcia** Egyptian, *i. e. geometric in shape like the figures of murals in Egyptian tombs.*

[9] **¿Hasta . . . buena** To what extent had he been mistaken

El Geómetra, con visible emoción, dijo entonces:

—¡Oh! ¡Qué feliz me hace usted, caballero, al dejarme penetrar en la mansión del triángulo . . .! Nunca hubiera soñado con esto . . . ¡Veré el problema por dentro!

Adolfo y el Geómetra se internaron por el portal triangúlico y se dirigieron al despacho.

—¿Podríamos subir antes al sobrado que es donde el ángulo superior del triángulo tiene su ensamble?

—Pues no faltaba más . . . Ahora mismo.

El Geómetra tomó unos apuntes y después pidió bajar a las habitaciones laterales al portal que es donde se cumplían los otros dos ángulos.

Bajaron, y el Geómetra, como nuevo arquitecto de la casa, tomaba medidas con una larga cinta kilometral que enrollaba como si tocase una caja de música de bolsillo.

—Ahora es cuando tendré el gusto de descansar en su noble despacho—dijo por fin después de tomar sus apuntes, y juntos subieron al primer piso. Ya en el despacho, exclamó sorprendido:

—¡Ah! La mesa también triangular . . . ¡Qué maravilla!

Se hizo una pausa que el Geómetra rompió diciendo:

—Se sentirá usted muy feliz en esta casa, en que el seno del hogar es triple seno.

—No lo crea . . . Me siento algo desconcertado . . . Pasan cosas extrañas a mi alrededor . . . El azar se encarniza conmigo . . . No hace mucho un bromista puso un anuncio en los periódicos diciendo que en la casa del triángulo se necesitaba un secretario y desfiló toda la ciudad por aquí . . . Mi casa sirve además de punto de reunión de los novios de domingo, pues no encuentran nada más fácil que citarse frente a la casa del triángulo . . . Toda la vida se me complica por vivir en la casa triangúlica como yo la llamo.

—Le sucede eso—repuso el Geómetra—, porque no es usted Geómetra . . . Con la posesión del sentido triangular de la casa sería usted fuerte . . . no hay nada que esté más despejado de problemas y que posea un espacio más evidente que el triángulo. ¿Quiere usted que yo le adiestre en ello? Ha sido el estudio de mi vida. No necesita proveerse más que de una pizarra.

—Estoy dispuesto . . . Desde mañana comenzaremos las explicaciones . . . Le espero de seis a siete . . .

Y Adolfo y el Geómetra se despidieron con esa deferencia que tiene el discípulo adulto por su profesor de inglés.

VI

Adolfo era un especialista en triángulos y cada vez se sentía más lleno de confianza en su casa triangular. Estaba maravillado 5 de cómo gracias a ecuaciones y sumas se resolvía el triángulo siempre. No había ni rincones ni huecos vanos en su casa. Aventajaba en lógica a todas las casas.

Hasta se había decidido a escribir un ensayo en colaboración con el Geómetra sobre "El triángulo profundizado o la exégesis 10 íntima del triángulo vivido."

Remedios, ante aquellas elucubraciones del Geómetra y su esposo, se aburría triangularmente. Ella les entraba el café como medicina de sus cerebros y salía del despacho apenas saludaba, pues como ciegos cogían la taza por la rosquilla de su asa y se la 15 echaban al coleto de un solo sorbo.

Ya conocía Remedios el tacto de aquellas manos desazonantes por haber manejado la tiza toda la tarde, y se sabía de memoria aquella distracción de Adolfo moviendo la cabeza entre tres puntos cardinales y llamando a sus hijos por las iniciales ("Ven 20 aquí A." "Ven aquí B." "Ven aquí C.") para tocar un momento sus cabezas agudicéfalas.

Adolfo tenía a la hora de irse a acostar ese sueño profundo de la especulación que vuelve la espalda a la mujer.

La lección de adorno y obsesión[10] se repetía todas las tardes 25 sin sobresalto, hasta que un día recibió Adolfo un anónimo en que se le comunicaba que su mujer le engañaba mientras él fantasmagorizaba en el encerado.

Adolfo, al recibir al Geómetra, que se quitaba el sombrero de copa como un bisoñé, le llevó con misterio a un rincón del 30 despacho y le enseñó el papelito.

—¡Ah!—exclamó el Geómetra—esto hay que estudiarlo como un problema más de la casa triangular... Yo hubiera deseado que no sucediese, pero tenía que suceder... Mejor hoy que mañana, después de todo.

35 —¡Hombre! Mejor hubiera sido nunca—contestó Adolfo.

---

[10] **lección ... obsesión** the obsessing lesson in decoration and design

El Geómetra se dirigió al encerado y borró lo escrito con un arrebato de bombero que apaga un incendio.

Después se puso a resolver el problema.

—Usted es el triángulo supino . . . Eso descontado, no sólo por su naturaleza impar sino porque al encontrar ella el afín a su 5 naturaleza es que usted era el ángulo de altura, el ángulo B . . . Ahora conocido el ángulo B y el ángulo A, sólo hay que buscar el ángulo C . . . El problema es sencillísimo porque desde luego el ángulo A es igual al ángulo C, que es la incógnita. ¿Entra en su casa algún primo carnal de su esposa? . . .   10

—Sí, Enrique.

—Pues ése es.

—¿Seguro?

—Geométrico.

Adolfo salió del despacho, buscó a su esposa, la recriminó. 15

—¿Con que con Enrique?[11]

—¡Cómo lo sabes!

—Las fórmulas trigonométricas no fallan.

—¡Ah!—acabó por exclamar ella vendiéndose.

Aquella misma noche quedó deshabitada la casa triangular. 20

Adolfo se fue a vivir a una pensión y Remedios se fue con sus hijos a casa de sus padres.

Al día siguiente lucía en la fachada del hotel isoscélico un cartel triangular en que ponía:

PREGUNTAS

1. ¿Qué promesa se había hecho Adolfo Sureda?
2. ¿Por qué deseaba una casa de arquitectura excepcional?
3. ¿Qué clase de arquitectura buscó?
4. ¿Cómo se llamaba el arquitecto y cómo aceptó el encargo?
5. ¿Qué tipo de arquitectura no quería Adolfo?

---

[11] **¿Con . . . Enrique?** So it's Enrique, isn't it?

6. ¿Qué clases de casas rechazó el arquitecto?
7. ¿Qué forma tenía la casa seleccionada?
8. ¿Cómo planeó las ventanas del frente?
9. ¿Sería necesario el tejado?
10. ¿Dónde tenía Alfonso terreno?
11. ¿Por qué aseguraba el arquitecto que no era necesario un pararrayos?
12. ¿Qué clase de muebles compraron?
13. ¿Qué opiniones tenía la gente sobre la casa nueva?
14. ¿Qué nombre le dieron en el barrio?
15. En opinión de Adolfo ¿a qué se debía su felicidad?
16. ¿Cómo entraron los recién casados en la casa nueva?
17. ¿Por qué comenzó a llorar la madre de Remedios?
18. ¿Cómo salieron todos por fin?
19. ¿Por qué eran infantiles los días de los recién casados en la casa nueva?
20. ¿Por qué no puede entrar la desgracia en la casa?
21. ¿Qué apareció un día junto a la puerta?
22. ¿Qué otras bromas sufrieron los de la casa?
23. ¿Qué organización nombró presidente a Adolfo?
24. ¿Qué notó a los pocos días?
25. ¿Qué hizo Adolfo para protegerse contra las reuniones nocturnas del triángulo de fuego?
26. ¿Por qué se sintió preocupado?
27. ¿Por qué estaba alegre la casa triangular?
28. ¿Qué pensaron los vecinos al enterarse de lo que iba a suceder?
29. ¿De qué fama gozaba el médico?
30. ¿Cuándo sucedió la novedad?
31. ¿Por qué fue inmensa la sorpresa del padre?
32. ¿En qué pensó a media tarde?
33. ¿Qué nombres dio a los tres niños?
34. ¿Por qué estaban satisfechos los niños?
35. ¿Qué preguntas les hacían en el colegio?
36. ¿Por qué se despedían los criados?
37. ¿Qué notó Adolfo una tarde?
38. ¿Quién era el desconocido?
39. ¿Qué hizo Adolfo?
40. ¿Por qué es feliz el Geómetra?
41. ¿Cómo era la mesa del despacho?
42. ¿Por qué van a subir al sobrado?
43. ¿Por qué se siente algo desconcertado Adolfo?
44. ¿Cuál ha sido el estudio de la vida del Geómetra?
45. ¿Por qué se sentía más lleno de confianza Adolfo?
46. ¿Cómo reaccionaba Remedios a las lecciones triangúlicas de su esposo?
47. ¿Qué conocía ya Remedios?

48. ¿Qué se sabía de memoria?
49. ¿Qué recibió un día Adolfo?
50. ¿Cuáles son los ángulos conocidos en el problema?
51. ¿Quién es el ángulo C según el Geómetra?
52. ¿Quién es Enrique?
53. ¿Qué pasó aquella misma noche?
54. ¿Qué lucía en la fachada al día siguiente?

Francisco Ayala

GRANADA; 1906

Es difícil clasificar a Ayala, que ha sobresalido en varias carreras y, dentro de la carrera literaria, en varios géneros. Estudió en Madrid, amplió sus estudios en Berlín, se doctoró en Derecho y enseñó ciencias políticas en universidades españolas. Durante la guerra civil sirvió a la República en el servicio diplomático (en Praga). Caída la República fue nombrado profesor, sucesivamente, en universidades de Argentina, Brasil, Puerto Rico y los Estados Unidos. Desde 1925 ha desarrollado una amplia labor de publicista (alrededor de veinte libros) repartiéndose entre sus dos vocaciones: la de sociólogo y la de narrador. En ambas actividades ha ganado un sólido prestigio por su talento de primer orden. Aquí, sin embargo, sólo nos referiremos a su obra de ficción.

De 1925 a 1930 publicó una serie de novelas y ensayos literarios: *Tragicomedia de un hombre sin espíritu, Historia de un amanecer, El boxeador y un ángel, Indagación del cinema* y *Cazador en el alba.* Después de un paréntesis de casi veinte años—fecundo en libros científicos, como su monumental *Tratado de Sociología*—volvió a la literatura con cuatro volúmenes de narraciones cortas: *Los usurpadores* (1949), *La cabeza del cordero* (1949), *Historia de macacos* (1955), y *Muertes de perro* (1958):

Los dos períodos de su labor narrativa se caracterizan por diferentes tonos: en el primero, un tono juguetón, puramente imaginativo, estetizante; en el segundo, una toma de posición frente a la realidad, mirándola valientemente, sarcásticamente, en sus más secretas crudezas. Aunque, según dijimos, Ayala ha escrito libros de teoría política por un lado y ficciones por otro, es siempre el mismo hombre quien escribe y por eso aun sus páginas más literarias suelen ofrecer problemas, ideas y erudición.

El cuento "El Hechizado" es un buen ejemplo de cómo el filósofo Ayala puede revestir sus reflexiones teóricas con formas de arte. Es decir, que Ayala es capaz de gozar estéticamente el espectáculo de estructuras intelectuales.

Según Jorge Luis Borges es éste "uno de los cuentos más memorables de las literaturas hispánicas."

Apareció en el volumen *Los usurpadores*, y el mismo Ayala lo ha explicado así:

"Su tema central—común a todos los relatos—viene expresado ya en el título del volumen que los contiene, y pudiera formularse de esta manera: que el poder ejercido por el hombre sobre su prójimo es siempre una usurpación. Todos ellos giran, cada cual según su órbita, alrededor de ese hecho terrible y cotidiano. En *El Hechizado* ese poder se nos muestra muerto, hueco, en el esqueleto de un viejo Estado burocrático."

El Hechizado es Carlos II de España, el rey idiota, último vástago degenerado de una poderosísima dinastía. El lector va siguiendo con creciente interés los pasos del Indio González Lobo desde la periferia del Imperio español hasta su centro sin alma. Es como recorrer un laberinto; un laberinto que va dibujando una España consumida, laberinto que conduce a un rey y su monito, "el poder vacío." Así, el cuento nos da una sensación de la pobreza, desaliento, oscuridad y sinsentido en la vida de esa época. Es como si González Lobo fuese un sociólogo que, al llegar en 1679 a la corte de Carlos II, quisiera contemplar las formas internas del siglo XVII español. "En puridad—dice Ayala—*hechizados* están

cuantos se afanan por el poder." El mismo Indio
González Lobo, que infatigablemente viaja, sube y baja
escaleras, entra y sale por innumerables puertas, espera
y avanza con el propósito de "besar los pies a Su Majestad", una majestad imbécil, es otro hueco en el gran
hueco de un Estado carcomido.

La prosa del relato también se mueve con forma de
laberinto.

El Hechizado

Después de haber pretendido inútilmente en la Corte, el Indio
González Lobo—que llegara[1] a España hacia fines de 1679 en
la flota de galeones con cuya carga de oro se celebraron las bodas
del rey—hubo de retirarse a vivir en la ciudad de Mérida, donde
5 tenía casa una hermana de su padre. Nunca más salió ya de
Mérida González Lobo. Acogido con regocijo por su tía doña
Luisa Álvarez, que había quedado sola al enviudar poco antes,
la sirvió en la administración de una pequeña hacienda, de la
que, pasados los años, vendría a ser heredero. Ahí consumió,
10 pues, el resto de su vida. Pasaba el tiempo entre las labranzas
y sus devociones, y, por las noches, escribía. Escribió, junto a
otros muchos papeles, una larga relación de su viaje, donde, a la
vuelta de mil prolijidades, cuenta cómo llegó a presencia del
Hechizado. A este escrito se refiere la presente noticia.
15 No se trata del borrador de un memorial, ni cosa semejante;
no parece destinado a fundar o apoyar petición ninguna. Diríase
más bien que es un relato del desengaño de sus pretensiones. Lo
compuso, sin duda, para distraer las veladas de una vejez toda
vuelta hacia el pasado, confinada entre los muros del recuerdo,
20 a una edad en que ya no podían despertar emoción, ni siquiera
curiosidad, los ecos—que, por lo demás, llegarían a su oído muy
amortiguados—de la guerra civil donde, muerto el desventurado
Carlos,[2] se estaba disputando por entonces su corona.

---

[1] **llegara** had arrived
[2] **muerto . . . Carlos** after the death of the unfortunate Carlos

Alguna vez habrá de publicarse[3] el notable manuscrito: yo daría aquí íntegro su texto si no fuera tan extenso como es, y tan desigual en sus partes: está sobrecargado de datos enojosos sobre el comercio de Indias, con apreciaciones críticas que quizás puedan interesar hoy a historiadores y economistas; otorga unas 5 proporciones desmesuradas a un parangón—por otra parte, fuera de propósito—entre los cultivos del Perú y el estado de la agricultura en Andalucía y Extremadura; abunda en detalles triviales; se detiene en increíbles minucias y se complace en considerar lo más nimio, mientras deja a veces pasar por alto, en una descui- 10 dada alusión, la atrocidad de que le ha llegado noticia a la grandeza admirable. En todo caso, no parecería discreto dar a la imprenta un escrito tan disforme sin retocarlo algo, y aliviarlo de tantas impertinentes excrecencias como en él vienen a hacer penosa e ingrata la lectura. 15

Es digno de advertir que, concluida ésta a costa de no poco esfuerzo, queda en el lector la sensación de que algo le hubiera sido escamoteado; y ello, a pesar de tanto y tan insistido detalle. [4] Otras personas que conocen el texto han corroborado esa impresión mía; y hasta un amigo a quien proporcioné los datos 20 acerca del manuscrito, interesándolo en su estudio, después de darme gracias, añadía en su carta: "Más de una vez, al pasar una hoja y levantar la cabeza, he creído ver al fondo, en la penumbra del Archivo, la mirada negrísima de González Lobo disimulando su burla en el parpadeo de sus ojos entreabiertos." 25 Lo cierto es que el escrito resulta desconcertante en demasía, y está cuajado de problemas. Por ejemplo: ¿a qué intención obedece?, ¿para qué fue escrito? Puede aceptarse que no tuviera otro fin sino divertir la soledad de un anciano reducido al solo pasto de los recuerdos. Pero ¿cómo explicar que, al cabo de 30 tantas vueltas, no se diga en él en qué consistía a punto fijo la pretensión de gracia que su autor llevó a la Corte, ni cuál era su fundamento?

Más aún: supuesto que este fundamento no podía venirle sino en méritos de su padre, resulta asombroso el hecho de que no lo 35 mencione siquiera una vez en el curso de su relación. Cabe la conjetura de que González Lobo fuera huérfano desde muy

---

[3] **habrá . . . publicarse** must be published
[4] **y . . . detalle** and this in spite of so many and such complete details

temprana edad y, siendo así, no tuviera gran cosa que recordar de él; pero es lo cierto que hasta su nombre omite (mientras, en cambio, nos abruma con observaciones sobre el clima y la flora, nos cansa inventariando las riquezas reunidas en la iglesia catedral
5 de Sigüenza . . .). Sea como quiera,[5] las noticias anteriores al viaje que respecto de sí mismo consigna son sumarias en extremo, y siempre aportadas por vía incidental. Sabemos del clérigo por cuyas manos recibiera[6] sacramentos y castigos, con ocasión de un episodio aducido para escarmiento de la juventud: pues
10 cuenta que, exasperado el buen fraile ante la obstinación con que su pupilo oponía un callar terco a sus reprimendas, arrojó los libros al suelo y, haciéndole la cruz, lo dejó a solas con Plutarco y Virgilio. Todo esto, referido en disculpa, o mejor, como lamentación moralizante por las deficiencias de estilo que sin duda
15 habían de afear su prosa.

Pero no es ésa la única cosa inexplicable en un relato tan recargado de explicaciones ociosas. Junto a problema de tanto bulto, se descubren otros más sutiles. Lo trabajoso y dilatado del viaje, la demora creciente de sus etapas conforme iba acercándose
20 a la Corte (sólo en Sevilla permaneció el Indio González más de tres años sin que sus memorias ofrezcan justificación de tan prolongada permanencia en una ciudad donde nada hubiera debido retenerle) contrasta, creando un pequeño enigma, con la prontitud en desistir de sus pretensiones y retirarse de Madrid,
25 no bien hubo visto al rey. Y, como éste, otros muchos.

El relato se abre con el comienzo del viaje, para concluir con la visita al rey Carlos II en una cámara de Palacio. "Su Majestad quiso mostrarme benevolencia—son sus últimas frases—, y me dio a besar la mano; pero antes de que alcanzara a tomársela
30 saltó a ella un curioso monito que alrededor andaba jugando, y distrajo su Real atención en demanda de caricias. Entonces entendí yo la oportunidad,[7] y me retiré en respetuoso silencio."

Silenciosa es también la escena inicial del manuscrito, en que el Indio González se despide de su madre. No hay explicaciones,
35 ni lágrimas. Vemos las dos figuras destacándose contra el cielo, sobre un paisaje de cumbres andinas, en las horas del amanecer. González ha tenido que hacer un largo trayecto para llegar

[5] **Sea . . . quiera** Be that as it may
[6] **recibiera** had received
[7] **entendí . . . oportunidad** I saw my chance

despuntando el día; y ahora, madre e hijo caminan sin hablarse, el uno junto al otro, hacia la iglesia, poco más grande, poco menos pobre que las viviendas. Juntos oyen la misa. Una vez oída, González vuelve a emprender el descenso por las sendas cordilleranas . . .

Poco más adelante, lo encontraremos en medio del ajetreo del puerto. Ahí su figura menuda apenas se distingue en la confusión bulliciosa, entre las idas y venidas que se enmarañan alrededor suyo. Está parado, aguardando, entretenido en mirar la preparación de la flota, frente al océano que rebrilla y enceguece. A su lado, en el suelo, tiene un pequeño cofre. Todo gira alrededor de su paciente espera: marineros, funcionarios, cargadores, soldados; gritos, órdenes, golpes. Dos horas lleva quieto en el mismo sitio el Indio González Lobo, y otras dos o tres pasarán todavía antes de que las patas innumerables de la primera galera comiencen a moverse a compás, arrastrando su panza sobre el agua espesa del puerto. Luego, embarcará con su cofre. Del dilatado viaje, sólo esta sucinta referencia contienen sus memorias: *La travesía fue feliz.*

Pero, a falta de incidentes que consignar, y quizás por efecto de expectativas inquietantes que no llegaron a cumplirse, llena folios y folios a propósito de los inconvenientes, riesgos y daños de los muchos filibusteros que infestan los mares, y de los remedios que podrían ponerse en evitación del quebranto que por causa de ellos sufren los intereses de la Corona. Quien lo lea, no pensará que escribe un viajero, sino un político, tal vez un arbitrista: son elucubraciones mejor o peor fundadas, y de cuya originalidad habría mucho que decir. En ellas se pierde; se disuelve en generalidades. Y ya no volvemos a encontrarlo hasta Sevilla.

En Sevilla lo vemos resurgir de entre un laberinto de consideraciones morales, económicas y administrativas, siguiendo a un negro que le lleva al hombro su cofre y que, a través de un laberinto de callejuelas, lo guía en busca de posada. Ha dejado atrás el navío de donde desembarcara. Todavia queda ahí, contoneándose en el río; ahí pueden verse, bien cercanos, sus palos empavesados. Pero entre González Lobo, que ahora sigue al negro con su cofre, y la embarcación que le trajo de América, se encuentra la Aduana. En todo el escrito no hay una sola expresión vehemente, un ademán de impaciencia o una inflexión quejumbrosa: nada turba el curso impasible del relato. Pero

quien ha llegado a familiarizarse con su estilo, y tiene bien
pulsada esa prosa,[8] y aprendió a sentir el latido disimulado bajo
la retórica entonces en uso, puede descubrir en sus consideraciones sobre un mejor arreglo del comercio de Indias y acerca
5 de algunas normas de buen gobierno cuya implantación acaso
fuera recomendable, todo el cansancio de interminables tramitaciones, capaces de exasperar a quien no tuviera tan fino temple.

Excedería a la intención de estos apuntes, destinados a dar
noticia del curioso manuscrito, el ofrecer un resumen completo
10 de su contenido. Día llegará en que pueda editarse con el
cuidado erudito a que es acreedor, anotado en debida forma, y
precedido de un estudio filológico donde se discutan y diluciden
las muchas cuestiones que su estilo suscita. Pues ya a primera
vista se advierte que, tanto la prosa como las ideas de su autor,
15 son anacrónicas para su fecha; y hasta creo que podrían distinguirse en ellas ocurrencias, giros y reacciones correspondientes
a dos, y quién sabe si a más estratos; en suma, a las actitudes y
maneras de diversas generaciones, incluso anteriores a la suya
propia (lo que sería por demás explicable dadas las circunstancias
20 personales de Gonzáles Lobo).[9] Al mismo tiempo, y tal como
suele ocurrir, esa mezcla arroja resultados que recuerdan la
sensibilidad actual.

Tal estudio se encuentra por hacer; y sin su guía no parece
aconsejable la publicación de semejante libro, que necesitaría
25 también ir precedido de un cuadro geográfico-cronológico donde
quedara trazado el itinerario del viaje—tarea ésta no liviana, si
se considera cuánta es la confusión y el desorden con que en sus
páginas se entreveran los datos, se alteran las fechas, se vuelve
sobre lo andado, se mezcla lo visto con lo oído, lo remoto con lo
30 presente, el acontecimiento con el juicio, y la opinión propia con
la ajena—.

De momento, quiero limitarme a anticipar esta noticia
bibliográfica, llamando de nuevo la atención sobre el problema
central que la obra plantea: a saber, cuál sea el verdadero
35 propósito de un viaje cuyas motivaciones quedan muy oscuras,
si no oscurecidas a caso hecho, y en qué relación puede hallarse
aquel propósito con la ulterior redacción de la memoria. Confieso

---

[8] **tiene ... prosa** has a good feeling for that prose
[9] **lo ... Lobo** which would be perfectly explainable if we consider the personal
attributes and the life of González Lobo

que, preocupado con ello, he barajado varias hipótesis, pronto desechadas, no obstante, como insatisfactorias. Después de darle muchas vueltas, me pareció demasiado fantástico y muy mal fundado el supuesto de que el Indio González Lobo ocultara una identidad por la que se sintiera llamado a algún alto destino, 5 como descendiente, por ejemplo, de quién sabe qué estirpe nobilísima. En el fondo, esto no aclararía apenas nada. También se me ocurrió pensar si su obra no sería una mera invención literaria, calculada con todo esmero en su aparente desaliño para simbolizar el desigual e imprevisible curso de la vida humana, 10 moralizando implícitamente sobre la vanidad de todos los afanes en que se consume la existencia. Durante algunas semanas me aferré con entusiasmo a esta interpretación, por la que el protagonista podía incluso ser un personaje imaginario; pero a fin de cuentas tuve que resignarme a desecharla: es seguro que la 15 conciencia literaria de la época hubiera dado cauce muy distinto a semejante idea.

Mas no es ahora la ocasión de extenderse en cuestiones tales, sino tan sólo de reseñar el manuscrito y adelantar una apuntación ligera de su contenido.   20

Hay un pasaje, un largo, interminable pasaje, en que González Lobo aparece perdido en la maraña de la Corte. Describe con encarnizado rigor su recorrer el dédalo de pasillos y antesalas, donde la esperanza se pierde y se le ven las vueltas al tiempo;[10] 25 se ensaña en consignar cada una de sus gestiones, sin pasar por alto una sola pisada. Hojas y más hojas están llenas de enojosas referencias y detalles que nada importan, y que es difícil conjeturar a qué vienen. Hojas y más hojas, están llenas de párrafos por el estilo de éste: "Pasé adelante, esta vez sin tropiezo, 30 gracias a ser bien conocido ya del jefe de la conserjería; pero al pie de la gran escalera que arranca del zaguán—se está refiriendo al Palacio del Consejo de Indias, donde tuvieron lugar muchas de sus gestiones—, encontré cambiada la guardia: tuve, pues, que explicar ahí todo mi asunto como en días anteriores, y 35 aguardar que subiera un paje en averiguación de si me sería permitido el acceso. Mientras esperaba, me entretuve en mirar

[10] **donde . . . tiempo** where hope is lost and where the slow passage of time can be felt

quiénes recorrían las escaleras, arriba y abajo: caballeros y
clérigos, que se saludaban entre sí, que se paraban a conversar,
o que avanzaban entre reverencias. No poco tiempo tardó en
volver mi buen paje con el recado de que sería recibido por el
5 quinto oficial de la tercera Secretaría, competente para escuchar
mi asunto. Subí tras de un ordenanza, y tomé asiento en la
antesala del señor oficial. Era la misma antesala donde hube de
aguardar el primer día, y me senté en el mismo banco donde ya
entonces había esperado más de hora y media. Tampoco esta
10 vez prometía ser breve la espera; corría el tiempo; vi abrirse y
cerrarse la puerta veces infinitas, y varias de ellas salir y entrar
al propio oficial quinto, que pasaba por mi lado sin dar señales
de haberme visto, ceñudo y con la vista levantada. Acerquéme,
en fin, cansado de aguardar, al ordenanza de la puerta para
15 recordarle mi caso. El buen hombre me recomendó paciencia;
pero, porque no la acabara de perder,[11] quiso hacerme pasar de
allí a poco, y me dejó en el despacho mismo del señor oficial, que
no tardaría mucho en volver a su mesa. Mientras venía o no,
estaba yo pensando si recordaría mi asunto, y si acaso no volvería
20 a remitirme con él, como la vez pasada, a la Secretaría de otra
Sección del Real Consejo. Había sobre la mesa un montón de
legajos, y las paredes de la pieza estaban cubiertas de estanterías,
llenas también de carpetas. En el testero de la sala, sobre el
respaldo del sillón del señor oficial, se veía un grande y no muy
25 buen retrato del difunto rey don Felipe IV. En una silla, junto
a la mesa, otro montón de legajos esperaba su turno. Abierto,
lleno de espesa tinta, el tintero de estaño aguardaba también al
señor oficial quinto de Secretaría . . . Pero aquella mañana ya no
me fue posible conversar con él, porque entró al fin muy alboro-
30 tado en busca de un expediente, y me rogó con toda cortesía que
tuviera a bien excusarle, que tenía que despachar con Su Señoría,
y que no era libre de escucharme en aquel momento."

Incansablemente, diluye su historia el Indio González en
pormenores semejantes, sin perdonar día ni hora, hasta el extremo
35 de que, con frecuencia, repite por dos, tres, y aun más veces, en
casi iguales términos, el relato de gestiones idénticas, de manera
tal que sólo en la fecha se distinguen; y cuando el lector cree
haber llegado al cabo de una jornada penosísima, ve abrirse ante

---

[11] **porque . . . perder** so that I should not lose it completely

su fatiga otra análoga, que deberá recorrer también paso a paso, y sin más resultado que alcanzar la siguiente. Bien hubiera podido el autor excusar el trabajo, y dispensar de él a sus lectores, con sólo haber consignado, si tanto importaba a su intención, el número de visitas que tuvo que rendir a tal o cual 5 oficina, y en qué fechas. ¿Por qué no lo hizo así? ¿Le procuraba acaso algún raro placer el desarrollo del manuscrito bajo su pluma con un informe crecimiento de tumor, sentir cómo aumentaba su volumen amenazando cubrir con la longitud del relato la medida del tiempo efectivo a que se extiende? ¿Qué 10 necesidad teníamos, si no, de saber que eran cuarenta y seis los escalones de la escalera del palacio del Santo Oficio, y cuántas ventanas se alineaban en cada una de sus fachadas?

Quien está cumpliendo con probidad la tarea que se impuso a sí propio: recorrer entero el manuscrito, de arriba a abajo, 15 línea por línea y sin omitir un punto, experimenta, no ya un alivio sino emoción verdadera, cuando, sobre la marcha, su curso inicia un giro que nada parecía anunciar y que promete perspectivas nuevas a una atención ya casi rendida al tedio. "Al otro día, domingo, me fui a confesar con el doctor Curtius," ha leído 20 sin transición ninguna. La frase salta desde la lectura maquinal, como un relumbre en la apagada, gris arena ... Pero, si el tierno temblor que irradia esa palabra, *confesión*, alentó un momento la esperanza de que el relato se abriera en vibraciones íntimas, es sólo para comprobar cómo, al contrario, la costra de sus retor- 25 cidas premiosidades se autoriza ahora con el secreto del sacramento.[12] Pródigo siempre en detalles, el autor sigue guardando silencio sobre lo principal. Hemos cambiado de escenario, pero no de actitud. Vemos avanzar la figura menuda de González Lobo, que sube, despacio, por el centro de la amplísima escalinata, 30 hacia el pórtico de la iglesia; la vemos detenerse un momento, a un costado, para sacar una moneda de su escarcela y socorrer a un mendigo. Más aún: se nos hace saber con exactitud ociosa que se trata de un viejo paralítico y ciego, cuyos miembros se muestran agarrotados en duros vendajes sin forma. Y todavía añade 35 González una larga digresión, lamentándose de no poseer medios bastantes para aliviar la miseria de los demás pobres instalados,

[12] **la ... sacramento** the protective shell of his natural hesitancy and difficulty in expressing himself now becomes justified by the secrecy of the sacrament

como una orla de podredumbre, a lo largo de las gradas . . .
Por fin, la figura del Indio se pierde en la oquedad del atrio.
Ha levantado la pesada cortina; ha entrado en la nave, se ha
inclinado hasta el suelo ante el altar mayor. Luego se acerca al
5 confesonario. En su proximidad, aguarda, arrodillado, a que le
llegue el turno. ¿Cuántas veces han pasado por entre las yemas
de sus dedos las cuentas de su rosario, cuando, por último, una
mano blanca y gorda le hace señas desde lo oscuro para que se
acerque al Sagrado Tribunal? González Lobo consigna ese gesto
10 fugaz de la mano blanqueando en la sombra; ha retenido
igualmente a lo largo de los años la impresión de ingrata dureza
que causaron en su oído las inflexiones teutónicas del confesor y,
pasado el tiempo, se complace en consignarla también. Pero eso
es todo. "Le besé la mano, y me fui a oír la santa misa junto a una
15 columna."
    Desconcierta—desconcierta e irrita un poco—ver cómo, tras
una reserva tan cerrada, se extiende luego a ponderar la solemnidad de la misa: la pureza desgarradora de las voces juveniles
que, desde el coro, contestaban "como si, abiertos los cielos,
20 cantasen ángeles la gloria del Resucitado" a los graves latines
del altar. Eso, las frases y cantos litúrgicos, el brillo de la plata
y del oro, la multitud de las luces, y las densas volutas de incienso
ascendiendo por delante del retablo, entre columnatas torneadas
y cubiertas de yedra, hacia las quebradas cupulillas, todo eso,
25 no era entonces novedad mayor que hoy, ni ocasión de particular
noticia. Con dificultad nos convenceríamos de que el autor no
se ha detenido en ello para disimular la omisión de lo que
personalmente le concierne, para llenar mediante ese recurso el
hiato entre su confesión—donde sin duda alguna hubo de ingerirse
30 un tema profano—y la visita que a la mañana siguiente hizo,
invocando el nombre del doctor Curtius, a la Residencia de la
Compañía de Jesús. "Tiré de la campanilla-dice, cuando nos ha
llevado ante la puerta—, y la oí sonar más cerca y más fuerte de
lo que esperaba."
35   Es, de nuevo, la referencia escueta de un hecho nimio. Pero
tras ella quiere adivinar el lector, enervado ya, una escena cargada
de tensión: vuelve a representarse la figura, cetrina y enjuta,
de González Lobo, que se acerca a la puerta de la Residencia con
su habitual parsimonia, con su triste, lentísimo continente
impasible; que, en llegando a ella, levanta despacio la mano

hasta el pomo del llamador. Pero esa mano, fina, larga, pausada, lo agarra y tira de él con una contracción violenta, y vuelve a soltarlo en seguida. Ahora, mientras el pomo oscila ante sus ojos indiferentes, él observa que la campanilla estaba demasiado cerca y que ha sonado demasiado fuerte.   5

Pero, en verdad, no dice nada de esto. Dice: "Tiré de la campanilla, y la oí sonar más cerca y más fuerte de lo que esperaba. Apenas apagado su estrépito, pude escuchar los pasos del portero, que venía a abrirme, y que, enterado de mi nombre, me hizo pasar sin demora." En compañía suya, entra el lector a una 10 sala, donde aguardará González, parado junto a la mesa. No hay en la sala sino esa mesita, puesta en el centro, un par de sillas, y un mueble adosado a la pared, con un gran crucifijo encima. La espera es larga. Su resultado, éste: "No me fue dado ver al Inquisidor General en persona. Pero, en nombre suyo, 15 fui remitido a casa de la baronesa de Berlips, la misma señora conocida del vulgo por el apodo de La Perdiz, quien, a mi llegada, tendría información cumplida de mi caso, según me aseguraron. Mas pronto pude comprobar—añade—que no sería cosa llana entrar a su presencia. El poder de los magnates se mide 20 por el número de los pretendientes que tocan a sus puertas, y ahí, todo el patio de la casa era antesala."

De un salto, nos transporta el relato desde la Residencia jesuítica—tan silenciosa que un campanillazo puede caer en su vestíbulo como una piedra en un pozo—hasta un viejo palacio, 25 en cuyo patio se aglomera, bullicioso, un hervidero de postulantes, afanados en el tráfico de influencias, solicitud de exenciones, compra de empleos, demanda de gracia o gestión de privilegios. "Me aposté en un codo de la galería y, mientras duraba mi antesala, divertíame en considerar tanta variedad de aspectos y 30 condiciones como allí concurrían, cuando un soldado, poniéndome la mano en el hombro, me preguntó de dónde era venido, y a qué. Antes de que pudiera responderle nada, se me adelantó a pedir excusas por su curiosidad, pues que lo dilatado de la espera convidaba a entretener de alguna manera el tiempo, y el 35 recuerdo de la patria es siempre materia de grata plática. Él, por su parte, me dijo ser natural de Flandes, y que prestaba servicio al presente en las guardias del Real Palacio, con la esperanza de obtener para más adelante un puesto de jardinero en sus dependencias; que esta esperanza se fundaba y sostenía 40

en el valimiento de su mujer, que era enana del rey y que tenía dada ya más de una muestra de su tino para obtener pequeñas mercedes. Se me ocurrió entonces, mientras lo estaba oyendo, si acaso no sería aquél buen atajo para llegar más pronto al fin de
5 mis deseos; y así, le manifesté cómo éstos no eran otros sino el de besar los pies a Su Majestad; pero que, forastero en la Corte y sin amigos, no hallaba medio de arribar a su Real persona. "Mi ocurrencia—agrega—se acreditó feliz, pues, acercándoseme a la oreja, y después de haber ponderado largamente el extremo
10 de su simpatía hacia mi desamparo y su deseo de servirme, vino a concluir que tal vez su mentada mujer—que lo era, según me tenía dicho, la Enana doña Antoñita Núñez, de la Cámara del Rey—pudiera disponer el modo de introducirme a su alta presencia: y que sin duda querría hacerlo, supuesto que yo me
15 la supiese congraciar y moviera su voluntad con el regalo del cintillo que se veía en mi dedo meñique."

Las páginas que siguen a continuación son, a mi juicio, las de mayor interés literario que contiene el manuscrito. No tanto por su estilo, que mantiene invariablemente todos sus caracteres:
20 una caída arcaizante, a veces precipitación chapucera, y siempre esa manera elusiva donde tan pronto cree uno identificar los circunloquios de la prosa oficialesca, tan pronto los sobrenten- didos de quien escribe para propio solaz, sin consideración a posibles lectores; no tanto por el estilo, digo, como por la compo-
25 sición, en que González Lobo parece haberse esmerado. El relato se remansa aquí, pierde su habitual sequedad, y hasta parece retozar con destellos de insólito buen humor. Se complace González en describir el aspecto y maneras de doña Antoñita, sus movimientos, sus ademanes, gestos, mohines y sonrisas, sus
30 palabras y silencios, a lo largo de la curiosa negociación.

Si estas páginas no excedieran ya los límites de lo prudente, reproduciría el pasaje íntegro. Pero la discreción me obliga a limitarme a una muestra de su temperamento. "En esto— escribe—, dejó caer el pañuelo y esperó, mirándome, a que lo
35 alzara. Al bajarme para levantarlo vi reír sus ojillos a la altura de mi cabeza. Cogió el pañuelo que yo le entregaba, y lo estrujó entre los diminutos dedos de una mano adornada ya con mi cintillo. Diome las gracias, y sonó su risa como una chirimía; sus ojos se perdieron y, ahora, apagado su rebrillo, la enorme frente
40 era dura y fría como piedra."

Sin duda, estamos ante un renovado alarde de minuciosidad;
pero ¿no se advierte ahí una inflexión divertida, que, en escritor
tan apático, parece efecto de la alegría de quien, por fin, inesperadamente, ha descubierto la salida del laberinto donde andaba
perdido y se dispone a franquearla sin apuro? Han desaparecido 5
sus perplejidades, y acaso disfruta en detenerse en el mismo lugar
de que antes tanto deseaba escaparse.

De aquí en adelante el relato pierde su acostumbrada pesadumbre y, como si replicase al ritmo de su corazón, se acelera sin
descomponer el paso. Lleva sobre sí la carga del abrumador viaje, 10
y en los incontables folios que encierran sus peripecias, desde
aquella remota misa en las cumbres andinas hasta este momento
en que va a comparecer ante Su Majestad Católica, parecen
incluidas todas las experiencias de una vida.

Y ya tenemos al Indio González Lobo en compañía de la 15
Enana doña Antoñita camino del Alcázar. A su lado siempre,
atraviesa patios, cancelas, portales, guardias, corredores, ante-
cámaras. Quedó atrás la Plaza de Armas, donde evolucionaba un
escuadrón de caballería; quedó atrás la suave escalinata de
mármol; quedó atrás la ancha galería, abierta a la derecha sobre 20
un patio, y adornada a la izquierda la pared con el cuadro de
una batalla famosa, que no se detuvo a mirar, pero del que le
quedó en los ojos la apretada multitud de las compañías de un
tercio que, desde una perspectiva bien dispuesta, se dirigían,
escalonadas en retorcidas filas, hacia la alta, cerrada, defendida 25
ciudadela ... Y ahora la enorme puerta cuyas dos hojas de roble
se abrieron ante ellos en llegando a lo alto de la escalera, había
vuelto a cerrarse a sus espaldas. Las alfombras acallaban sus
pasos, imponiéndoles circunspección, y los espejos adelantaban
su visita hacia el interior de desoladas estancias sumidas en 30
penumbra.

La mano de doña Antoñita trepó hasta la cerradura de una
lustrosa puerta, y sus dedos blandos se adhirieron al reluciente
metal de la empuñadura, haciéndola girar sin ruido. Entonces,
de improviso, González Lobo se encontró ante el Rey.   35

"Su Majestad—nos dice—estaba sentado en un grandísimo
sillón, sobre un estrado, y apoyaba los pies en un cojín de seda
color tabaco, puesto encima de un cascabel. A su lado, reposaba
un perrillo blanco." Describe—y es asombroso que en tan breve
espacio pudiera apercibirse así de todo, y guardarlo en el 40

recuerdo—desde sus piernas flacas y colgantes hasta el lacio, descolorido cabello. Nos informa de cómo el encaje de Malinas que adornaba su pecho estaba humedecido por las babas infatigables que fluían de sus labios; nos hace saber que eran de
5 plata las hebillas de sus zapatos, que su ropa era de terciopelo negro. "El rico hábito de que su Majestad estaba vestido— escribe González—despedía un fuerte hedor a orines; luego he sabido la incontinencia que le aquejaba." Con igual simplicidad imperturbable sigue puntualizando a lo largo de tres folios todos
10 los detalles que retuvo su increíble memoria acerca de la cámara, y del modo como estaba alhajada. Respecto de la visita misma, que debiera haber sido, precisamente, lo memorable para él, sólo consigna estas palabras, con las que, por cierto, pone término a su dilatado manuscrito: "Viendo en la puerta a un desconocido
15 se sobresaltó el canecillo, y Su Majestad pareció inquietarse. Pero al divisar luego la cabeza de su Enana, que se me adelantaba y me precedía, recuperó su actitud de sosiego. Doña Antoñita se le acercó al oído, y le habló algunas palabras. Su Majestad quiso mostrarme benevolencia, y me dio a besar la mano; pero antes
20 de que alcanzara a tomársela saltó a ella un curioso monito que alrededor andaba jugando, y distrajo su Real atención en demanda de caricias. Entonces entendí yo la oportunidad, y me retiré en respetuoso silencio."

PREGUNTAS

1. ¿En qué año había llegado González Lobo a España?
2. ¿Qué carga traía la flota en que llegó?
3. ¿Adónde hubo de retirarse a vivir?
4. ¿Quién lo acogió con regocijo?
5. ¿Cómo pasaba el tiempo en la hacienda?
6. ¿Qué escribió?
7. ¿Qué contó en esta relación?
8. ¿Quién fue el Hechizado?
9. ¿Qué clase de relato es?
10. ¿Qué defectos tiene el manuscrito?
11. ¿Qué resulta asombroso?
12. ¿Qué sabemos del clérigo y González Lobo?
13. ¿Cuánto tiempo permaneció González Lobo en Sevilla?

14. ¿Con qué contrasta esta larga permanencia?
15. ¿Cómo se abre el relato y con qué se cierra?
16. ¿Qué animal distrajo la atención del rey?
17. ¿Dónde se despide el Indio González de su madre?
18. ¿Dónde lo encontramos poco más adelante?
19. ¿Qué dice González de su dilatado viaje?
20. ¿Qué detalles da sobre los filibusteros?
21. ¿Dónde lo volvemos a encontrar?
22. ¿Qué se puede descubrir en sus consideraciones sobre un mejor arreglo del comercio de las Indias?
23. ¿Qué caracteriza el estilo del Indio González?
24. ¿Qué describe en el pasaje sobre la Corte?
25. ¿Por qué tuvo que explicar su asunto varias veces?
26. ¿Quiénes recorrían las escaleras del Palacio del Consejo de Indias?
27. ¿Por quién sería recibido según el buen paje?
28. ¿Dónde tomó por fin asiento?
29. ¿Había estado allí antes?
30. ¿A quién se acercó cuando estaba cansado de aguardar?
31. ¿Dónde lo dejó por fin el ordenanza?
32. ¿Qué había sobre la mesa, sobre las estanterías y sobre la silla?
33. ¿Qué se veía encima del respaldo del sillón en el testero de la sala?
34. ¿Qué detalle apunta sobre los escalones de la escalera del palacio?
35. ¿Qué detalle parece anunciar perspectivas nuevas?
36. ¿Dónde vemos ahora a González Lobo?
37. ¿Cómo terminó la descripción del episodio de la confesión con el doctor Curtius?
38. ¿Qué desconcierta en esta descripción y en la que sigue?
39. ¿Adónde fue al otro día y cómo le sirvió el doctor Curtius?
40. ¿Pudo ver al Inquisidor General?
41. ¿A quién fue remitido con su asunto?
42. ¿Cómo encontró el patio de la casa de la Baronesa?
43. ¿Qué le preguntó un soldado en la antesala?
44. ¿De dónde era natural el soldado?
45. ¿Qué esperanza tenía?
46. ¿En qué se fundaba y sostenía esta esperanza?
47. ¿Qué se le ocurrió al Indio González?
48. ¿Qué ofreció el soldado y qué regalo pidió?
49. ¿Dónde estaba sentado su Majestad?
50. ¿Cómo estaba el encaje que adornaba su pecho?
51. ¿Por qué se sobresaltó el canecillo?
52. ¿Qué hizo doña Antoñita?
53. ¿Qué quiso hacer Su Majestad?
54. ¿Qué saltó a la mano extendida del rey?
55. ¿Por qué se retiró González Lobo?

José Antonio Muñoz Rojas

ANTEQUERA; 1909

La literatura no debe estudiarse por regiones, sino por individualidades. Después de todo, las regiones no son las que escriben, sino las personas que viven en ellas. Y por mucho que se hable del "espíritu regional," lo cierto es que a ese espíritu, si existe, lo encontramos siempre como actividad expresiva de escritores personalísimos. Sin embargo, en la historia de la literatura española siempre se han distinguido los andaluces por la finura de su sensibilidad, el brillo de la imaginación y la saltarina agilidad del verso y de la prosa.

Muñoz Rojas es andaluz, como es andaluz Juan Ramón Jiménez. Y hay, ciertamente, rasgos estilísticos comunes entre la prosa de uno y otro. Juan Ramón Jiménez enriqueció la prosa española con un libro famoso: *Platero y yo*, donde evoca, con lirismo y ternura, la vida del campo y de los villorrios andaluces. Muñoz Rojas ha continuado este tipo de literatura con su *Historias de familia* (1946) y *Las cosas del campo* (1951).

Nacido en Antequera, vivió en Madrid (donde se graduó de abogado) y en Cambridge, Inglaterra (donde fue Lector de Español). Por eso, aunque es un conocedor del campo, con vivas y ricas experiencias campesinas, su modo de expresión se caracteriza por su cosmopolitismo. Es, como Juan Ramón Jiménez, un "andaluz universal." Es decir, no se pega a la tierra con voluntad de describirla realísticamente, costumbrísticamente, sino que

100

estiliza Andalucía con procedimientos artísticos de la mejor literatura universal. Las cosas vistas son regionales, pero los lentes con que las ve están pulidos en los talleres de óptica más refinados de Europa.

Muñoz Rojas pertenece a una familia de labradores acomodados. Su literatura tiene un aire aristocrático. Ya hemos mencionado sus libros de prosa. Sus primeros libros, sin embargo, fueron de versos: *Versos de retorno* (1929), *Ardiente jinete* (1934)—que obtuvo un premio en el certamen nacional de literatura—, *Sonetos de amor por un autor indiferente* (1942) y *Abril en el alma* (1943).

Es hombre refinado, agudo, elegante. Ha vivido retraído, apartado de la vida pública española de los últimos años. Y aun su literatura está apartada del gusto dominante. Escribe con un infalible sentido musical. Elige cuidadosamente las palabras y las enlaza en busca de una delicada perfección formal. La naturaleza está contemplada poéticamente. Los personajes se mueven también envueltos en poesía.

Otro rasgo aristocrático de su expresión es su cultura humanística.

El título del cuento que hemos escogido—"La Heloisada," o sea, las aventuras de Heloísa—alude irónicamente a los poemas épicos.

Se trata de una poética escena en que una niña sueña despierta. El tema del soñar despierto es parecido, en su materia psicológica, a la del cuento norteamericano "The Secret Life of Walter Mitty" de James Thurber. Sólo que en Thurber el tono es humorístico y satírico; en cambio, en el cuento de Muñoz Rojas, es lírico. La imaginación de la niña transforma el borde de su cama en la orilla de un río. ¿Qué es lo verdadero, qué es lo mentido? "No podía decir cuándo comenzaban ni cuándo terminaban las transformaciones". En ese vaivén de realidades e irrealidades la niña da vida a un retrato en la pared. Cada detalle del retrato adquiere una significación humana. La figura del caballero de la melancólica mirada

se anima, sale del marco. La niña se escapa con él.
Primero en una berlina, después en un barco. Amor
imposible, como el de los sueños. Imposible, como el de
la monja Eloísa y el monje Abelardo, a quien mutilaron
brutalmente a principios del siglo XII.

La Heloisada

No era la primera vez que hacía ribera del borde de la cama.
Ni a ella misma se le había ocurrido pensar en el hecho. Y, sin
embargo, era verdad. Verdad la punta de sus zapatos humedecida,
verdad sus piernas balanceándose sobre el agua, verdad el
5 ademán mismo del agua rizándose al fracasar en su intento de
llevarse sus pies con ella. Y mentiras puras todas estas cosas: la
esterilla, que siempre se arrastraba en el suelo, paralela a su
cama, la solería hasta el espacio que daba entre la puerta y el
suelo, la misma parte inferior de la puerta y las del ropero y
10 lavabo. No podía decir cuándo comenzaban ni cuándo terminaban
las transformaciones. Notaba que suelo y techo eran dos mundos,
alternativamente reales o irreales, según que fijara su vista en
uno o la levantara al otro, pero que suelo y techo no eran ni
mundo ni reales cuando el borde de la cama se convertía en
15 orilla, y ella podía entregar sus ojos, no a la dureza de un suelo
de baldosines, sino a la ternura de un agua que se rizaba en olas
pequeñas para acogerlos. Abiertos tenía sus oídos al rumor, como
sus ojos al movimiento. Ni siquiera necesitaba las puertas que
generosamente le ofrecían los espejos para escaparse. Para eso
20 tenía ella sus pies y su compañía. Le bastaba, otras veces,
levantar los ojos, y a levantarlos éstos tropezaron con el retrato
del señor con cara de músico. Era guapo o, mejor, interesante.
Ojos hundidos de judío, larga melena, la mano a lo Napoleón.
Debía tener, ¿cuántos? ¿Treinta y cinco, cuarenta años?
25 ¿Cuántos amores? Un amor con una muchacha de pelo castaño.
No cabía duda; le faltaba el violín, pero era músico. Paseaba por
la tarde y montaba a caballo por las mañanas bien temprano.
Sus paseos tenían siempre lugar por el mismo sitio: por un

camino bordeado de alisos, donde unos pájaros, invariablemente
los mismos, cantaban. A mediodía leía un libro, y por la tarde,
antes de su paseo, tocaba el violín. Repasó el cuadro de la vida
del hombre del retrato. ¿A qué hora veía a la muchacha del pelo
castaño, su amor? ¿No la veía? No la veía, porque ella había 5
muerto y él guardaba una caja de madera, en cuya tapa ponía
Recuerdo y había dibujada una guirnalda, y aquella caja contenía
una mata de pelo castaño que él besaba cada noche antes de
irse a acostar. Contempló aquellas manos que todas las noches
cogían la mata de pelo, para llevársela a los labios. Contempló 10
luego los labios y halló algo en ellos. ¿Algo? Sí, algo, y tornó
horrorizada la vista. Una ramita casi imperceptible, un pliegue,
una palabra. Había dicho algo. ¿Qué? Había dicho algo indudablemente. Le dio susto. Notó que alguien había entrado en la
habitación. Allí había alguien. Se llevó las manos a los ojos y se 15
los cubrió. Las apretó fuertemente contra los párpados. Otras
manos se las separaban de ellos. Cedió entonces, levantó los
ojos y no vio a nadie; pero sintió con claridad la huida de una
forma. El hombre del retrato seguía allí, inmóvil o, mejor,
inmovilizado. No tenía, por lo visto, otra preocupación que mirar 20
fijamente la caída de la cortina junto a la puerta. Pensó que con
un hombre así ya se escaparía ella. Se escaparía entre doce y una.
Saldría de puntillas, se detendría un instante ante la puerta del
cuarto de sus padres, derramaría una lágrima que, rodando, iría
desde sus párpados a su boca, porque así lo querían los accidentes 25
de su cara, dudaría su pie, y, por fin, con un gesto decidido
correría hacia la puerta, que luego entornaría cuidadosamente.
Junto a la tapia estaría él esperándola. De pasada por el jardín,
cogía una rama y dejaba el jazmín entero temblando. Ya estaba
con él. Sentía ahora su corazón galopar como un caballo desen- 30
frenado. Se le presentaba el cuadro del día siguiente en su casa.
Todo el mundo la buscaría, todo serían suposiciones y decir:
¿Quién lo iba a creer? Bajaron por el callejoncillo oscuro, y en la
misma esquina los esperaba la berlina, tirada por dos caballos
color . . . No daba con el color de los caballos, y este incidente, 35
a primera vista sin importancia, entorpecía el idilio. Sentados en
el fondo de la berlina, todavía el corazón combatiendo rudamente
las paredes del pecho, esperaban inútilmente a que la berlina se
moviera. La berlina no se movía. Amanecería y la cogerían viva
en ella y en los brazos de un hombre. Y al momento comenzaría 40

la historia. La historia era demasiado espantosa para imaginar
sus pormenores. Aunque, en realidad, no sabía lo que las lenguas
tenían que decir, ante el hecho de que ella estuviera en los brazos
de un músico en una berlina detenida en un callejón. Aquí se
5 detuvo su blanco pie y no quiso pasar adelante. Ella sabía que
estaba en sus brazos y movió la cabeza, arrellanándola. Pero así
le quedaba un oído libre, y este oído percibió el rumor de alguien
que venía. Sabía lo que iba a decir a quien fuera: *Aquí, detenidos
por falta de caballos.* La cosa no podía ser más sencilla. Era la
10 explicación justa y nadie tenía por qué extrañarse. Pero el
tristísimo caso era otro. Se había dejado la luz encendida, y su
madre, que la había visto por las rendijas, se había levantado
buscándola por toda la casa, hasta que un vivísimo pensamiento
le atravesó la cabeza, y se había creído en la obligación de
15 levantar a su marido y contarle lo que sucedía. Entonces ella
reprochaba al músico que se le hubieran olvidado los caballos,
siendo cosa tan importante, y entonces también él le hacía ver
que era víctima de un engaño, puesto que los caballos estaban
allí y eran dos: uno tordo y el otro bayo. Arrancó la berlina y el
20 movimiento hacía que ella cayera más hondo cada vez en el pozo
del pecho de él. Sí, era justamente la impresión de caer en un
pozo cuando los meses de calor: la misma frescura y penumbra,
las mismas hierbas (de las que nunca supo el nombre) colgando
de las piedras. Y aunque iban por lo oscuro sonaban a alegría las
25 pisadas de los caballos. Pero ella sentía no estar fuera del coche
para ver los remolinos de polvo que iban dejando por los recodos.
Ella, que estaba en el secreto de lo que el coche contenía,
gozaría como nadie viendo aquellos remolinos. Indudablemente
él la amaba, puesto que adivinó su pensamiento y mandó
30 detenerse al coche. Se bajaba ella, se apostaba en una vuelta, y
ya allí advertía que por la noche el polvo pierde su cuerpo y
únicamente nos deja su alma. Volvía, loca, a subirse, y tras oír
cómo él le decía al cochero: *Ventura, vámonos,* se arremolinaba
otra vez contra su cuerpo, y otra vez los vaivenes del coche la
35 hundían en él, hasta hacerla desaparecer. No completamente
hasta hacerla desaparecer, porque al poner ella su mano en el
pecho de él, tropezaba con la cadena de su reloj. Mas ¿desde
cuándo usaba reloj? ¡Cuántas veces ella, en medio de la noche,
había despertado preguntándose qué hora sería, preguntándolo
40 en alta voz, y nadie le había contestado, y había tenido que

encender la luz, restregarse los ojos y adivinar a través de los
párpados semicerrados la hora! Si él hubiese tenido hora se la
hubiese dicho, pero indudablemente él tenía otra hora. Tocaba
ella la cadena. Era gruesa, y siguiéndola con su mano llegaba al
bolsillo, un bolsillo holgado, como correspondía a su traje, y en el 5
fondo la forma de un reloj, indudablemente de oro, con las tapas
labradas e iniciales en el centro. Intentaba adivinar por el tacto
qué iniciales eran aquéllas. Probablemente se trataba de un viejo
reloj de familia, que no marcaba el tiempo de sus días, sino de
los días de muchos años atrás. Un reloj al que se hicieron grandes 10
fiestas y públicos regocijos a su llegada, y que tras rodar en
ocasiones por cajones olvidados, latía ahora entre las manos de
ella, allí en el fondo del bolsillo; allí en el fondo de la berlina.

Y a todo esto apenas habían cruzado palabra. Ella misma
llevaba algún tiempo en las oscuridades de una berlina, con un 15
hombre del que no sabía el nombre. No sabía el nombre, aunque
podía decir que con ninguna persona en este mundo había pasado
tanto tiempo. Ni con su madre, ni con ninguna de sus amigas.
Con nadie tuvo más intimidad. Nunca tuvo vergüenza de
desnudarse delante de él, ni de soñar en voz alta cuando él estaba 20
presente, ni de llorar, ni de rabiar. La había visto en todas sus
noches, en fiestas y en duelos, en las de víspera y en las del día
después, ensimismada al borde de la cama, contemplándose a
medio desnudar todavía, sin acabar nunca de verse, y jamás
había tenido un gesto inconveniente, o una tos de disimulo, o un 25
ademán que fuera más que un ademán. Por eso a nadie le debía
extrañar aquella huida. Por otra parte, no se trataba de una
huida: *Era, sencillamente, un paseo en berlina, dado de noche en los
brazos de un hombre y que acabaría en un río.* Un río ancho, al que
llegarían al amanecer y donde les esperaba un barco cuyas velas 30
eran conocidas y bien amadas del viento. Al llegar al barco
estaba ella un poco cansada, pero insistió en quedarse a presenciar
la maniobra de la partida, cuya orden él dio al instante y que
al instante obedeció el viento, que no aguardaba otra cosa. Desde
la borda vio cómo él decía adiós a Ventura, que respetuosamente 35
le saludaba quitándose el sombrero. Acerca de los barcos, y su
sentido y significación tenía pocas ideas, y la mayoría de ellas
confusas. Los barcos nunca habían salido para ella de los marcos
dorados de algunos cuadros, y los marineros eran unos seres tan
irreales como las estrellas. Había, sin embargo, dos tipos, que 40

distinguía según que la cintura se cimbreara o no. Todos los marineros del barco aquel la habían recibido alegremente. Recobraba ligereza el barco mismo con su presencia; el viento era otro marinero más que ejecutaba sus maniobras con la 5 precisión y el descuido de lo bien sabido. Al llegar al río era el alba, y cuando el barco zarpó, ya el día soltaba bridas y arreaba por el cielo. Se apoyó en la borda junto a él. No era muy cómoda la postura, porque la borda era demasiado alta y su cuerpo no podía descansar bien en sus brazos acodados en ella. En cambio, 10 a él le venía a la medida. El viento, no contento con hinchar las velas, vino ahora a entretenerse, introduciendo sus dedos (que eran finos y delicados) entre sus cabellos, y ella, una vez y otra vez, hubo de separar una mano de la borda y llevársela a componerlos, al mismo tiempo que inclinaba ligeramente el cuerpo 15 y la cabeza hacia detrás. Veía entonces la espalda de él que nunca había visto. Veía por primera vez el remate de su pelo en su nuca y adivinaba el arranque de su cuello. Sentía un gran placer en estos pequeños descubrimentos. Porque hasta entonces, hasta unas horas antes, no lo había visto más que mirando, 20 siempre y melancólicamente, la caída de la cortina junto a la puerta. Ahora recobraba libertad y movimientos; otro color su cara y sus manos; otros pliegues su traje. Era extraordinario verlo moverse a él, inmóvil de tantos años. Los ojos no estaban muertos en el retrato. No estaban muertos, pero ella no podía afirmar 25 que la vida de aquellos ojos fuera vida. Era, en todo caso, otra vida distinta. Ahora tenían rumor, y ella estaba encantada de haberlo averiguado. Se confundía por el momento con el rumor del agua que la quilla hacía plata al dividirla. De lo que no cabía duda (y se lo aseguró muchas veces) era de que, al mirarlo, 30 percibía claramente el rumor. En cuanto a las manos, tenían otro cuento. Tenían dos historias cada una. Las miraba y remiraba, y nunca comenzaba a verlas. Especialmente la derecha, que siempre había permanecido oculta bajo la solapa de la levita, en el lado izquierdo sobre el corazón. ¿Y el corazón? De él no se 35 sabía nada. Se sabía la relación de la muchacha de pelo castaño besado religiosamente antes de irse a la cama. Ya, el corazón había de ser otro. Otro corazón, y él viéndola extenuada, la invitó a descansar. La acompañó hasta la puerta del camarote y le deseó un buen descanso.

PREGUNTAS

1. ¿Era la primera vez que el borde de la cama había sido ribera?
2. ¿Qué cosas eran verdades y qué cosas mentiras?
3. ¿En qué se había transformado el suelo de baldosines?
4. ¿Para qué se ofrecían los espejos?
5. Al levantar los ojos ¿con qué tropezaron éstos?
6. ¿Cómo era el señor del retrato?
7. ¿Cuántos amores ha tenido?
8. ¿Qué hacía el señor del retrato durante el día?
9. ¿De quién había estado enamorado?
10. ¿Qué pasó a la muchacha del pelo castaño?
11. ¿Qué recuerdo guardaba de ella?
12. ¿Qué halló en los labios del señor?
13. ¿Qué notó luego?
14. ¿Vio algo o sintió algo la muchacha?
15. ¿A qué hora se escaparía ella?
16. ¿Cómo saldría de su casa?
17. ¿Dónde estaría él esperándola?
18. ¿Cómo se le presentaba el cuadro del día siguiente en su casa?
19. ¿Por qué no se movió la berlina?
20. ¿Por qué no era necesario saber el nombre del hombre?
21. ¿Dónde acabaría el paseo?
22. ¿Qué les esperaba al llegar al río?
23. ¿Cómo la habían recibido los marineros?
24. ¿En qué sentía gran placer?
25. ¿Cómo había visto hasta entonces al hombre?
26. Viendo que la muchacha estaba extenuada ¿qué la invitó a hacer?
27. ¿Cómo termina el sueño de la muchacha?

Juan Antonio Zunzunegui

PORTUGALETE, VIZCAYA; 1901

Zunzunegui había publicado antes de la guerra civil, pero su prestigio fue ganado en la España de Franco, en la que es miembro de la Academia de la Lengua. *Grosso modo* podría decirse que su obra ha evolucionado del cuento a la novela; de los cuadros de su región natal a los cuadros del Madrid adoptivo; de una prosa ornamentada a una prosa sencilla. Veamos algunos datos. 1. En 1926 publicó su primer libro de relatos, cuadros de costumbres y tipos vascos (*Vida y paisaje de Bilbao*). Se asoma ocasionalmente a la novela, con *Chiripi* (1931), pero sigue destacándose en relatos breves: *Cuentos y patrañas de mi ría* (1935) en tres series: *Tres en una o la dichosa honra, El hombre que iba para estatua, Dos hombres y dos mujeres en medio.* A partir de *El Chiplichandle* Zunzunegui preferirá las novelas extensas: *¡Ay, estos hijos!* (1943), *La quiebra* (1947), *El barco de la muerte* (1945), *La úlcera* (1948), *Las ratas del barco* (1950), *El supremo bien* (1950), *Esta oscura desbandada* (1951), *La vida como es* (1954), *El hijo hecho a contrata* (1956) y *El camión justiciero* (1957). 2. Los primeros libros son de ambiente bilbaíno. Con *El Chiplichandle* y *¡Ay, estos hijos!* toca Madrid sin penetrar en su vida. En *La quiebra, Las ratas del barco, El supremo bien* y *Esta oscura desbandada* se adentra en diversos barrios madrileños. Con *La vida como es*, "novela picaresca"—tal vez su novela más lograda—Zunzunegui se convierte en el novelista de las entrañas mismas de

Madrid. 3. En sus primeras páginas la prosa le salía dura, con excesiva preocupación por las palabras: neologismos, metáforas rebuscadas, juegos barrocos. Quería escribir bien. Quería ser elegante. Coloreaba, ornamentaba, y su idea de frase era la greguería a lo Ramón Gómez de la Serna. En sus últimas páginas, en cambio, parece que ha aprendido a escribir una prosa más sobria. Esta marcha hacia la sencillez es el aspecto estilístico de su creciente voluntad de naturalismo descriptivo. En sus últimas novelas mete grandes masas de la realidad nacional y documenta el tiempo en que le ha tocado vivir. A veces nos da la pintura detallada del hampa, de la vida sórdida, de los vicios colectivos. De tanto en tanto hay relámpagos líricos, pero por lo general cala en las cosas más vulgares. No es un pesimista, sin embargo. Aunque capaz de darnos tenebrosos aguafuertes de pícaros, mendigos y delincuentes, ve también el lado bueno de las cosas. Un guiño de humorista, una sonrisa de ternura acompañan generalmente sus observaciones más crudas. No analiza finamente caracteres individuales, sino que describe las capas sociales de donde sus caracteres salen. Por eso sus relatos no suelen seguir a lo largo de una línea de acción, sino que se extienden por planos paralelos y entrecruzados. Tampoco pinta con el fino pincel de los miniaturistas, sino con la brocha gorda de los muralistas. Lo que maneja mejor es el diálogo. Se distingue menos en el monólogo interior, en el sondeo psicológico o en la introspección. Es capaz de frases artísticas, pero no de construir artísticamente toda una obra. El cuento "El milagro" presenta una situación en la vida campesina de los alrededores de Bilbao. Al labriego Alberto, que espera hijos que trabajen la huerta, le sale, primero, un hijo pendenciero, a quien se lo matan; después, un hijo artista, que se ahoga en la vida chata y estrecha de la huerta. Este hijo se escapa, lo traen, se vuelve a escapar. En una de ésas ha tallado, en el mango de la azada, "una mater-

nidad," esto es, la imagen sagrada de la Virgen con el
Niño Jesús. Cuando el padre, Alberto, va a trabajar el
campo con la azada, la nota ligera, como si la azada se
moviera sola, o impulsada por un espíritu. Cree que es
un milagro. Después de todo—se dice—el hijo artista no
le resultó tan inútil como creía ... En la prosa de este
cuento las metáforas poéticas y las frases pedestres aparecen promiscuadas. No es, pues, prosa poética: le falta,
para serlo, unidad de tono. Tampoco es prosa realista:
para serlo, le sobran imágenes. Es, más bien, una prosa,
realista que suele adornarse. Pero no siempre son ador-
nos: a veces son ricas visiones estéticas: "la luz se
avinachaba en el redondón de los montes;" el alma se le
deslíe mansamente por los ojos;" "largos inviernos en
los que la lluvia ata el paisaje minero con su húmeda
cordelería;" "aquellas huertas ensartadas en el sonido
del agua humedecían su aldeana raíz;" "la primavera
empezaba a empapelar de azules las madrugadas;"
"las hermanas redoblaron los palillos de las pestañas en
el tambor tenso de los pómulos," et cétera.

El milagro

Alberto, el «arandino», dejó de cavar, se echó la azada al
hombro y volvió hacia la casa. El verano abría ya su negociado
de azules sobre «El Regato». Sus hijas Eulalia y Luisa llegaban
en aquel momento de realizar la vendéja en el mercado de
5 Portugalete. Habían llevado, entre otras cosas, unos cuantos
kilos de cerezas ampollares, unas docenas de pimientos y las
primeras pavías del año. Debía habérseles dado bien la mañana,[1]
por el gozo y la risa picotera que traían.

—¡Hola, padre!—saludaron las dos, ya compuestas.
10 —¿Qué tal?
—Muy bien; hemos vendido todo—contestó Eulalia.
El arandino se sentó junto a la puerta abierta de la calle y

---

[1] **Debía ... mañana** The morning's business must have been good to judge

lió un cigarrillo. Estaba «canso», como él solía decir; ya a los primeros azadonazos que daba en la huerta, sentía enmohecérsele los goznes de cintura y brazos. El médico le hablaba del ácido úrico. El ácido úrico—pensó el arandino—; todo eso es no atreverse a decirme que estoy viejo. [5]

Permaneció con la mirada perdida. La luz se avinachaba en el redondón de los montes.

Se vio casi un niño con el macuto en la espalda, abandonando un amanecer su pueblo. Una sequía infernal había instalado la miseria en los hogares modestos de Aranda. Él había oído hablar [10] a la madre del tío[2] que trabajaba en las minas de Bilbao y se vino donde el pariente. Primero bregó de pinche; le mandaban a la fuente a que llenase de agua una barriquita de la que bebían los mineros y que cuidase de los percherones, mientras saciaban su sed en el abrevadero. Traía el tabaco del estanco al capataz y [15] las mechas para los barrenos a los «artilleros».

Era enclenque y desmedrado, pero dócil y activo. Cayó enfermo de tifoideas, y cuando ya repuesto volvió a la mina, estaba tan débil que hasta al mismo capataz le daba lástima enviarle con la barriquita por agua. [20]

Los sonidos de la corneta que anunciaban el estallido de los barrenos y el fin de la jornada le llenaban el pecho de una alegría animal; ya en el camastro empulgado, la noche larga le repetía motivos de su hogar, y el pobre arandino, con el recuerdo, iba dejando que el alma se le desliese mansamente por los ojos . . . [25]

Pero había que vivir y bregar, pues el que es pobre bastante desgracia tiene con su pobreza.

Se le fueron tensando los músculos y apretando los dientes . . .

En cuanto pudo sacudir con brío el picachón «lo metieron» en «el corte». Pero es que ni siquiera podía trabajar todo el año. [30] Las primeras lluvias de septiembre sonaban tristemente en los oídos del arandino. A final del otoño resultaban ya incapaces las bombas de desagüe y la mina «Juanita», donde se afanaba, solía quedar ahogada hasta la primavera siguiente.

Llegada esta época a fin de verano, el arandino experimentaba [35] un desasimiento angustioso; todo el farragoso cielo de «La Arboleda» se le hacía deliquio en los ojos y en la garganta.[3] Era

---

[2] **había . . . tío** had heard his mother talk about his uncle

[3] **todo . . . garganta,** all the heavily clouded sky of *La Arboleda* brought tears to his eyes and a lump to his throat

la impotencia del hombre a quien la vida condena a un hambre cierta. ¡Cuánto tenía él rabiado en aquellos largos inviernos en los que la lluvia ata el paisaje minero con su húmeda cordelería y en la boca del necesitado el hambre rechina sus demandas!

5 ¡Por qué hay tantos que viven de balde en la vida y tantos que ni tan siquiera podemos mal comer! ¡Por qué, Señor; por qué!

Años horribles; para atravesarlos soldó con otra su miseria; es decir, se casó.

Era una gloria de mujer. Menuda y avispada. Como él decía 10 cuando hablaba de ella: «de un garbanzo saca un garbanzal». Empezó haciendo unos cocidos que vendía por veinte céntimos a los compañeros del marido que vivían lejos de la mina. Los mineros, acostumbrados al género averiado de las cantinas de los barracones, comían el potaje que les preparaba la mujer del 15 arandino con verdadera fruición.

Luego ya tuvieron una taberna.

Siempre ella al timón.

—¡Buena mujer pillaste, arandino; buena mujer!

Él sonreía cachazudo al halago.

20 Algunos días de fiesta, cuando bajaba de «El Monte», por caminos aviesos, a Baracaldo o a Portugalete, miraba las huertas y las tierras con una agrícola nostalgia. Sobre todo, alguna vez que pasara por «El Regato», sus ojos suspendían de los frutales apremiantes y secuaces miradas. Era lo suyo. Él venía de campe- 25 sinos y aquellas huertas ensartadas en el sonido del agua humedecían su aldeana raíz. [4]

Una noche se lo dijo a la compañera.

—Mira, si nos vendieran una casita con huerta que tengo vista en «El Regato», levantábamos todo y nos íbamos allí a trabajar.

30 Con la adquisición cambió por completo su vida.

Los días de «plaza», cargando un burrito, ella y la hija mayor iban a Portugalete a realizar la vendeja.

Fue mejorando la propiedad. Plantó un fresal; mejoró las pavias y redujo el patatal a lo preciso para el consumo de casa y 35 en su lugar sembró cebollas, que por entonces empezaban ya a adquirir buen precio.

Daba la huerta unas peras «Williams», doradas y dulces, que

---

[4] **aquellas ... raíz** those farms strung out along the babbling brook attracted him greatly

al comerlas enchurretaban deliciosamente los rinconcillos de la boca; cerezas ampollares sonrosadas como mejillas, alberchigos tiernos con plateada pelusilla de imberbe y unas manzanas reinetas tersas de piel y azucaradas al diente.

En cuanto la primavera empezaba a empapelar de azules las madrugadas, la huerta del arandino hablaba a los sentidos y a la geometría.[5]

Discurrir de ritmo feliz el suyo,[6] sino por aquel hijo mayor . . .

Era atravesado y pendenciero. . . Había tenido que pagar por él no sé cuántas multas e intervenir más de una vez cerca del señor alcalde para que se lo sacasen de «la perrera».

Una noche se lo llevaron de la romería de «El Carmen» a casa, con el cráneo hundido de un botellazo.

Se le acostaron sus mejores cimientos al arandino.[7] Más tarde reaccionó brutal:

—Los hijos son unas malas bestias que no sirven más que para matar a uno a disgustos . . . Como me des otro, te juro que lo ahogo antes de que crezca—le gritó a la mujer.

Pero por dentro el alma le hilaba el pensamiento del hijo muerto.

Aún le quedaban a él por delante unos años de poder bregar; pero no sería sincero si negase que aquel hijo le había trastrocado sus proyectos.

Sus pavías tenían fama de ser las mejores de Baracaldo. Aquel año, por la Patrona, había vendido «de las escogidas» a quince pesetas la docena, y la cereza ampollar a cuatro pesetas el kilo. Su mujer era ya conocida de las cocineras de casa rica de Las Arenas y Algorta que pasaban en el verano a hacer «la compra» al mercado de Portugalete, y le llevaban sin regatear la hortaliza y la fruta.

Pero la tierra es negocio que sólo los hijos pueden continuar. Mancera o puño de azada, deben ser manos de hijos los que las abrillanten.

Viniéronle luego tres hijas seguidas; pero a pesar de sus promesas exterminadoras, en cada parto esperaba el hijo[8]; es más,

---

[5] **hablaba . . . geometría** appealed to the senses of sight and smell as well as to the sense of geometical design or pattern

[6] **Discurrir . . . suyo** Everything was going smoothly for him

[7] **Se . . . arandino** The Arandino's best plans for the future were swept away

[8] **el hijo** a son

lo deseaba.[9] Sólo el hombre puede atender a las labores duras de la huerta. Sólo los hijos varones pueden continuar y llevar a término la obra de los padres.

La guerra llegó hasta la huerta del arandino en fruteceres
5 opíparos, y, con la guerra, el hijo. Le pusieron de nombre Agustín.

Poco después murió la madre. Ahora la hija mayor quedó al cuidado de la casa, mientras las hermanas iban a realizar la vendeja al mercado de Portugalete.

10 Le parecían pocas para el hijo todas las atenciones. Cerraba las puertas por miedo a los aires colados, y cualquier temperatura tomábala por insuficiente al bienestar de la criatura.

—Cuando sea mayor éste, comerá las mejores pavías de la huerta.

15 Las hermanas redoblaron los palillos de las pestañas en el tambor tenso de los pómulos,[10] y se miraron estupefactas . . ., porque las buenas pavías nunca se comieron en casa; iban al mercado en una cestita, aderezadas entre grandes hojas de higuera.

20 El maestro vaticinó su despejo y recomendó al arandino que lo pusiese «a los estudios». Pero el arandino pensaba en mejorar la huerta y en añadirla otras huertas a las que ya había echado el ojo . . . .y en Agustín como en su continuación.

25 Metió al hijo en casa y empezó a tratarle enérgico y duro, que era la que él creyó manera de disimular su amor por él.

El chico iba y venía ausente. Una luz dulce le llegaba de todos los horizontes, bañándole con lustres presurosos los ojos. Sus manos eran finas y señoriles y su voz, cuando a la noche contaba
30 en corro a las hermanas cuentos que «él se sacaba de la cabeza», se ungía de líricos repiques.[11]

—Éste no parece hijo mío—se dolía el padre.

Pronto tuvo una pajarera de jilgueros, pardillos, verderones y chontas que le trepaban por brazos y cabeza, domésticos y
35 amables. Sacaba de las quimas de los cerezos unos silbotes que emitían una música dulce y arborestal y con zoquetes de pino tallaba figurillas que regalaba a sus hermanas.

[9] **lo deseaba** he wanted one
[10] **redoblaron . . . pómulos** blinked with surprise
[11] **se . . . repiques** took on lyrical tones

Una tarde que bajó a «El Desierto» no volvió ya. Las hermanas lloraron su marcha, y en las noches prietas el silbo del viento les traía quejumbres del ausente.

El arandino sufrió en silencio.

—Él se fue, él volverá—se dijo; pero a los pocos días, derrum- 5 bados sus mejores ímpetus, dio parte a la autoridad.

Pasaron varios meses. Una mañana avisaron del Ayuntamiento que fueran al Gobierno Civil por él.

Fue Carmen, la mayor.

El arandino, sentado a la puerta, espera ahora la vuelta del 10 hijo. Llegan voces y pisadas avanzando por el camino. Se asoma y lo ve llegar. Le trepa garganta arriba[12] una oleada de ternura, pero la estrangula y se mete en casa.

—Tú verás si quieres trabajar y sustituirme, que yo ya estoy «canso» y me tengo bien ganado[13] el reposo—le espetó al día 15 siguiente al hijo.

Agustín miró cariñoso a los árboles como a camaradas a quienes se ha estado una temporada sin ver. Tenía el gesto de la boca más seguro y nada respondió.

A la tarde el padre le extendió la azada señalándole: 20

—Ahí tienes la huerta.

Se echó el apero al hombro y se dispuso a recorrerla. En el límite de la cerca los frutales formaban un soto madurecido de sombras. Se sentó y sacó la navaja. Estuvo un largo espacio tallando en el mango de la azada una maternidad. Al anochecer, 25 terminada su obra, se volvió a casa. Un ruiseñor se columpiaba en la rama de un cerezo y en el cielo un lucero se dejaba enlabiar por su canto.

Eulalia y Luisa le recibieron a la puerta.

—¿Has trabajado mucho, Agustín?   30

Sonrío mirando a lo alto.

—¿Ahora te quedarás para siempre con nosotras?

Tomó las manos de las hermanas buscando la dulce mirada de sus ojos.

—¿Queréis que no me vaya?   35

—Sí.

El cielo devolvía incitaciones frutales,[14] y la brisa que venía

---

[12] **Le ... arriba** there rises in his throat
[13] **me ... ganado** I have certainly earned
[14] **devolvía ... frutales** reflected the many colors and fragrance of the fruit.

saltando por lo somero de los árboles les refrescó las sienes.

—Cuéntanos algo como antes, anda.

Eulalia y Luisa se sentaron en unas sillas bajas.

Agustín, mirando el camino, empezó:

5 «Había una vez un chico muy sensible a quien la vida chata y estrecha de su pueblo le ahogaba . . .»

En este momento entró el padre y ya Agustín no pudo continuar el relato.

Escapó con la primera luz tierna.

10 Las hermanas, al notar su ausencia, se echaron a llorar. El padre, haciendo coraje, salió a trabajar en la huerta. Llevaba más de una hora cavando[15] cuando observó que el esfuerzo le cundía mucho más que de ordinario. Más tarde pudo notar que la azada iba y venía en sus manos, voladora, sin peso. Una fuerza miste-
15 riosa la llevaba y traía ingrávida.

Al topar sus ojos con la maternidad, el arandino se embebió del resplandor del hijo.

Siempre ha movido el espíritu las azadas y ¡ay del que en el orden de las cosas intente dar a la materia la primacía!
20 El mundo se mueve por el espíritu . . .

Ésta era la lección milagrosa que le dejaba el hijo al marchar, grabada en el palo de la herramienta.

Más tarde se puso a pensar cazurramente, en hortelano:

«Después de todo, este hijo no me ha resultado tan inútil»; y
25 salivándose las palmas, callosas, contempló la huerta toda con un moroso ojeo, posesivo y astuto.

PREGUNTAS

1. Al regresar el arandino a casa ¿quiénes llegaban?
2. ¿De dónde venían?
3. ¿Qué habían llevado al mercado?
4. ¿Cómo sabía el padre que les había ido bien la mañana?
5. ¿Por qué estaba cansado?
6. ¿De qué le había hablado el médico?
7. ¿Qué sentido dio el arandino a las palabras del médico?
8. ¿Por qué había salido el arandino de su pueblo?
9. ¿Adónde fue y qué trabajo hizo?

---

[15] **Llevaba . . . cavando** He had been digging for more than an hour

10. ¿Cómo era su salud?
11. ¿Cuándo lo metieron en el corte?
12. ¿Por qué tuvieron que dejar la mina en el otoño?
13. ¿Cómo era la mujer del arandino?
14. ¿En qué forma ayudaba ella a su esposo?
15. ¿Qué tuvieron luego?
16. ¿Cómo miraba el arandino las tierras en sus viajes los días de fiesta?
17. ¿Qué distrito le impresionó más?
18. ¿Cómo cambió su vida con la compra de la huerta?
19. ¿Cómo fue mejorando la propiedad?
20. ¿Qué productos obtuvo de su huerta?
21. ¿Qué estorbaba el ritmo feliz de su vida?
22. ¿Cómo era su hijo y qué le pasó por fin?
23. ¿Qué fama tenían los productos de la huerta del arandino?
24. ¿Cuántas hijas nacieron antes de la llegada del segundo hijo?
25. ¿Por qué son importantes los hijos varones?
26. ¿Qué nombre le pusieron?
27. Después de la muerte de la madre ¿quién quedó al cuidado de la casa?
28. ¿Qué iba a comer el hijo cuando fuera mayor?
29. ¿Por qué se miraron estupefactas las hijas cuando oyeron esto?
30. ¿Por qué no quería el arandino que su hijo fuera a la escuela?
31. ¿Cómo trató a su hijo y por qué lo trató así?
32. ¿Cómo era el chico?
33. ¿Cómo pasaba el hijo el tiempo?
34. ¿Qué pasó una tarde?
35. ¿Cuál era el plan que tenía el padre para su hijo?
36. ¿Qué hizo Agustín el día que el padre le dio la azada?
37. ¿Cómo empezó el cuento de Agustín?
38. ¿Quién era de veras "el chico muy sensible" del cuento?
39. ¿Cuándo escapó Agustín?
40. ¿Cómo reaccionaron las hermanas y el padre?
41. ¿Qué notó el padre cuando cavaba en la huerta?
42. ¿Qué lección había dejado el hijo a su padre?
43. ¿Le había resultado el hijo tan inútil?

Eulalia Galvarriato

MADRID; 1905

Mujeres que escriben cuentos forman, en los últimos años, toda una constelación: Carmen Laforet, Ana María Matute, Elena Quiroga, Elisabeth Mulder, Elena Soriano, Eulalia Galvarriato. Esta última cursó sus estudios en la Facultad de Filosofía y Letras de Madrid. Junto con su esposo, el ilustre poeta y filólogo Dámaso Alonso, ha viajado por toda Europa y América. Ha hecho traducciones del inglés: por ejemplo, un libro de ensayos de Robert Louis Stevenson y un estudio de Allison Peers sobre San Juan de la Cruz. Ha emprendido también estudios sobre Lope de Vega y otros clásicos españoles.

La bibliografía de las narraciones de Eulalia Galvarriato es corta: *Cinco sombras en torno de un costurero* (1947), novela ésta que ha sido traducida al sueco), *Raíces bajo el agua* (1953) y cuentos desparramados por revistas, como "Final de jornada," "Tres ventanas," "Los hijos," etc.

A pesar de la escasez de datos externos sobre su vida y su carrera literaria habría mucho que decir sobre Eulalia Galvarriato. La sola lectura de sus páginas permite perfilar una interesantísima figura en las letras españolas contemporáneas. Mientras otros novelistas y cuentistas desdeñaban la elegancia del estilo y se complacían aún en la fealdad moral, Eulalia Galvarriato volvía su rostro hacia la belleza de las palabras y de las cosas.

Sus cuentos son tan personales que uno va imagi-

118

nando a la autora como si la tuviésemos, viva, frente a los ojos. Eulalia Galvarriato ha creado un mundo, pequeño pero delicado y sutil. Apartada del estrépito de las modas, evoca personajes que nos conmueven con su sola presencia. El tono es sobrio, melancólico, a veces irónico, generalmente enternecido. La prosa, clara y sencilla, suena a una voz que fuera contando espontáneamente. No nos dejemos engañar, sin embargo. Esa prosa no es conversacional, sino artística. El arte consiste, precisamente, en transparentar las palabras para que, al fondo de ellas, veamos la vida que pasa. Prosa, pues, en que el esfuerzo se disimula y nos hace creer que es fácil.

El cuento que hemos elegido—"Sólo un día cualquiera"—acusa estas virtudes de que estamos hablando. Una escena cotidiana—la aventura en el tranvía—contada con procedimientos de estilo y de composición muy modernos. El viejo tema del muchacho que encuentra una muchacha está aquí invertido: es la historia de un desencuentro. Van a encontrarse, pero la flor prendida en el pelo de ella los aparta. Los aparta porque se convierte en el símbolo de la coquetería. A él le disgusta la coquetería de las mujeres; y ella, sin quererlo, nada más que por el adorno de una flor, se aparece como una coqueta . . . Un malentendido, y el amor posible se desvanece en el aire. La rosa, que en la literatura tradicional ha sido siempre la amiga de los enamorados, aquí les juega una mala pasada.

Aunque Eulalia Galvarriato narra en tercera persona, se ha instalado dentro de las almas del muchacho y de la muchacha. Con estilo indirecto, nos los describe por dentro. Vemos el fluir de sus sentimientos, de sus ideas. El fino análisis psicológico de ambos jóvenes se agudiza aun más por la técnica del "monólogo interior" y del contrapunto con que está presentado el cuento. Dos puntos de vista, marcados por líneas de puntos suspensivos. La misma realidad vista desde los ojos de dos jóvenes, sentados, uno frente a otro, en un tranvía de Madrid.

Sólo un día cualquiera

—¡Bueno! Hoy tienes un mal día, créeme . . .

Ésas habían sido las últimas palabras de su hermana; así había terminado la discusión. Así, y con el porrazo con que él cerró la puerta del piso. Después había bajado aprisa la escalera,
5 como despeñándose, y había salido disparado a la calle; tan aprisa, que la gabardina, despegada del cuerpo, marchaba tras él casi horizontal.

¡La niña tonta! ¡Todas eran iguales, después de todo!; pero en su hermana, tan seriecita, ¿quién podría creerlo? Todas iguales:
10 frívolas, coquetas, indignas de que un hombre cabal . . . ¡Bah!, ¿qué importaba? Como muñecas, lo mismo. Tomarlas así, como muñecas bonitas en un escaparate, tan monas, con sus trapitos, sus peluquitas, y nada en la cabeza ni en el corazón. ¡Todas, todas; coquetas todas!

15 Pasaba un tranvía a gran velocidad, y corrió para alcanzarlo. Se le escapaba. Corrió más y más. Dio un salto atlético. ¡Ya! Ya estaba: las manos en las barras; el pie, seguro, en el estribo. ¿Para qué había corrido tanto? ¿Sabía siquiera que fuera aquél su tranvía? No; ni lo sabía con certeza ni le importaba que lo
20 fuera o no. No le importaba nada de nada. Estaba de mal humor; tenía necesidad de correr, de escapar; eso era todo.

—Pasen, pasen. Hay un asiento.

Se sintió empujado, y pasó. Se sentó en el único asiento que había. Frente a él, otros viajeros estaban sentados en fila,
25 inmóviles y serios. ¡Qué extraño resultaba mirarlos! Era, creía, la primera vez que los veía así, desde enfrente, sentado como ellos, frente a ellos, viajero inmóvil también. Él prefería el aire limpio de la plataforma. ¿Por qué había entrado hoy? "Pasen, hay un asiento." Y esa hermana suya, que le había puesto fuera
30 de sí.

Resultaba curioso mirar a los viajeros. Frente a él iba un viejito con las manos cruzadas. Era muy delgado, chupado de carrillos, y llevaba un sombrero oscuro y raído que le sombreaba las sienes, agujereándolas.[1] Tenía los ojos cansados, se advertía

---

[1] **agujereándolas** giving the impression of deep hollows

bien. Era un cansancio viejo. Cansados de buscar, día a día, año tras año, ¿qué? Quizá menudas letras de metal para formar palabras y palabras, que ni sabía qué querían decir ni le importaban nada. Día a día. ¡Y para qué! Luego, al volver a casa, la muchachita, la novia de los años mozos, agria ahora y dura, como 5 antes, seguro, coqueta. Tenía los ojos cansados el pobre hombre, y qué iba a hacer. Y cansada también el alma, ¿verdad, viejo?

Al lado iba un muchacho gordo, de cara colorada y feliz. Daba vueltas entre las manos al billete del tranvía, que era ya una bolita inservible. ¿En qué iría pensando, tan risueño? Le esperaba, 10 sin duda, un mostrador. Iría a despachar telas. O zapatos. Sin preocupaciones; con su cara feliz. Pero no has de librarte: cualquier día entrará en tu tienda una muchacha y te sonreirá. ¡Guárdate! Todas, todas son coquetas, ¿sabes? No hay ni una.[2] Ni una que valga la pena. Te lo digo yo. 15

Al lado del mocito gordo iba una muchacha. Bonita la muchacha. Le gustó mirarla. ¿Era rubia? ¿Morena? Llevaba un vestidillo claro y, lo mismo que el viejito, las manos cruzadas y caídas y los ojos clavados, fijos, en el suelo. Era pálida, casi transparente; era ... Le gustó mirarla: le apaciguó. 20

. . . .

No tenía otro remedio. Tenía que buscar otra ocupación para por las tardes. Acompañar niños. O a una señora mayor. O coser por las casas; pero eso no le gustaría: estar conociendo siempre caras nuevas ... Lo mejor, hacer trajecitos de punto para niños; eso lo podría hacer en su propia casa. Pero ¡qué 25 difícil lograr clientela! ...

. . . .

Le miró los brazos: delgados y suaves, como de niña; le miró los pliegues de la falda, tranquilos; y la postura de los pies, un poco inclinados el uno hacia el otro, como encogidos, tímidos; le miró la barbilla en punta, tan graciosamente en punta, que 30 estuvo cerca de reir.

Estuvo cerca de reir. Pero vio que ella, ahora, había alzado los ojos, y los pasaba lentos sin interés, por sobre los viajeros de enfrente. Iba a llegar a él, de un momento a otro iba a llegar a

---

[2] **No ... una** There's not a single one of them that isn't

él, y él esperaba, suspenso. Cuando llegó a él—le pareció—la
mirada de ella se había animado un instante. Luego, despacio,
la había retirado y había vuelto a mirar, obstinada, hacia el
suelo.

. . . .

5   Ese muchacho . . ., ¿por qué me miró así? Un momento creí
que me conocía. Me miraba como si me conociera de antiguo, y
casi pareció que me quería hablar. No, yo no le conozco; estoy
segura de no haberle encontrado nunca; porque no hubiera
olvidado su cara; es así, ¡tan moreno y tan claro a la vez!
10   ¿Qué habrá pensado de mí?[3] Yo no debía haberle mirado
tanto tiempo. Le he mirado mucho tiempo, sin duda, porque
ahora que no le estoy mirando, que no le veo nada, nada, sé
muy bien cómo tiene los ojos, y el pelo, y la boca, y el corte
de cara . . .

. . . .

15   ¿Era morena? Ni sabría decirlo. Eso era lo de menos. Era . . .
La siguió mirando: era triste, triste. Tenía como un halo que le
envolvía la cara pálida, los brazos delgados, los pies quietos y
tímidos; un halo de tristeza; una como cortedad pueblerina,
indefensa, desvalida, que, extrañamente, producía un efecto
20 divertido, tiernamente divertido, como con un niño. Casi
parecía que, de ponerse en pie,[4] habría de titubear, no sabría
dónde ir ni qué hacer. Los pies continuaban encogidos, tímidos,
más cerca uno de otro por las puntas. Le dieron ganas otra vez
de reír.
25   Tenía la mano suave. Y él la iba a tomar por la mano, y la iba
a ayudar a bajar del tranvía, y la iba a conducir con cuidado por
las calles, con mucho cuidado; y la iba a llevar al parque, y allí,
en el parque, cerca de un chorro fresco de agua, iba a decirle . . .
Bien sabía lo que iba a decirle; bien sabía lo que ella le iba a
30 contestar. Se miró su propia mano: nudosa, segura. Sí, se
acoplarían, se encajarían como dos valvas de una misma concha.
Ella iba a decirle su tristeza, y él, poco a poco, con cuidado y sin
vacilación, se la apartaría para siempre. Pero no había que

---

[3] **¿Qué . . . mí?** I wonder what he thought of me
[4] **de . . . pie** if she stood up

quitarle su cortedad; tenía que tener mucho cuidado para no quitarle su cortedad, esa atmósfera suya pueblerina, tan tierna.

. . . .

¿Me estará mirando también ahora?[5] ¿Y por qué había de mirar? Soy tonta. ¿Qué tiene de particular que mirara un mo-[5] mento? Igual habrá mirado a[6] este muchacho o a esta mujer.

No, no; era otra cosa: como si tuviera que decirme algo. Puede que me conozca de cuando éramos niños, y que por eso yo no le recuerde. Me gustaría... Me gustaría que resultáramos amigos de hace mucho tiempo, y le llevara a casa y le dijera a[10] madre:

—¡Madre! ¿Sabes a quién traigo? Es...

. . . .

La miró más, despacio, detenidamente. Antes no lo había visto: en el pelo llevaba prendida una flor, una rosa. ¡Absurdo! Le pareció que la rosa le pinchaba hasta el alma. ¿Por qué había[15] de llevar en el pelo una rosa? Con esa cara triste... Con ese aire pacato y esa cara triste... Aquella misma mañana, con esa cara triste, con esa cara de..., con esa cara que estrujaba el corazón de un hombre, ¿cómo había podido prenderse una flor en el pelo? ¿Es que no era verdad su tristeza, su desvalidez? ¿Es que[20] le engañaba, que le estaba engañando ya? Como todas...

. . . .

¿Cómo se llamará?[7] Me gustaría volver a mirarle, pero no me atrevo. Total, como antes: mirar a todos, y al final, un momento, sólo a él. No, no puedo; conocería que es a él sólo a quien quiero mirar. [25]

Pero ¿por qué me miraba él así, de aquel modo?

¡Ay, Dios mío, ya sé: se me olvidó quitarme la rosa en el portal de casa! Él y todos se estarán riendo[8] de mí, por presumida. ¡Ese capricho de mamá de que lleve flores en el pelo como ella cuando era mocita!... Y ahora no puedo quitármela, sería[30]

---

[5] **¿Me... ahora?** I wonder if he's still looking at me now
[6] **Igual... mirado** He has probably looked in the same way
[7] **¿Cómo... llamará?** I wonder what his name is
[8] **se... riendo** are very likely laughing

peor; luego, cuando me baje, en el primer portal que encuentre. ¡Ay, si no quiero bajarme, porque entonces . . .!

. . . .

Seguía mirándola. Ella se había llevado, apresurada, la mano hasta el pelo. Claro, para cerciorarse de que la flor seguía allí, en
5 su puesto, cumpliendo bien su cometido. ¡Qué equivocada estaba! Si no hubiera sido la flor[9] . . . La muchacha era bonita. Más que bonita, era . . . La misma flor, la misma odiosa flor, le caía en el pelo como la sonrisa en la boca de un niño.[10] ¡Idiota! ¡Idiota! ¡Aún vas a dejarte conmover por esa palidez buscada,
10 por ese encogimiento falso, por esa tristeza que no existe, por esos ojos apenas entrevistos! No, no. Triste, pero a ver si caía, a ver si algún ingenuo caía; el anzuelo aquí, disimulado entre el pelo, aquí me está bien. Y la cara triste: es más interesante. ¡La muy tonta! Como todas, como su hermana. ¿Cómo había
15 podido olvidarse de la conducta de su propia hermana con su mejor amigo, de su riña de hacía un momento? Su hermana, una coqueta; y esta niña, esta niña, ¡Dios mío, coqueta también, coqueta como todas; sin pensamiento ni alma: sólo una coqueta.
20 A él, no; a él, no[11]: él se iba ahora mismo, él la dejaba ahora mismo.

La miró otra vez, casi con ira, casi con ternura. Ella, en aquel momento, había alzado los ojos y le estaba mirando: serios, limpios, clarísimos, como el agua en un manantial. Vaciló. La
25 miró con angustia: si le dijera . . ., si le ayudara . . .

. . . .

Querría que supiera él . . .

. . . .

Por detrás de la oreja asomaba, apenas, una hojita de rosa. Se puso en pie, abrió la portezuela y salió, cerrándola de golpe. Tras él, la voz del cobrador gritaba:
30 —¡Eh, que va a romperme los cristales!

[9] **Si . . . flor** If it had not been for the flower
[10] **le . . . niño** it was as unnecessary in her hair as a silly smile on the tender mouth of a child
[11] **A . . . no:** Not for him; he would have none of that

Y tirándose ya a toda marcha, llegó por segunda vez a sus oídos en aquella mañana:

—¡Vaya, el señor tiene hoy un mal día!

. . . .

Sin darse cuenta, ella se había puesto en pie.

—¿Es que va usted a apearse, señorita?   5

—¿Yo? . . . No . . ., no . . . yo, no . . . Creía . . .. No era nada . . .

Se sentó lentamente. Miraba, atónita, el asiento vacío.

PREGUNTAS

1. ¿Cuáles fueron las últimas palabras de su hermana?
2. ¿Qué opinión tenía él de las mujeres?
3. ¿Por qué corrió tras el primer tranvía que pasaba?
4. ¿Por qué prefería el aire limpio de la plataforma?
5. ¿Cómo era el viejito sentado frente a él?
6. ¿Cómo era el muchacho gordo que iba al lado?
7. Según la imaginación del joven ¿cuáles eran los oficios de los dos?
8. ¿Quién iba al lado del muchacho gordo?
9. ¿Cómo era?
10. ¿Qué oficio tendría la muchacha?
11. ¿Por qué estuvo cerca de reír?
12. Cuando la muchacha le miró a él ¿qué le pareció?
13. En este momento ¿en qué estaba pensando la muchacha?
14. ¿Cómo concebía a la muchacha el joven?
15. ¿Qué iba a hacer él para ayudarla?
16. ¿Qué notó él y cómo reaccionó ?
17. ¿Supo la muchacha, por fin, por qué la miraba así el joven?
18. ¿Quién le había puesto la rosa en el pelo?
19. Mientras tanto ¿cómo interpretó él los pensamientos de la muchacha?
20. ¿Por qué la comparó con su hermana?
21. De súbito ¿qué hizo el joven?
22. ¿Qué llegó a sus oídos por segunda vez en aquella mañana?
23. ¿Qué hizo la muchacha sin darse cuenta?
24. ¿Qué le preguntó el cobrador?
25. ¿Cómo contestó la muchacha y qué hizo luego?

Camilo José Cela

GALICIA; 1916

De los escritores que surgieron después de la guerra civil,
Cela es uno de los más talentosos y, también, de los más
discutidos. Lo que se discute, sin embargo, no es su
talento, que todos reconocen, sino más bien su personalidad, áspera, agresiva. Su egocentrismo es, con todo, equilibrado. Frases aparentemente orgullosas como ésta:
"Me considero el más importante novelista español
desde el 98, y me espanta el considerar lo fácil que me
resultó," son en el fondo modestas pues atribuyen su
éxito al vacío intelectual de España. Así lo ha dicho en
otra parte cuando admite que su tremendismo, que
asombra a sus abribocas coetáneos, no hubiera asombrado en tiempos de Quevedo o de Baroja. Cela ha
escrito unas dos docenas de libros. Obtuvo su primer
gran éxito con *La familia de Pascual Duarte* (1942). En
esta novela Cela contaba por el puro gusto de contar; y
contaba violencias por el puro gusto de la violencia.
Es decir, que no había allí ninguna intención moral,
ningún programa político, ningún mensaje filosófico.
Pero de esa novela salió el estilo "tremendista," que
consiste en describir, sin el menor asombro, sin la menor
emoción, las tremendas sordideces de la existencia. El
tremendismo importa el predominio de la nota cínica,
de personajes patibularios, de deformidades del alma,
de efusión de sangre. Cela choca, asusta, disgusta con
escenas crudas y cruentas. Esas escenas denuncian una

126

malhumorada actitud ante la vida, pero es un humor frío, sin compasión. Es como un vinagre helado aplicado sobre las heridas de la vida, para que duelan más. Después publicó otras novelas, con diversas técnicas. A veces novelas en que no pasa nada (*Pabellón de reposo*, 1944) o imitación de obras clásicas (*El nuevo Lazarillo*, 1946) o cortes transversales a la turbulencia de Madrid (*La colmena*, 1951) o en forma de carta y de diario (*Mrs. Caldwell habla con su hijo*, 1953) o los cambios en Venezuela (*La Catira*, 1955). Ha escrito también narraciones cortas y cuentos: *El Gallego y su cuadrilla y otros apuntes carpetovetónicos* (1955), *El molino de viento* (1956) y *Nuevo Retablo de don Cristobalita. Invenciones, figuraciones y alucinaciones* (1957).

De *Baraja de invenciones* es "La memoria, esa fuente del dolor" que va a leerse. Hay pintores que parecen estar imitando el estilo de los niños, de los enfermos mentales o de los salvajes. Parecen, nada más. Porque, observándolos de cerca, uno descubre que, a pesar de ese aparente primitivismo, en realidad están aprovechando, con mucho cuidado, las técnicas que aprendieron en las academias. Pues bien: este cuento parece a primera vista primitivo; bien observado, sin embargo, se ve que Cela está disimulando su pericia literaria en una prosa que, al lector distraído, ha de antojársele salida espontáneamente del alma de un niño raro. Raro, sí, es el niño que, en primera persona, va revelando en estas páginas el mundo interior de su imaginación. ¿Es un retardado mental? Si hemos de creer a sus tías, este niño es un fenómeno, pequeño de cuerpo pero con el rostro senil. Y, por las palabras de sus padres, parecería que, en efecto, lo tratan con especial paciencia. ¿Qué edad tiene? Y, sobre todo ¿cuál es su edad mental? No sabemos. Pero, sin duda, lo que el niño va percibiendo, sintiendo, pensando, fantaseando tiene un penetrante valor poético. Cela se ha instalado dentro del niño. El "yo" narrativo (esto es: Cela hablando por boca del niño) recuerda dolorosamente: de aquí el título, "La memoria, esa fuente del dolor". Pero no trae el pasado al presente, sino que se va al pasado y narra desde allá. No es un cuento. Son más bien estampas de Diario íntimo o de Memorias. Las ideas se asocian libremente. Las ocurrencias imaginativas desfilan por las páginas con la espontaneidad con que fluyen por la conciencia. El lector debe colaborar comprensivamente y poner marco a estas frases impresionistas, de monólogo interior. Sin embargo, como decíamos antes, para lograr tal flujo psíquico Cela ha tenido que trabajar cuidadosamente en su estilo. El trabajo se advierte en la construcción de las frases. Repárese, por ejemplo, en la perfecta simetría con que están construidas las amplificaciones de los dos primeros párrafos. "Yo nací en casa del abuelo. El abuelo es viejo, tiene la barba blanca y lleva traje negro. Papá también nació en casa del abuelo. Papá es joven, tiene el bigote negro y lleva traje gris". Cada uno de estos rasgos evoca en el niño un objeto; evoca un paisaje o una escena.

La memoria, esa fuente del dolor

YO NACÍ EN CASA DEL ABUELO

Yo nací en casa del abuelo. El abuelo es viejo, tiene la barba blanca y lleva traje negro. El abuelo es tan viejo como un árbol. Su barba es tan blanca como la harina. Su traje, tan negro como un mirlo o como un estornino. Los árboles se pasan el día y la
5 noche, el invierno y el verano, al aire libre, mojándose, cogiendo frío o asándose al sol, a la hora de la siesta, en el mes de julio. La harina se hace moliendo los granos de trigo, que están escondidos en la espiga amarilla. Los mirlos, a veces, se pueden amaestrar, y

entonces llegan a silbar canciones hermosas. Los estorninos, no; los estorninos son más torpes y nunca llegan a silbar canciones hermosas.

Papá también nació en casa del abuelo. Papá es joven, tiene el bigote negro y lleva traje gris. Papá es joven como un soldado. 5 Su bigote es finito como un mimbre. Su traje es gris como el agua del mar. Los soldados, cuando vienen las guerras, se pasan el día y la noche, el invierno y el verano al aire libre, mojándose, cogiendo frío o asándose al sol, a la hora de la siesta, en el mes de julio; si Dios quiere, viene una bala del enemigo y les da en el 10 corazón. Los mimbres crecen a la orilla del río, casi dentro del agua. En el mar no hay mimbres, hay algas de color verde, que parecen árboles enanos, y algas de color marrón, que parecen serpentinas y tienen, de trecho en trecho, una bolsilla de agua.

Si el abuelo no hubiera nacido, yo no sería nadie, yo ni 15 existiría siquiera. O sí, a lo mejor sí.[1] Sería otro, sería Estanislao, por ejemplo, que es bizco y tiene el pelo rojo. ¡Qué horror! Mamá sería asistenta de tía Juana y andaría siempre diciendo: «¡Ay, Jesús! ¡ay, Jesús![2]», como una boba. No, no, yo no soy Estanislao, yo tampoco quisiera ser Estanislao. A veces, Dios 20 mío,[3] quiero ser un príncipe indio o un pescador de perlas. Perdóname, Dios mío, yo me conformo con seguir siendo siempre quien soy. Yo no te pido que me cambies por nadie. Por nadie . . .

Estanislao no tiene dos naranjos en su jardín. Yo, sí; yo tengo dos naranjos en mi jardín. Las naranjas son agrias y no las comen 25 más que los marineros, pero los naranjos, desde muy lejos, cuando se viene por la carretera, se ven por encima de la verja, tan altos como la casa, con algunas ramas aun más altas que la casa.

Yo venía por la carretera el otro día. La carretera es pequeña, es más bien un camino. A los lados crecen las zarzas y la madre- 30 selva y, por detrás de las zarzas y de la madreselva, cuelgan las ramas de los cerezos, de los nísperos y de los manzanos. Yo venía por el camino mirando para los dos naranjos del jardín. (Mañana prometo que no diré: «¡Aparta, aparta, toma la carta!»,[4]

---

[1] **O . . . sí** Or yes. Maybe I would

[2] **¡Ay . . . Jesus!** Goodness gracious! Goodness gracious!

[3] **Dios mio** dear Lord

[4] **¡Aparta . . . carta!** *A nonsense rhyme used by children to ward off the baneful effects of ghosts and other supernatural beings. The practice is similar to our keeping our fingers crossed or knocking on wood.*

cuando pase por delante del cementerio. La abuelita está enterrada en el cementerio debajo de un olivo. Sobre su tumba, el abuelito ordenó al jardinero que sembrase violetas.)

El primo[5] Javier juega a la pelota en la pared del cementerio.
A mí me parece que jugar a la pelota, en la pared del cementerio, es pecado. Mi primo Javier se baña en la presa del molino y es capaz de irse de noche hasta los álamos y allí sentarse y empezar a pensar . . .

Mamá me dijo:

—No vayas por la vía.

Yo, entonces, le pregunté:

—¿Es pecado?

Yo creo que mamá dice siempre la verdad.

—No, pecado no es.

—Bueno, de todas maneras te prometo que nunca iré por la vía.

Mamá y papá son mis padres. El abuelo a mi papá le llama hijo y a mi mamá, María. Yo creo que si el abuelo no hubiera nacido yo no sería nadie, ni Estanislao siquiera. A lo mejor yo era un gusano de luz. O un pato. O un pez. O un jilguero. O un corderito. O un trozo de cuarzo cristalizado. O un sello. O el rastrillo o la azada del jardín . . . No, de no ser yo[6] sería, sin duda, un gusano de luz.

Por las noches, mientras alumbraba la hierba con mi barriguita luminosa, me helaría de frío. Además, no vería las copas de los naranjos, al venir por el camino. ¿A mí qué más me daría[7] no ver la copa de los naranjos? Los naranjos no serían míos, ni el abuelo viviría. Los naranjos tampoco serían naranjos . . . Los gusanos de luz no andan por el camino, se están quietos al borde del camino, pero aunque anduviesen, sólo un día nada más, por el camino, no verían las copas de los naranjos. De eso estoy seguro. Bueno, no, seguro no estoy. No se puede decir de eso estoy seguro, cuando una cosa no se sabe bien. Mamá, ¿es pecado? ¡Qué gracioso!; mamá no está aquí. No hijo, duérmete, eso no es pecado. Yo mañana me acostaré en el suelo y pondré los ojos a la altura de los ojos de los gusanos. Si no se ven las copas de los naranjos, gano. Entonces ya no me condenaré.

[5] **El primo** My cousin
[6] **de . . . yo** if I were not myself
[7] **¿A mí . . . daría** What difference would it make to me

YO NO SABÍA QUE ERA TAN VIEJO

Yo no sabía que era tan viejo. A mí no me importa nada ser tan viejo.

Mamá no es mi mamá, mamá es hija mía. Yo no lo sabía porque no tengo memoria.

A mí me dicen de repente: «¿Qué hiciste ayer por la mañana?», 5 y yo no sé lo que hice ayer por la mañana, no puedo recordarlo.

Que mamá no sea mi mamá, ya me da más pena. Cuando entre en casa ya no le podré decir:

—Toma estas violetas, te las regalo.

Mamá me dice: 10

—Hoy no me has traído violetas, ¿ya no me quieres tanto como me querías antes, cuando me traías violetas todos los días?

Yo me echo a llorar. Mamá no me dice nada; me lo dirá después; cuando entre en casa. A lo mejor lo que me dice no es eso, es otra cosa.   15

—¿Has llorado, hijito? Tienes los ojos encarnados.

Yo tendré los ojos encarnados como las cerezas y las moras verdes, que no se deben comer porque dan cólico.

A veces también le digo:

—¡Hoy la gallina «Pepa» ha puesto un huevo, yo la he oído 20 cantar!

Ayer por la noche acampó al lado de casa una familia de gitanos. Tienen un fenómeno, un niño que tiene seis dedos y la cabeza gorda como una calabaza.

Las tías dicen que yo soy un fenómeno, que soy un viejo y que 25 parezco un niño pequeño. Mamá no es mi mamá y ellas no son mis tías; me alegro, me alegro.

Delante de ellas no lloro. Ellas dicen:

—¿No te importa?

Y yo les contesto: 30

—No, no me importa nada.

Entonces es cuando me dan ganas de llorar, muchas ganas de llorar.

El jardinero me dice:

—¿Te vienes conmigo?   35

Y yo le digo:

—No.

Yo quiero que las tías sigan explicándome eso. «Tienes lo menos cien años, eres más viejo que el abuelo». Yo me río y les digo:

—Mejor, mejor.

5 Me entran otra vez ganas de echarme a llorar, a llorar sin descanso, toda la vida.

Soy muy desgraciado, pero no me lo nota nadie. ¿Cuántos años tendrán los naranjos del jardín? Muchos; a lo mejor más de cien, más que yo. Las tías se ríen; dentro de su corazón vuelan los 10 grajos y las lechuzas.

—¿Sabes que eres muy viejo? ¿Sabes que eres muy viejo?

—Sí, ya lo sé.

Me voy, arrastrando los pies para hacer polvo; en los senderos del jardín se levanta polvo, una nube de polvo, cuando se 15 arrastran los pies.

En el gallinero, la gallina «Pepa» canta subida en la escalera.

Yo, de repente, me echo a llorar.

POR LAS NOCHES ANDAN LOS MUERTOS POR EL CAMPO

Por las noches andan los muertos por el campo, vagando por el campo, a orillas del río, por entre los árboles, alrededor del 20 cementerio, con un largo camisón blanco, como las almas.

Yo cierro bien la ventana y echo la tranca de hierro. La tranca de hierro está pintada de verde; como es muy vieja, por algunos lados está ya negra, ya sin pintura. El grillo se ha quedado fuera, en su jaula, haciendo «cri, cri, cri, cri». Los muertos no hacen 25 nada a los animales, a los grillos, a los caballos, a las mariposas. Un gato puede escapar a tiempo; si viene una guerra, y si lo cogen prisionero, lo sueltan en seguida, siempre llegará un soldado que diga: «¡Pero, hombre, cogiendo gatos!»

Yo le pregunté una noche a papá:

30 —Papá, ¿es verdad que por las noches andan los muertos por el campo?

Y él me contestó:

—No, hijo, deja a los muertos en paz. ¿Quién te cuenta a ti esas cosas?

35 A mí me lo contó Rosa, la lavandera. Rosa, la lavandera, tiene tanta fuerza como un hombre y es capaz de llevar un cesto inmenso, todo lleno de ropa, en la cabeza. Rosa me dijo que los

muertos, por las noches, salen del camposanto, al dar las doce, y se van hasta el río a ver correr el agua. Me dijo también que los muertos no hacen daño a los niños, pero que no les gusta que los miren. Yo no pienso mirar a los muertos, yo sólo miraría a mi mamá si se muriese; yo también me querría morir con ella y que 5 nos enterrasen juntos, muy bien envueltos. Ahora no son las doce, son las nueve y media.

El grillo, en su jaula, sigue haciendo «cri, cri, cri, cri». El quinqué alumbra la habitación y hace sombras negras y grises sobre la pared. Los muertos no tienen la sombra negra, tienen la 10 sombra blanca.

Por las noches andan los muertos por el campo, pienso. Después me tapó, cabeza y todo, y procuro dormir. No se oye nada, el grillo fue dejando de decir «cri, cri, cri, cri». Deben ser ya lo menos las diez.   15

El reloj de pesas, el molinillo del café y la bomba para subir agua del pozo

El reloj de pesas, el molinillo del café y la bomba para subir agua del pozo, son las tres máquinas que hay en casa del abuelo. Mis tías tienen unos prismáticos, unos gemelos de teatro y una lente de aumento, y mamá tiene una caja de música, un caleidoscopio y una máquina de retratar.   20

Las cosas deberían tener nombre, como las personas y los animales y los pueblos, los montes y los ríos.

El reloj de pesas se llama, seguramente, «Blas»; es un reloj muy serio, que mueve el péndulo despacio, haciendo «blas, blas, blas, blas», de un lado para otro.   25

Los relojes de pesas son como el tiempo gris del otoño, cuando empiezan las nieblas y llevan agua las cunetas de la carretera.

El molinillo del café se llama, probablemente, «Dick». También puede ser que se llame «Fernando», no estoy muy seguro; con los molinillos de café es más difícil acertar. El 30 molinillo de café lleva poco tiempo en casa, yo me acuerdo muy bien del día que lo trajeron, con el vasito de cristal lleno de virutas, una vez que fueron papá y mamá a la ciudad. Yo me quedé muy triste todo el tiempo, pero me alegré mucho cuando desempaquetaron el molinillo de café.   35

Los molinillos de café son como los jilgueros y las moscas de hierro que usa el abuelo para pescar.

La bomba para subir agua del pozo se llama «Lola», como la doncella de las tías. Se parece más Lola a la bomba para subir
5 agua del pozo, que la bomba para subir agua del pozo a Lola, eso es cierto. Yo le doy á la palanca[8] y el agua empieza a salir por el caño, casi sin parar; como se han llevado el cubo, el agua se va por el suelo formando un charco largo que casi siempre se parece al abuelo apoyado en su bastón y con una mano en la
10 cabeza.

Las cosas deberían tener nombre, como las personas y los animales. Hay animales, por ejemplo, que tampoco tienen nombre. Algunos, como el loro de doña Soledad, sí tienen nombre. El loro de doña Soledad, que según dicen es viejísimo,
15 se llama «Coronel».

El reloj de pesas, el molinillo del café y la bomba para subir agua del pozo, son las tres máquinas que hay en casa del abuelo. Mis tías tienen unos prismáticos, unos gemelos de teatro y una lente de aumento; mamá tiene una cajita de música, un caleidos-
20 copio y una máquina de retratar. Cuando es mi santo o mi cumpleaños, hace sonar la cajita de música, me deja mirar por el caleidoscopio unas rosas de muchos colores y me saca una fotografía en el jardín.

La casa del abuelo es una de las casas que tienen menos
25 máquinas en el mundo.

El reloj de pesas se llama «Blas», el molinillo del café se llama «Dick» o «Fernando» no sé bien. Esto ya lo dije . . .

PREGUNTAS

1. ¿Dónde nació el niño que narra este cuento?
2. ¿Cómo es el abuelo?
3. ¿Cómo se pasan el día los árboles?
4. ¿Qué se puede hacer con los mirlos y no con los estorninos?
5. ¿Dónde nació papá?
6. ¿Cómo es papá?
7. ¿Cómo se pasan el día los soldados?

[8] **Yo . . . palanca** I push up and down on the handle

8. ¿Qué sería el niño del cuento si el abuelo no hubiera nacido?
9. ¿Qué sería mamá entonces?
10. ¿Qué es lo que quiere ser el niño?
11. ¿Qué tiene Estanislao en el jardín?
12. ¿Desde dónde se ven los naranjos?
13. ¿Cómo es la carretera?
14. ¿Qué es lo que dice el niño cuando pasa por delante del cementerio?
15. ¿Qué hace el primo Javier?
16. ¿Qué animal sería a lo mejor el narrador si no hubiera nacido el abuelo?
17. ¿Qué no vería si fuera gusano de luz?
18. ¿Qué va a hacer mañana?
19. ¿Qué no sabía el del cuento?
20. ¿Por qué cree la madre que su hijo no la quiere como antes?
21. ¿Qué hizo la gallina Pepa ayer?
22. ¿Qué pasó ayer por la noche?
23. ¿Qué dicen las tías del niño del cuento?
24. ¿Por qué le entran ganas de llorar?
25. ¿Por qué va el niño arrastrando los pies?
26. ¿Quién le había contado al niño lo de los muertos que andan por las noches por el campo?
27. ¿Cómo es Rosa?
28. ¿Qué clase de sombra tienen los muertos?
29. ¿Qué máquinas hay en la casa del abuelo?
30. ¿Por qué deberían tener nombre las cosas?
31. ¿Cómo se llama el reloj de pesas?
32. ¿Cómo se llama probablemente el molinillo de café?
33. ¿Qué nombre tiene la bomba?
34. ¿Hay animales sin nombres?
35. ¿Qué animal tiene nombre?

Carmen Laforet

BARCELONA; 1921

Después de la guerra civil el primer éxito, en el arte de contar, fue *La familia de Pascual Duarte* (1942), de Camilo José Cela; y el segundo, *Nada* (1944) de Carmen Laforet. Gracias a ambas novelas el público que, desde fuera de la península, vigilaba lo que pasaba allí, advirtió que, por fin, la España de Franco empezaba a dar signos de actividad artística. Y, en efecto, favorecidos por la curiosidad que todo el mundo sentía por España, Cela y Laforet fueron descubiertos y adquirieron cierta reputación internacional. Múltiples ediciones; traducciones a varias lenguas. Cela demostró, libro tras libro, que era un escritor de raza y de garra, y hoy es uno de los más vigorosos narradores de España. Laforet, en cambio, no supo mantener la calidad de su obra inicial, y en su obra restante hay lamentables descensos.

Nació en Barcelona. Estudió el Bachillerato en Las Palmas de la Gran Canaria. En 1939 se matriculó en Filosofía y Letras de Barcelona; después en Derecho de Madrid, pero no terminó sus estudios.

Al volver a pisar la península, Carmen Laforet echó una mirada alrededor y no vio nada, en la más reciente literatura. Un vacío. Nada. *Nada* fue el título de su primera obra. El título fue un acierto mayor al de la novela misma. Sugirió, no sólo el vacío de la vida española, sino también cierto vago nexo con el existencialismo en boga en Europa, en esos años. No es que el tema de *Nada* fuera la angustia del español en una España desolada, sino que la novela parecía escrita con una actitud angustiada. La novedad de que su autora fuera una mujer joven y desconocida contribuyó al éxito de *Nada*. Con prosa sin pretensiones y con técnica sencilla Laforet presentaba allí el cuadro de una familia de clase media decadente. Se cuenta la llegada a Barcelona, dos años después de la guerra civil, de una muchacha; se describen las personas a las que encuentra y con quienes vive. El argumento es lo de menos; lo que interesa es la mezcla de elementos autobiográficos y de observaciones objetivas en la composición de un sórdido ambiente cotidiano. Como las almas de los personajes se van desnudando a lo largo del diálogo y no en análisis psicológicos, la acción es rápida. Laforet nos da sus sentimientos, no sus ideas sobre la vida.

Después de un silencio de siete años, Laforet confirmó sus dotes de novelista (aunque sin mejorarlas) en la segunda novela: *La isla y sus demonios* (1952). Repitió allí la misma materia narrativa. Sólo que, si relacionáramos ambas novelas con la biografía de Laforet, *La isla y sus demonios* nos contaría experiencias anteriores a *Nada*. La isla, en efecto, es la de Gran Canaria, y Marta, su protagonista, vive allí (como Laforet hasta 1939) sintiéndose extraña al medio. En *Nada*, Andrea, su protagonista, llega a la península y (como Carmen Laforet de 1939 en adelante) se mueve en el ambiente universitario.

Después el realismo de Laforet se ablandó. Cayó en un sentimentalismo moral y religioso y en un tipo comercial de literatura que ha quitado interés a muchas de sus páginas. *La mujer nueva* (1956) nos cuenta la conversión religiosa de una mujer casada y adúltera: la parte anterior a la conversión, sin embargo, es superior, novelísticamente, a la segunda, demasiado convencional.

Ha publicado colecciones de cuentos cortos. *La llamada* (1954) trae cuatro. Casi no hay descripciones de paisajes ni análisis psicológicos ni preciosismos artísticos. Lo mejor de estos relatos está en el retrato vívido de caracteres y destinos humanos, sobre todo cuando retrata personajes femeninos. Hay ternura y penetrante observación en las mujeres de "La llamada", "Un noviazgo" "El último verano" y "El piano." La vida—parece decirnos Laforet—puede ser desagradable y aun cruel, pero aun así vale la pena de ser vivida. La vida. La vida es la ocasión que se nos da para que podamos salvarnos.

El cuento que hemos elegido para nuestra antología es uno de los ocho de la colección *La muerta* (1947). Son, en general, cuentos excesivamente sentimentales, con una sencillez de estilo que se parece mucho a la pobreza. Las llagas dolorosas están tan bañadas con un aceite de beatitud que no alcanzan a conmover al lector. Pero "El veraneo" aventaja a los otros cuentos en el movimiento de sus reflectores de luz: el haz de luz que ilumina simpáticamente a una maestra de escuela, fracasada; el haz de luz que persigue irónicamente al hermano de la ciudad, un intelectual egoísta; y el haz de luz que recorta la figura del médico.

El veraneo

—Anda, ahora, a darte un paseo.

Se lo había dicho su hermana, empujándole con dulzura fuera de la casa. Lo había encontrado tan cambiado, descolorido, con la cara cavernosa, tan calvo... Parecía mentira una cosa así,
5 sólo en diez años. Pero eso era la vida de la ciudad, que tanto había anhelado ella. Un terrible desgaste, sufrimientos quizá... Aquí se repondría. Volvería con nuevos bríos a la brega. Más adelante, cuando él triunfase, ningún sacrificio pasado tendría importancia.
10 Se volvió para mirarle mientras se alejaba. En la distancia, su gesto erguido se hacía más familiar. Más parecido al del antiguo Juan Pablo, tan arrogante, tan querido y admirado.

Ahora se alejaba hacia la carretera que corría entre pinares, según le había aconsejado ella. Atravesaba la aldeúca. Un campesino se cruzaba con él, mirándole con expresión de estúpida curiosidad, mientras guiaba su carro de vacas.

El hermano de la maestra, pensaría aquel hombre, admirán- 5 dose como si se tratara de una pieza de museo.

—¿Por qué serán así estas gentes?—se dijo Rosa, como ya lo había hecho, en aquellos diez años, tantas veces.

Sólo seis kilómetros carretera abajo, junto al mar, había un pueblo de pescadores. Las casas aparecían allí blancas y cuidadas. 10 Las gentes tenían un aire más afable. Los niños iban limpios. Incluso se cuidaba bastante su instrucción. Era otro mundo. Aquí . . .

Desde la puerta de su casa la maestra miró, ya sin acritud, aquel puñado de casas de la aldea. Casas terrosas, con olores de 15 cerdo y vacas que no apagaban, sin embargo, sino que se fundían armonizando con el fuerte aroma de los pinos. Hacía una tarde hermosísima. Ella hubiera acompañado con gusto a Juan Pablo en su paseo. Pero había pasado la mañana trabajando en la huerta y se sentía rendida. Además, temía cansarle. Había 20 observado su disgusto al verla con la tez curtida y las manos ásperas como una campesina.

—No te cuidas, Rosa. Tienes sólo treinta años y . . .

Ella enrojeció de pronto. No sólo porque le molestaba el reproche—allí, en aquella soledad, siempre había creído parecer 25 muy joven y delicadamente cuidada; por lo menos más joven y cuidada que cualquier mujer de la aldea de sus mismos años—; también había enrojecido porque, sin decirlo, estaba aterrada de la terrible huella que los años habían dejado en su hermano, y lo pensaba en aquel momento. Esto había sucedido la noche 30 anterior, cuando, apenas llegado él, se habían sentado a cenar. Rosa comprobó que su hermano comía sin fijarse en las cosas que ella había preparado. Les alumbraba en el comedorcito una clara luz de carburo—seis kilómetros más abajo, en el pueblo de mar, había luz eléctrica—y los platos estaban colocados 35 con gusto sobre el mantel blanquísimo. En el centro de la mesa, Rosa había puesto un cacharro con madreselvas.

—Quita eso—dijo Juan Pablo, señalando las flores—, quiero verte bien.

Rosa, en silencio, quitó el florero. Sabía que nadie en la aldea 40

hubiese apreciado esta fineza. Pero había esperado que a Juan
Pablo le gustasen.

La conversación se hizo penosa. Juan Pablo engullía los guisos
caseros.

5   —¿Te gustan?

—Sí, mujer. Vengo hambriento... Pero realmente aquí tenéis
demasiada grasa. Demasiada carne y patatas... A tí se te nota.
Has perdido la línea.

Ella se encogió de hombros y sonrió para disimular su con-
10 fusión. Era horrible. Tanto tiempo esperando esta visita del
hermano y ahora cada una de sus palabras la herían. Claro que
bastaba mirarle la cara para que su disgusto se cambiara en
piedad. ¿Dónde estaba el Juan Pablo que ella recordaba? Éste parecía un enfermo. Quizá lo estuviera.[1] Por lo menos, agotado, sí...

15   —Juan Pablo, ¿trabajas mucho ahora?

—No, mujer.

Parecía él a su vez molesto. Rosa quería animarle a toda costa.
Preguntaba mucho. ¿Qué habían hecho sus amigos en aquel
tiempo? ¿Qué nuevos escritores surgían? ¿Quiénes triunfaban
20 en Madrid?

Volvía al lenguaje de su adolescencia. Juan Pablo y ella, en
otros tiempos, habían hablado de estas cosas durante horas...

Juan Pablo la complació al describirle la vida literaria y
artística de la capital, según él la veía.

25   ¿Conocía Juan Pablo a Zutano o a Mengano?

Sí, los conocía. Eran tipos sin talento alguno. Engreídos...

Pues, según él, ¿quién valía la pena?

Nadie. Juan Pablo, que antes sabía admirar tan fervorosa-
mente, no admiraba a nadie por el momento. Nadie valía nada.
30 Ni los consagrados por cierta popularidad, ni los viejos maestros
ni los jovencillos que apenas despuntaban.

— Pero, ¿no tienes amigos?

—Todos esos de quienes hemos hablado son mis amigos. Pero
eso no quiere decir que valgan nada. Un tiempo hubo en que me
35 dejé engañar por sus majaderías... Hoy día sé que ninguno es
capaz de descalzarme. Si yo escribiese un libro...

—¿Por que no lo haces, Juan?—lo decía ingenuamente,
entusiasmada al fin.

---

[1] **Quizá... estuviera** Maybe he was just that

Él le dio un cariñoso golpe en la mejilla.

—No uno, sino diez o quince podría escribir el próximo invierno si quisiese. Depende de las ganas. Tampoco vale la pena de matarse. La vida es demasiado buena...

Rosa le escuchaba. Estaba acostumbrada a creer en él y a admirarle ciegamente desde que tuvo uso de razón. Le había querido más que a nadie en su solitaria vida. Ahora le tenía por un mes entero a su lado. Deseaba sentirse muy dichosa. Todo lo feliz que había imaginado que iba a ser al verle... Le encontró cara de cansancio y lo mandó a la cama.

—Nunca me acuesto antes de las tres—protestó Juan Pablo—. Pero tienes razón; este silencio... Esta orquesta de grillos allá afuera y esta luz temblorosa aquí dentro le aplastan a uno el alma. No sé cómo puedes resistirlo.

Rosa, después de recóger los platos, subió a su propia habitación. Se sintió cansada, vieja y triste. Acercó una vela al espejo de encima de su tocador. Vio brillar allí unos grandes ojos verdes y una boca firme y dulce. Ella sabía que en otros tiempos había sido bonita. Incluso, a aquella luz sombreada y cambiante de la vela lo parecía aún... Luego, sin saber por qué, se echó a llorar.

* * * *

Juan Pablo empezó su vida de veraneante con aquel paseo. Caminaba abrumado por la hermosura del paisaje, nuevo para él. Ni un rincón sin belleza jugosa, palpitante. La carretera, en descenso, presentaba una nueva maravilla a cada curva.

—Barroco puro—dijo en alta voz—. Demasiado...

Le picaba el sol en el cuello. Con el pañuelo secó unas gotas de sudor en la frente.

Quizá era verdad lo que uno de sus amigos, médico, le repetía con frecuencia. Quizá le convinieran unas vacaciones con mucho sol, aire puro y buena comida campesina. Pero no cabía duda de que todo esto era fatigoso. Hizo una mueca. Si se había decidido a venir era sólo porque en el mes de agosto la tertulia de Madrid se volvía muy desanimada. Claro está que también porque este año sentía el calor más que en años anteriores. Tosía mucho... «Nada, que me ha embarcado ese médico», concluyó. De pronto, le parecía completamente absurdo este vagabundeo solitario entre los pinos. Él, hombre de

ciudad cien por cien, se sentía empequeñecido, con un color
demasiado blanco, delicado como un gusano entre los campos de
Dios ... Sin embargo, el cansancio presentido era menor de lo
que esperaba, y devoraba fácilmente los kilómetros, cuesta abajo,
5 de la carretera. De un paseo así podía sacar Juan Pablo tema
para una conversación jugosa. Quizá sobre el alma regional ...

Era absurdo, completamente absurdo, que a aquella hora de
la tarde estuviese él allí, rodeado de mariposas y moscardones,
en lugar de estar en el café discutiendo, aguzándose el ingenio
10 al comentar la última exposición, la situación política del mundo
entero, o al inventar, improvisando, los argumentos de sus
futuras obras. Juan Pablo era un verdadero «as» del café. Allí
era escuchado y admirado siempre. A la salida, los amigos
movían la cabeza.

15 —Es una lástima.

Era una lástima que malgastase así su talento, su memoria,
su cultura. Los raros artículos que publicaba no daban idea de la
brillantez de su conversación. Su obra—como la de Sócrates,
decía él—estaba allí, en aquel torrente de palabras, en el comen-
20 tario diario, vivo, animado. Para eso vivía ...

Aunque sabía que muchos de sus conocidos habían dejado de
creer en él, estaba seguro de que tarde o temprano haría una
obra grande. Una cosa «definitiva», magnífica. Algo que quedase
para siempre.

25 —No quiero lanzar un libro, sino quince o veinte a la vez—
era su cantinela—. Recoger en una temporada de trabajo
intensivo todo lo que no he hecho estos años.

Pensando, las piernas se movían con soltura y agilidad. Muy
pronto se encontró en el pueblo de mar de que le había hablado
30 su hermana. Era tan pintoresco como el paisaje hacía presumir.
El agua espejeaba, copiando el colorido de árboles y casas. Un
aliento húmedo y fresco recompensaba el esfuerzo de la caminata.
Decidido a cumplir enteramente su programa de veraneante, se
orientó hacia la playa. Había marea alta y estaba solitaria,
35 espléndida y brava. Buscó un rincón tranquilo donde desnudarse,
junto a unas rocas, y de un paquetito preparado por Rosa sacó
su traje de baño a rayas. Se sintió feliz de no verse observado. Las
piernas resultaban increíblemente blancas y raquíticas y las
consideró pensativo. Luego se acercó a la orilla, probando el
40 agua fría con la punta del pie y retirándolo en seguida con un

salto de disgusto. Enrojeció como una muchacha, ya que era susceptible al ridículo. Miró a su alrededor. Nadie. Sólo una bandada de gaviotas pescadoras. ¡Ah, sí! Sobre la roca, un hombre, pescador también. Al parecer, abstraído en su tarea. Juan Pablo, que había recibido una excelente educación; pero 5 que en el transcurso de los años la había olvidado, soltó dos o tres tacos fuertes y se lanzó al mar.

Fue una impresión terrible. Tragó agua. Emergió rápido, pues por un instante cruzó por su cabeza la idea de que no haría pie y que se ahogaría sin remedio. El agua le llegaba a la cintura. Se 10 sacudió y una desconocida sensación de fuerza y alegría le embargó todo. Descubrió que el mar estaba templado, tonificante hermoso. Avanzó con precaución hasta que sintió el agua en su cuello, firmemente asentados los pies en la arena, y chapoteó un poquito con las manos. Entonces, desde la roca le llegó una voz: 15

—Amigo, si no sabe nadar, no se adentre tanto . . .

Era el pescador. Tenía el rostro de facciones finas y curtidas, y se sonreía. Fijándose en él se veía que no debía ser un profesional de aquel arte. Continuó:

—Yo tampoco sé nadar. Por eso se lo advierto . . .   20

Un rato después, Juan Pablo y el hombre de la roca charlaban en la arena, mientras el primero, recién vestido, ofrecía un cigarrillo. El pescador se presentó. Como había adivinado Juan Pablo, la pesca para él era sólo un entretenimiento.

—¿Veraneante?   25

No. Era médico titular del pueblo. Hacía muchos años que estaba allí viviendo.

Juan Pablo lo encontró simpático. Solía tener impulsos de afecto repentino hacia las personas. Afecto que moría también súbitamente. Ahora el médico le pareció un estupendo compañero. 30 Sobre todo al decirle que en aquel pueblo había un café bastante aceptable. Se dirigieron hacia allí. Juan Pablo le explicó que venía de una aldehuela cercana, terrible en su rusticidad para un hombre como él.

—¡Ah, sí! Terrible—dijo el médico—. Allí voy yo algunas 35 veces. Generalmente en invierno y con barro hasta las rodillas . . . Sin embargo, hubo una época en que lo hacía con gusto— sonrió—. Estaba enamorado de la maestra.

Por la cabeza de Juan Pablo pasó la imagen de su hermana tal como la había visto al despedirse de ella aquella tarde, muy poco 40 atractiva, por cierto, con su traje descolorido y sus bastos zapatones negros.

—No sabía que hiciera estragos la maestra—comentó.

—No los hace. Le estoy hablando de hace varios años.
⁵ Entonces era una criatura espiritual y deliciosa, le aseguro.

Sí, lo era. Un encanto de chiquilla. Juan Pablo la había querido mucho. Él mismo la había orientado en sus lecturas de adolescente y había discutido con ella sus problemas de incipiente intelectual. Era una personita resuelta, original, independiente.
¹⁰ Juan Pablo creía en la muchacha. Mil veces se sintió orgulloso de ella. La madre, casi anciana, triste y bondadosa, no tenía medios para mandarla a Madrid con Juan Pablo, como los dos deseaban. Juan Pablo decidió que estudiara el Magisterio allí, en su provincia, al terminar el Bachillerato. Luego, cuando él ganase las
¹⁵ oposiciones que estaba preparando, la llevaría a Madrid y le costearía la carrera. Estaba decidido. La madre entonces podría irse a vivir con la hija casada, que la reclamaba siempre, y con los nietos, por los que suspiraba ... Rosa hizo más: sacó plaza en la aldea y se vino a ella. De esta manera la asignación que en
²⁰ Madrid necesitaba Juan Pablo se hizo menos penosa para la madre, que pudo cerrar la casa y marchar junto a la otra hija. Rosa tenía entonces diecinueve años.

—Yo la conocí el día en que llegó. Una figurita de nada, pero tan resuelta. Envuelta en su impermeable, con los ojos brillantes
²⁵ de rabia porque nadie quería alquilarle un carro para llevar sus maletas a la aldea ... Yo tuve un impulso y le presté mi caballo para transportar aquellas maletas, y la acompañé, andando, los seis kilómetros en cuesta. En seguida comprendí que no sabía dónde se había metido. Venía llena de ilusiones reformistas para
³⁰ la escuela ... ¡Qué sé yo! Muchas cosas había pensado. También tenía que estudiar y prepararse—me dijo—, porque el curso próximo pensaba ir a la Universidad ... Yo, ¿sabe usted?, me prendé de ella como un tonto ... También era muy joven yo entonces. Acababa de llegar aquí.
³⁵ —¿Y ella?

—Ella, no ..., en absoluto. Quizá se hubiera fijado más en mí si no hubiera sido por las ilusiones que tenía en su porvenir. Odiaba la vida campesina, y yo, usted ve, soy un hombre gris, sin más aspiraciones que este pueblo en que vivo ... Tenía tesón.
⁴⁰ Pasó un horrible invierno de lluvia, soledad y frío ... Sé que

lloraba en su casa, donde el techo se ponía musgoso y se le enmohecían las sábanas en los armarios. Las criaturas que tenía a su cargo eran torpes y cazurras, y se reían de ella a escondidas. Era demasiado pura, ingenua, para vivir allí. Salía a dar grandes paseos sola, bajo la lluvia incesante, y la empezaron a tomar por 5 loca. La criada se le despidió porque las comidas no eran de su gusto, ya que no había comprado el acostumbrado cerdo y no tenía matanza. Tuvo que hacer ella sola faenas más duras, por la falta de costumbre y de medios[2] . . . Me presenté yo, cuando estaba más desesperada. La creía en un buen momento[3] . . . y me 10 dio calabazas. Me las volvió a dar cuando, unos meses después, tuvo que hacer un viaje y volvió vestida de luto por la muerte de su madre. Al parecer, esperaba siempre que la llamase de Madrid un hermano que tenía que ganar no sé qué oposiciones famosas . . . Han pasado once años y todavía espera . . .   15

—¿Usted cree?—Juan Pablo se sentía molesto y, sin saber por qué, con remordimientos. Le cobró un extraño rencor a aquel hombre que iba a su lado. Quería humillarle terriblemente. Hacerle sentir que era un palurdo estúpido. Y . . ., sí—sería infantil quizá—quería enaltecer al hermano de la maestra, 20 presentarlo como un genio a los ojos de aquel tipo . . . como si se tratase de una tercera persona.

—No creo, no . . .—decía el médico, contestando a su pregunta—. Era un decir . . .

Estaban en el café del pueblo, sentados frente a frente, y 25 empezaban a colocar las piezas en un tablero de ajedrez.

—No. Rosa hace mucho que dejó de creer y confiar en su hermano. Se ha hecho una campesina. Planta patatas en su huerto con sus propias manos, ceba su cerdo y cría gallinas. La vieja que la asistía al principio ha vuelto, claro está, a su servicio. 30 La gente del pueblo la respeta . . .; pero, para llegar a eso, ¿se imagina usted lo que ha tenido que sufrir la pobre? Soledad, hambre espiritual, continuas decepciones después de sus esperanzas siempre avivadas . . . A mí me causa mucho respeto, ¿sabe?, y ¡me da una pena![4] cuando la veo con su tez curtida y 35 sus trajes mal cortados. Trabaja rudamente. No tiene tiempo, según me confiesa cuando la veo, ni para leer . . . Espero que

---

[2] **por . . . medios** because she lacked experience and means
[3] **La . . . momento** I thought she was at the right point
[4] **¡me . . . pena!** I feel sorry for her

tampoco para pensar demasiado . . .

Juan Pablo no sabía qué decir. Al final masculló una pregunta que se le atragantaba:

—¿No la quiere usted, aún, acaso?

5 —No, no, amigo, eso fue pasando . . . Son cosas de otros tiempos, ¿sabe? Ahora estoy casado. Tengo cuatro chicos, con que ya ve. Y soy feliz.

El hombre se arrellanó en su silla y encendió una pipa. Luego empezó a pensar en su jugada . . . Ganó la partida. La irritación
10 de Juan Pablo hacia aquel hombre iba creciendo según la tarde avanzaba. Había creído haber hecho un hallazgo al encontrarle y, con sus historias, le había estropeado no sólo su primer día de vacaciones y su paseo, sino, quizá, hasta el verano entero. Ahora vería a Rosa siempre acusándole con sus ojos mansos. Al parecer
15 le había estropeado él la vida. Eso, por lo menos, es lo que había dado a entender el tipo éste, el médico . . . Pero bien sabía Dios que no era culpable. Nunca estuvo en situación de cargar con su hermana. Si la chica hubiera tenido fibra de veras, se habría salido del pueblo sin necesidad de ayuda ajena . . . ¡Ah! Él
20 también había pasado malos ratos aquellos años. Había pasado hasta hambre; algo que a Rosa le faltaba conocer . . . Quisiera él decirle a ese médico . . .

Le volvió a mirar, enfadado, y vio que sonreía socarronamente. Cayó en la cuenta. Aquel hombre sabía que él era hermano de la
25 maestra. En estos pueblos se sabe todo lo que pasa en diez leguas a la redonda. El médico había contado su historia por el puro placer de fastidiarle y molestarle . . .

Por unos momentos la rabia le cegó. Pensó insultar a su reciente amigo. Luego, fue cediendo. Al fin y al cabo, todo esto
30 no era más que una suposición . . . Apartó el tablero.

—No juego más.

El médico se sorprendió.

—¿Qué?

—Que no juego más. Me voy.

35 El otro chupó su pipa.

—Sí, es tarde—comentó despacio—y tiene usted que andar mucho. Espero que nos veremos otro día. Quizá volverá a dar otro paseo por aquí.

Juan Pablo farfulló algo, irritado. No tenía costumbre de
40 dominar ninguna clase de sentimientos.

—No creo. Me parece que no me verá usted más.

—¡Ah!, bien. Entonces, adiós.

El hombre aquel no tenía ganas de discutir. Se quedó en el café y pidió un vaso de vino cuando Juan Pablo salía.

* * * *

La caminata de vuelta le cogió con el cuerpo y el alma cansados. 5 No era para él aquel aire puro, aquel sano ejercicio. No podría resistir mucho tiempo. Nada importaban las sábanas limpias ni la comida grasienta de la aldea. Se marcharía pronto.

Al subir las cuestas, jadeaba. Aquello se le hacía interminable, aunque la noche con luna clara invitaba a pasear . . . Rosa 10 estaría esperándole ya, con su mantel blanco y sus florecitas . . .

¿Por qué no dejar todo y volverse al día siguiente mismo a Madrid? Buena sorpresa la de los amigos al verlo llegar, tan pronto.

De repente su oscuro cuchitril, su vida de pereza y de absoluta 15 independencia se le apareció irradiante de atracción y felicidad. Por algo no quería dejarla. Había que volver rápidamente a ella.

—Cuando llegue a casa se lo diré a Rosa, sin rodeos—decidió—. Mañana me voy.

Y al llegar de vuelta de su paseo, muy tarde y rendido, 20 cuando apenas ella le hubo abierto la puerta, se lo dijo.

PREGUNTAS

1. ¿Por qué le había empujado su hermana fuera de la casa?
2. ¿Cómo explicaba la hermana el gran cambio en el hermano?
3. ¿Qué reacción notó Juan Pablo entre los del pueblo?
4. ¿Qué había seis kilómetros carretera abajo?
5. ¿Cómo era ese pueblo comparado con el de Rosa?
6. ¿Por qué no había acompañado Rosa a su hermano?
7. ¿Por qué le molestaba el reproche de su hermano?
8. ¿Qué comprobó Rosa durante la cena?
9. ¿Cómo criticó Juan Pablo la comida preparada por su hermana?
10. ¿Por qué cambió el disgusto de Rosa en piedad?
11. ¿Qué quería hacer Rosa?
12. ¿Qué preguntas le hacía sobre Madrid?
13. ¿Qué opinión tenía Juan Pablo sobre los escritores de la capital?

14. ¿Por qué no ha escrito Juan Pablo los muchos libros que tiene en la cabeza?
15. ¿Por qué decidió acostarse?
16. ¿Qué hizo Rosa despúes de recoger los platos?
17. ¿Cómo empezó Juan su vida de veraneante?
18. ¿Qué le había dicho uno de sus amigos?
19. ¿Por qué era absurdo todo esto?
20. ¿Por qué decían los amigos que era una lástima?
21. ¿Estaba solo cuando metió el pie en el agua?
22. ¿Cómo estaba el mar?
23. ¿Qué le dijo el pescador desde la roca?
24. ¿Cómo encontró Juan Pablo a su nuevo conocido?
25. ¿Adónde se dirigieron los dos?
26. ¿Conocía íntimamente el médico el otro pueblo?
27. ¿Por qué iba allí con frecuencia?
28. ¿Cómo era la maestra de hace varios años?
29. ¿Qué recuerdo tiene Juan Pablo de su hermana?
30. ¿Cómo se había sacrificado Rosa?
31. ¿Cómo comprendió el médico que Rosa no sabía dónde se había metido?
32. ¿Por qué no se fijó Rosa en el médico?
33. ¿Qué dificultades tuvo Rosa en su primer invierno?
34. ¿Cuántas veces le dio calabazas Rosa?
35. ¿Qué esperaba Rosa según el médico?
36. Al dejar de confiar en su hermano ¿qué se ha hecho?
37. ¿Cómo es su vida ahora?
38. ¿Qué pregunta le hace Juan Pablo al médico?
39. ¿Qué opinión tenía ahora de su nuevo amigo, el médico?
40. ¿Cómo vería ahora a Rosa siempre?
41. ¿Cómo se disculpaba de su conducta?
42. ¿De qué se dio cuenta al ver sonreír al médico?
43. ¿Por qué le había contado todo el médico?
44. ¿Piensa Juan regresar cuando se despide del médico?
45. ¿Cómo le cogió la caminata de vuelta?
46. ¿Por qué decidió marcharse pronto?
47. ¿Cuándo dijo a su hermana que iba a volver a Madrid?

Miguel Delibes

VALLADOLID; 1920

Miguel Delibes es Doctor en Derecho y catedrático en la Escuela de Comercio de Valladolid. Es también periodista. Así se gana la vida. Pero su vida está consagrada a la literatura.

Su primera novela fue ya un éxito: *La sombra del ciprés es alargada* (1947), con la que obtuvo el Premio Nadal. Con ritmo lento Delibes comenzó su relato describiendo la vida recogida en la ciudad de Ávila y en el campo. A esa novela siguieron otras, que fueron dándole bulto en la novelística española contemporánea: *Aún es de día* (1948), *El camino* (1950), *Mi idolatrado hijo Sisí* (1953), *Diario de un cazador* (1955), Premio Nacional de Literatura "Miguel de Cervantes".

Se ha observado cierta conexión entre la visión de la vida que Delibes traduce en sus novelas y la filosofía existencialista que Unamuno en España, Heidegger en Alemania, Sartre en Francia y Abagnano en Italia impusieron en las últimas generaciones. Por lo menos hay una nota común: las narraciones de Delibes están escritas bajo el signo de la angustia. En *La sombra del ciprés es alargada*—pongamos por caso—el protagonista Pedro vive acongojado por sentirse "bajo el asfixiante patrocinio de la sombra alargada y negra del ciprés", esto es, por la obsesión de la muerte. No tanto por la muerte propia como por la muerte ajena. La muerte va vaciando

149

el mundo, y los que quedamos somos unos pobres solitarios que hasta renunciamos a vivir.

En *Aún es de día* la prosa, ya más desenvuelta, va dando relieves a los distintos personajes que se mueven alrededor de un establecimiento de tejidos en una ciudad provinciana de Castilla la Vieja. El ambiente está muy bien observado: los días de fiesta, el cine, el fútbol, las escaramuzas amorosas, la dureza del vivir. El protagonista Sebastián—triste, pobre, jorobado—es una de las creaciones más vigorosas en el arte de Delibes.

En *El camino* el novelista se instala en un pequeño pueblo y nos presenta la vida de los niños en medio de una naturaleza de pájaros, ríos y árboles. Hay aventuras, cuentos, y allí, en ese valle al aire libre, vemos la vida por sus costados de sombra y de luz.

Mi idolatrado hijo Sisí pinta un segmento de la chata burguesía española (de 1917 a 1938). Es la historia de Cecilio Rubes, industrial acomodado, aficionado a la buena vida, sensual, satisfecho de sí mismo pero ahogado en su matrimonio sin hijos. Una Nochebuena decide tener un hijo. Así nace Sisí. Lo educa con tal ceguera que le provoca llagas morales. Finalmente a Sisí le deshace la cara una bomba, durante la guerra civil. El padre enloquece y se suicida.

En el *Diario de un cazador* imagina a un bedel de Escuela de Comercio, probablemente de Valladolid, anotando día tras día sus aventuras de cazador. Vida vulgar pero que, por su habla sabrosamente regional, y por sus agudos trazos costumbristas, divierte y enternece.

Delibes, al margen de sus novelas, ha escrito *Los raíles*, novelín, y varios cuentos, coleccionados en *La partida* (1954). Narra con sencillez. Ni siquiera compone. Elige una situación—patética como en "La contradicción" o humorística como en "La conferencia"—y la presenta sin complicaciones. No hay refinamientos de estilo. Tampoco alardes técnicos. Él, Delibes, es el testigo de ese trozo de vida. Nos lo da como el costumbrista nos

daba su artículo, en el siglo XIX. Sólo que Delibes no
tiene intenciones reformadoras. Mira, y eso es todo.
Tampoco se mete muy hondo en las vidas de sus personajes: le basta el mirarlas en una situación dada. En
"La Conferencia" hay un juego de perspectivas, como
si la misma realidad apareciera reflejada en varios
espejos enfrentados. José, la muchacha de las caderas
redondas, el conferenciante ... Y, claro, la perspectiva
del mismo autor, que contempla irónicamente el mundillo de una conferencia en una ciudad provinciana. Nos
place que, en una carta que nos dirigió, Delibes haya
coincidido con nuestro gusto al estimar "La conferencia" como uno de sus mejores cuentos.

La conferencia

La ciudad había dado la mínima, y en las bufandas enroscadas
hasta los ojos, y las solapas erguidas, y los tapabocas, y los bustos
encogidos bajo los gabanes, se adivinaba ese puntito de orgullo y
vanagloria de saberse los más extremosos en algo. Quince grados
bajo cero eran muchos grados bajo cero y era la temperatura 5
mínima registrada en la Península, y la gente decía: «El invierno
viene con ganas este año».[1]

Cuando José abandonó el trabajo era casi de noche y las luces
urbanas empañaban su brillo de una friolenta opacidad. José
sintió frío y apretó el paso y embutió sus manos sucias y amora- 10
tadas en los bolsillos del tabardo. Pensó: "La Elvira cose hoy
fuera; hasta las ocho no habrá lumbre en casa". Y la evocación
de un hogar destemplado y vacío le produjo un estremecimiento.
«No iré hasta luego. Esperaré», se dijo. Y divisó a una muchacha
de caderas redondas, con una carpeta bajo el brazo, que entraba 15
en un edificio inmediato, y se aproximó y le dijo:

—¿Qué ocurre ahí que entra la gente?

[1] **El . . . año** We are in for a real winter this year

La muchacha le analizó un momento de arriba abajo y respondió:

—Una conferencia.

—¿Una conferencia?

5 —Un discurso—aclaró ella.

—¡Ah!—dijo él.

Y la jovencita subió en dos saltos los cuatro escalones, y luego se volvió a él:

—Es una cosa técnica—dijo—; no creo que le interese.

10 Había en su voz un asomo de condescendiente intelectualismo que José no advirtió. José permaneció un instante indeciso. Luego chilló:

—¡Eh, eh, oiga! Hará calor ahí dentro, ¿no es así?

—¿Calor?—preguntó la muchacha.

15 —Sí, calor.

—Creo yo que sí que hará calor. Es decir, es posible que haya calor y es posible que no lo haya. Hoy no hace calor en ninguna parte, que yo sepa. Además, ¿le interesa a usted la Economía?

El rostro de José se ensombreció.

20 —¿Economía?

La muchacha frunció levemente el entrecejo. Dijo:

—¡Oh! ¿No sabe usted lo que es la Economía y quiere asistir a una conferencia sobre "La redistribución de la renta"?

—Oiga, oiga—atajó José—. Yo no he dicho tal. Yo sólo 25 preguntaba si hará calor ahí dentro o no.

La muchacha de las caderas redondas dijo:

—¡Ah, bien!

José ascendió los escalones tras ella. Huía del frío de la calle como los gatos del agua. Divisó a un hombre uniformado y se 30 dirigió a él y el hombre uniformado dijo, antes de que él le preguntase nada:

—Es ahí.

Y José penetró en un salón alto de techo y se sintió un poco cohibido, y para aliviarse se soltó el tapabocas. Hacía buena 35 temperatura allí; pero, a pesar de ello, José se sentó en una silla junto a un radiador y asió sus manos amoratadas a uno de los elementos. Abrasaba. La Elvira decía que salían frieras por agarrar así los radiadores; pero a José no le importaban ahora las frieras. Tenía frío, mucho frío y deseaba calor a costa de lo 40 que fuese.

Había poca gente allí y José descubrió al primer vistazo a la muchacha de las caderas redondas que escribía afanosamente en la primera fila. Sólo entonces reparó José en el conferenciante. Era un sujeto gordezuelo, de mirada clara y ademanes exagerados, y a José le pareció que se escuchaba. No le gustó por eso; por eso y porque dijo: «El beneficio del empresario tiene carácter residual». Ello le sonó a José a cosa desdeñosa, y él sabía que el beneficio del empresario no era como para desdeñarle. [2] «¿Qué carácter tendrá mi beneficio entonces?», pensó. Y arrimó nuevamente las manos al radiador.

El conferenciante hablaba, en realidad, como si se escuchase, pero no se escuchaba. Trataba, al parecer, de hallar para el mundo, y los hombres, y los pueblos un noble punto de equilibrio económico. Y decía cosas del empresario, y de los trabajadores, y de la empresa, y de los salarios, y de la renta, y del beneficio residual. Era un sujeto gordezuelo que trataba de arreglar el mundo hablando, y hablaba como si se escuchase, pero no se escuchaba. Y decía: «En la redistribución de la renta nacional-funcional...» Y pensaba simultáneamente: «¿Gente? ¡Pchs! En provincias no interesan estas cosas. Mil pesetas y gastos pagados... No es mucho, pero no está mal. Esta chiquitina de la primera fila lo ha tomado con calor. Es preciosa esta chiquitina de la primera fila. Me gustan su nariz y sus caderas y su afanosa manera de trabajar. Aquel gañapán del radiador ha venido a calentarse. Deberían reservar el derecho de admisión. Yo no vine aquí a hacer demagogia ni a halagar los oídos de los gañapanes, sino a exponer un nuevo punto de vista económico». Dijo: «El orden, la solidaridad, el bienestar, la justicia se esconden en una equitativa redistribución».

La muchacha de las caderas redondas levantó los ojos de la cuartillas y miró al conferenciante como hipnotizada. Pensaba: «¡Oh, qué maravillosamente confuso es este hombre!» Le interesaban a ella las cuestiones económicas. A veces se desesperaba de haber nacido mujer y de tener las caderas redondas y de que los hombres apreciasen en ella antes sus caderas redondas que su vehemente inquietud económicosocial. Para la muchacha de las caderas redondas, la Humanidad era extremosa e injusta. Pensar en el equilibrio social era una utopía. En el mundo había

[2] **no ... desdeñarle** was not a thing to be sneezed at

intelectuales e ignorantes. Nada más. El claro era ignorante; el
oscuro intelectual. Ella era una intelectual; el tipo del tapabocas
que venía allí a buscar calor era un ignorante. Tratar de reconciliar ambas posiciones era una graciosísima, y mortificante, y
5 descabellada insensatez. Ella escribía ahora frenéticamente,
siguiendo el hilo del discurso. Escribía y, de cuando en cuando,
levantaba la cabeza y miraba al orador como fascinada.

José, arrimado al radiador, se hallaba en el mejor de los
mundos. Tenía que hacer esfuerzos para no dormirse. La voz del
10 orador en la lejanía, era como un arrullo, como una invencible
incitación al sueño. De vez en cuando, las inflexiones de voz del
conferenciante le sobresaltaban, y él, entonces, abría los ojos y le
miraba, y con la mirada parecía indicarle: "Eh, estoy aquí;
estoy despierto. Le escucho". Pero de nuevo le ganaba la grata
15 sensación de calor y cobijo y, más que nada, la consciencia de que,
por fuera de aquellos ventanales, la gente tiritaba y se moría de
frío. En su duermevela, José pensaba: «Este hombre se está
partiendo la cabeza en vano. El mundo es mucho más sencillo de
lo que él piensa. La Humanidad se divide en dos: Los que tienen
20 calor a toda hora y comida caliente tres veces al día y los que no
lo tienen. Todo lo demás son ganas de hablar y de enredar las
cosas».

El conferenciante dijo: «Apelando exclusivamente al aspecto
funcional la solución es arriesgada». Pensaba: "En el mundo hay
25 tres clases sociales: La alta, que tiene para comer y para vicios;
la media, que tiene para comer y no tiene para vicios, y la baja,
que tiene para vicios y no tiene para comer. La vida ha sido así,
es así y seguirá siendo así por los siglos de los siglos.[3] De todas
formas, a Carmen le compraré el sombrero. Se lo prometí si me
30 encargaban la conferencia. Me he ido de la lengua, pero ahora no
me queda otro remedio. Al fin y al cabo ellas tienen caprichos y
nosotros vicios. Me gusta esa chiquitina de la primera fila. ¿Para
qué tomará notas con ese ardor? ¡Oh, tiene unas caderas excep-
cionalmente bonitas!"
35 El conferenciante pensó decir: «Hay que tender al equilibrio
entre los que tienen mucho y los que tienen poco», pero dijo:
«Hemos de allegar un criterio de armonía entre los dos puntos
más extremosos de la sociedad, económicamente hablando».

---

[3] **por ... siglos** forever and ever

La muchacha de las caderas pensó: «¡Ah, es maravilloso! Un cerebro dedicado exclusivamente a la ciencia y a arreglar el mundo es algo hermoso que deberíamos agradecer con lágrimas. Este hombre es un genio, un soberbio intelectual, ¿Y qué? Ocho filas de butacas. ¿Quedarán hoy localidades libres en los cines? ¡Oh, oh, es una vergüenza, una deplorable vergüenza!» El orador hablaba de prisa y ahora ella escribía angustiosamente, podando las frases, abreviando las palabras, pero procurando dejar la idea intacta. Ella celebraba íntimamente la exposición compleja, cruelmente enrevesada, del conferenciante. Para la muchacha de las caderas redondas, lo confuso era profundo; lo claro, superficial. La ciencia verdadera había de ser, pues, necesariamente confusa. Un libro que no hiciera trabajar a su cerebro no valía la pena. Una idea, aun pueril, solapadamente dispersa en un juego de vocablos innecesarios, la entusiasmaba. Ella gozaba entonces desentrañando el sentido de cada palabra y relacionándolo con el conjunto de la frase. Y pensaba: «Este hombre es un talento». A veces, el sentido de la frase se le cerraba con un hermetismo obstinado, y ella, lejos de desesperarse, se decía: «¡Oh, qué genio poderosísimo; no me es posible llegar a él¡» Su padre la decía: «Todo lo que no sea cocinar y reposar es modernísimo en una mujer, querida». Su hermano Avicto decía: «Eres una angustiosa de cultura». Ella pensaba: «Mi padre y Avicto preferirán también unas caderas bonitas a una cabeza en su sitio». Y sentía asco de sus caderas.

José dio una cabezada y al abrir los ojos advirtió que llevaba unos segundos en la inopia. Pensó: «Acaso la Elvira esté ya en casa y haya puesto lumbre». Miró una vez más al hombre gordezuelo y se esforzó en aferrar alguna de sus palabras y desentrañar su significado. Su esfuerzo estéril le irritó. Casi sintió deseos de gritar e interrumpirle y decir: «¡No se ande usted por las ramas! ¿A qué ese afán de no llamar al pan, pan, y al vino, vino?» Pero se reprimió y se dejó ganar de un apacible sopor, un sopor que le subía de los pies hasta los ojos y le cerraba dulcemente los párpados, como dedos de mujer.

Se despertó despavorido pensando que el edificio se derrumbaba, y al abrir los ojos vio que el auditorio aplaudía al hombre gordezuelo, y el hombre gordezuelo sonreía al auditorio y hacía inclinaciones al auditorio, y él, entonces, comenzó a aplaudir; mas en ese instante crítico el auditorio cesó de aplaudir y sus

palmadas detonaron en el vacío, y el tipo gordezuelo le miró como con cierta irritación, y él se azoró y se incorporó e hizo dos reverencias, y como viera que la muchacha de las caderas redondas le miraba desde la primera fila, le sonrió, cogió el
5 tapabocas y se dirigió a la puerta.

Al conferenciante le brillaba en la calva una gota de sudor. La muchacha de las caderas redondas pensó: «¡Qué esfuerzo!» Él la miró a ella y ella se ruborizó. Él se volvió entonces al presidente, que había dicho al comenzar: «Nadie con mayor
10 competencia que el señor Meléndez, director del Grupo Económico, miembro activo del Instituto Financiero, orador y publicista, para desarrollar un tema tan sugestivo y candente como éste de «La redistribución de la renta». El conferenciante preguntó al presidente: «¿Quién es esa muchacha?» La muchacha
15 recogía cuidadosamente sus apuntes. El presidente dijo: «Tiene un cuerpo interesante. ¿Es eso lo que quiere saber?» Prosiguió Meléndez: «¡Oh, ya lo creo! Más que la redistribución de la renta». Los dos rieron. La gente iba saliendo y la muchacha de las caderas redondas pensó: «Hablan de mí ¡Dios mío! Están
20 hablando de mí. Él ha debido notar que tengo inquietudes». Recogió la cartera y caminó despacio hacia la puerta. «¡Oh, oh!—dijo Meléndez—, mi querido presidente, observe usted por favor. ¡Qué cosa maravillosa!» La muchacha pensaba; «Ha notado que tengo inquietudes. Ha notado que tengo inquietudes».
25 Ella no sabía que sus redondas caderas ondulaban deliciosamente al andar. En la puerta tropezó con José. Le sonrió piadosamente. Dijo:

—¿Le gustó?
José sujetaba el tapabocas.
30 —Hace bueno ahí—dijo. Y antes de salir a la escarcha, y a la noche y a la intemperie, añadió—: ¿Tiene usted hora?

—Son las ocho—dijo la muchacha de las caderas redondas con cierta desolación.

José dijo: «Bien, gracias». Y pensó: «La Elvira estará al
35 llegar». Y se lanzó a la calle.

PREGUNTAS

1. ¿Cuál era la temperatura registrada en la ciudad?
2. ¿Por qué había cierto orgullo en haber llegado a esa temperatura?

3. ¿Por qué decidió José no ir directamente a casa?
4. ¿A quién divisó?
5. ¿Qué le preguntó?
6. ¿Qué le contestó la muchacha de caderas redondas?
7. ¿Qué agregó la joven después de subir los cuatro escalones?
8. ¿Qué aspecto de la conferencia interesa a José?
9. ¿Sobre qué será la conferencia?
10. ¿Entiende José lo que es la Economía?
11. ¿Dónde se sentó en la sala de conferencias?
12. ¿Qué le había dicho la Elvira sobre las frieras?
13. ¿A quién descubrió José en la primera fila?
14. ¿Cómo era el conferenciante?
15. ¿Por qué no le gustó a José?
16. ¿Se escuchaba realmente el conferenciante?
17. ¿En qué estaba pensando mientras hablaba?
18. ¿Qué pensaba la muchacha de las caderas redondas?
19. ¿Por qué se desesperaba a veces?
20. ¿Qué había en el mundo?
21. ¿Qué era una descabellada insensatez?
22. Mientras tanto ¿cómo estaba José?
23. ¿Qué pensaba José del conferenciante y de su discurso?
24. ¿Cómo clasificaba el conferenciante en sus pensamientos a los hombres?
25. ¿Qué iba a hacer con las mil pesetas ganadas en la conferencia?
26. ¿Por qué encontraba la muchacha maravilloso al conferenciante?
27. ¿Cómo distinguía ella entre lo profundo y lo superficial?
28. ¿Cuál era la opinión de su padre sobre las actividades de la mujer?
29. ¿Qué se le ocurrió a José decir al conferenciante?
30. ¿Por qué se despertó despavorido?
31. ¿Qué quería saber el conferenciante después de su conferencia?
32. ¿Qué pensó la muchacha al ver al presidente y al conferenciante hablando de ella?
33. ¿Qué no sabía la muchacha?
34. ¿Con quién tropezó ella en la puerta?
35. ¿Cómo fue su última conversación?

José Corrales Egea

MARRUECOS; 1919

En 1935 llamó la atención con una novela, *Hombres de acero*. Pareció increíble que la hubiera escrito un niño. La crítica, favorablemente impresionada, se puso a esperar otros frutos. Pero Corrales Egea, después de su precoz acierto, decidió callarse. Vivir, estudiar y madurar en silencio.

Se licenció en Filología Románica y gracias a una beca fue a ampliar sus estudios a París.

Hizo viajes por toda Europa: Italia, Inglaterra, Bélgica Portugal. Y, claro, por toda España. Pero siempre volvía a París, donde parece haberse radicado. Desde allí enviaba sus ensayos y cuentos a revistas españolas.

Casi veinte años después de su primera novela publicó su primer libro de cuentos: *Por la orilla del tiempo* (Madrid, Insula, 1954).

Es una colección de once cuentos, agrupados en cuatro épocas de su vida:

1. la de "los años tiernos," evocaciones de infancia;

2. la "de la guerra," que relata episodios de la contienda civil de 1936, en España;

3. la de "el tiempo difícil," en la sordidez y pobreza españolas que siguieron a la guerra; y

4. la de "la diáspora," en el destierro.

No son páginas autobiográficas (aunque se narra a veces en primera persona, y el tiempo presentado cubre los mismos años de la vida del autor) sino de descripción realista.

Es, el de José Corrales Egea, un realismo que se complace en observar los hombres, las cosas, las situaciones en sus menores detalles, aun en los más feos. No falta ni la fisiología humana.

Su prosa no se atreve a ningún escándalo, a ninguna novedad. Corre correcta, tranquila, sin brincos de la imaginación, sin finuras de estilo. En cambio, los ojos de Corrales Egea sí se atreven a mirar aspectos nuevos de la realidad.

Por lo general, miran el lado natural, sucio o rebajado de las cosas. Aun en los temas de evocación infantil la ternura termina en el choque con lo desagradable: en "El lenguaje de los pájaros" el niño descubre el vicio y la perversión de los mayores; en "El rompecabezas" el juego le sirve al niño de introducción a un mundo de infidelidad, ingratitud e inmoralidad.

El cuento que publicamos—"Rectificación de línea"— es acaso el mejor de los que dedicó a la guerra civil española.

No se localiza la acción. No sabemos en qué lugar, en qué bando político ocurre. El dolor de las guerras, el sufrimiento de los hombres, la certeza de la muerte son universales, y este cuento, aunque inspirado por la tragedia española, podría valer en cualquier otra circunstancia.

Aquí logra Corrales Egea una intensidad expresiva mayor que en sus otros cuentos.

Toda la emoción está volcada en la conciencia del protagonista.

Hasta el paisaje, de crepúsculo y de noche, parece columbrado con los ojos miopes del protagonista.

Rectificación de línea

Aquella tarde—no haría tres horas aún[1]—había llegado la orden, bien disimulada bajo el algodón, azucarada: rectificación de línea. Los términos técnicos son igual que una clave, sólo conocidos de unos cuantos. La gente, cuando le sueltan en la
5 radio o en los periódicos esas palabras, no comprende exactamente lo que quiere decir. La gente espera que van a hablarle en su propia lengua: desbandada, derrota, desastre, error . . . La gente ignora que la guerra, como la medicina, tiene dos idiomas: uno para cuando las cosas van bien, que está al alcance de
10 cualquiera; otro para cuando van mal, que necesita una interpretación.

Al conocerse la orden, los hombres a los que incumbía se habían dejado ganar por el miedo. Cada cual comprendió que se habían metido en la boca del lobo. Pero el miedo, que es un
15 contagio nervioso capaz de dar al traste con la disciplina de toda una división, se arregla fácilmente provocando un miedo mayor todavía. Es lo mismo que cuando los médicos provocan una infección para luchar contra otra infección. Así que todo consistió en meter unas cuantas onzas de plomo en el pellejo de
20 los más contagiosos.

El avance del día anterior había sido una temeridad. Muchos lo habían barruntado así, pero todos se lo tragaron para su coleto mientras obedecían con la fatalidad mecánica de los engranajes. A Domingo le recordaba el funcionamiento de la
25 maquinaria en la imprenta de Don Genaro Barbosa—la única maquinaria que conocía bien. Una palanca que se mueve, un diente que corre, una pieza que gira y, de pronto, todo que se pone en movimiento con un ruido rítmico y exacto. O todo marchaba bien o se iba todo al diablo. Y era lo que había
30 ocurrido en cuanto empezó a propalarse aquel rumor por la compañía de que estaban dentro de una bolsa.

Alguien que procedía de un pueblo de la costa, se puso a hablar de las sardinas, que se pescan con red, de noche, atrayéndolas con lámparas de petróleo. Y decía que a ellos los habían

---

[1] **no . . . aún** less than three hours before

pescado del mismo modo y que para evitar que se les cerrase del todo el cuello de la bolsa había que aprovecharse de la noche, que en diciembre es larga, y que ya se venía a grandes pasos, negra y sin luna. Entonces, los hombres se repartieron el material y se diseminaron en grupos reducidos. El grueso del ejército 5 quedaba sólo a seis kilómetros. A favor de la oscuridad, y con un poco de maña, no sería muy difícil alcanzarlo.

En todas las guerras del mundo—pensó Domingo—tiene que ocurrir así. Se conquista, se abandona, se reconquista, se vuelve a dejar . . . Es forzoso, puesto que la tierra es siempre igual de 10 grande, y lo que de aquí se toma es menester que de allí se deje. (Esta forma de razonar, tan inocente, era lo que asombraba a cuantos le conocían. Sin duda que había sido por eso por lo que le pusieron aquel remoquete de *Simple* que le mortificaba tanto. Domingo *el Simple*, decían las buenas gentes cuando le oían 15 sacar esas consecuencias de los hechos. Y algunos le tenían su poquito de conmiseración).

Domingo apoyó el fusil en tierra y respiró todo lo hondo que pudo. El aliento se congeló en el aire como una pelota de humo. Sin embargo, a pesar del frío, el sudor le afloraba en las sienes y 20 como el capote le embarazaba la marcha y le daba sofoco, se lo abrió y dejó que el frío se le colase por la guerrera. Por lo avanzado del crepúsculo se podría calcular que llevaba a lo menos una hora tratando de restablecer contacto con su grupo. Una hora de marcha angustiada, y todo por la cosa más tonta del 25 mundo. No había tenido más remedio que quedarse aparte, rezagado, para cumplir la más humilde de las necesidades humanas. Cuestión de poco. Sin embargo, al ir a reunirse con los otros, éstos habían desaparecido. La montaña se los había tragado. Durante cierto tiempo estuvo andando de un lado para 30 otro, dando voces aquí y allá, retrocediendo, avanzando, sin saber qué dirección debía seguir. No conocía la sierra y la luz, mientras tanto, menguaba; se hacía grisácea, opalina. Las formas se desagregaban rápidamente . . .

(Cuando había alegado su cortedad de vista, al pasar la 35 revisión, el capitán médico se había echado a reír de su simpleza y le propinó unas palmaditas en la espalda: "Eso no es nada, mozo. Es rara la persona que ve perfectamente y si por un defectillo cualquiera iba uno a salvarse de cumplir su deber, arreglados estábamos . . . A ver, ¿qué número hay en ese 40

almanaque . . .? ¿Lo estás viendo, hombre? Estupendo . . ." Le había dejado corrido. Los otros le miraban con sorna, y se daban con el codo: un vivo que se quería emboscar. Entonces él ya no se atrevió a mentar las gafas y se dijo que, a lo mejor, eran
5 suposiciones suyas y aprensiones lo de tener la vista floja . . . El hecho llegó hasta la vecindad, y la gente se estuvo riendo a su costa varios días).

Cuando fuese a casa en la próxima ocasión y le hiciesen hablar los conocidos, se guardaría muy mucho[2] de contar esta nueva
10 aventura . . . Una oleada de indignación le subió hasta la cabeza. Ellos sí que eran unos emboscados. Ellos, que pretendían achacar al miedo todo cuanto le había sucedido. —El miedo, que se te metió en el cuerpo y te revolvió las tripas. Eso es, el miedo. El miedo . . . La historia, pervertida, recorrería todo el barrio;
15 hasta don Genaro, el dueño de la imprenta, se rascaría la calva y repetiría riéndose: —"Ese simplón de Domingo, ¿habéis visto qué cosas le pasan . . .? Si no fuera porque, en medio de todo, es trabajador, y honrado[3] . . .".

Se agrupaban las nubes; se amontonaban. Flotaba la noche
20 de ellas como un calamar que arrojase su tinta, enturbiándolo todo. Domingo amusgó los ojos y trató de orientarse. Su furor se había calmado. Era siempre así: una burbuja de rabia que le estallaba en la sangre, resolviéndose en aire y en olvido.

Después de reflexionar un rato, le pareció que la carretera
25 tenía que estar en la dirección que iba siguiendo. Si los recuerdos no le fallaban era preciso que estuviese allí. Lo único que le alarmaba era la distancia. ¿Cuánto había andado ya . . .? No lograba establecer un cálculo. Allí, las distancias eran puro engaño.[4] Conforme se iba uno acercando a un sitio determinado
30 parecía como si éste retrocediese a su vez. Los robles, los chaparros, los pinos, entremezclados, ensombrecían las trochas y veredas. Surgían, retorcidos, entre las quebraduras. Otras veces, espesas marañas de matorrales semidesnudos, tiznados—igual que si hubiesen ardido—se enredaban en las piernas y cerraban el paso.
35 Las botas rechinaban entonces en esa oscuridad verdosa, aceitu-

---

[2] **muy mucho** *This rare construction is equivalent to an emphatic* very *here. Alternate usage would be* **muy bien.**

[3] **si . . . honrado** if he were not, in spite of everything, such a good worker and so honest

[4] **eran . . . engaño** were very deceiving

nada, casi negra, como si fuesen los pasos de otra persona. De vez
en cuando, el corazón daba un vuelco y se paraba un segundo,
bruscamente: era la precipitada carrera de algún animalejo que
huía de la presencia humana, y que se abría paso agitando las
matas . . .   5

Por fin, al llegar a una calva, en una altura, divisó una especie
de río plomizo, sinuoso, que aparecía y desaparecía entre los
flancos de los cerros, como trescientos metros más abajo. Domingo
sintió un alivio. El nudo que se le había formado en la garganta
se le desató de pronto: estaba salvado.   10

Por la carretera avanzaba una oruga de color pardo. Domingo
se detuvo al lado de una peña, preguntándose qué podria ser
aquello. De vez en cuando, subía un ruido sordo, de camiones.
A pesar de la oscuridad se les podía distinguir aún, igual que   15
bultos que avanzasen despacio, con los faros apagados. Aquello
tenía todas la trazas de una columna en movimiento.

Domingo se guareció tras el peñasco por puro instinto. Fue un
movimiento automático, como un reflejo creado por varios meses
de guerra. (El enemigo ha ocupado ya la carretera—se dijo—.   20
E inmediatamente, aquella palabra le hizo sentirse en peligro).
El enemigo . . . el enemigo . . . Uno se había ido habituando poco
a poco. Los partes la lanzaban al espacio varias veces cada día.
Corría impresa desde hacía muchos meses y él recordaba muy
bien la primera vez que había compuesto esa palabra en la   25
imprenta del señor Barbosa . . .

(Pocas noches antes, cada cual se había ido a acostar como de
costumbre. Después de charlar con las mismas gentes de siempre,
después de haber saludado a los mismos conocidos de siempre.
Pero unas horas más tarde, al levantarse, todos tuvieron la   30
impresión de que algo se había transformado. El mismo aire no
era igual que otras veces: parecía abrasar, como un soplo de
calentura. Un aire hinchado, por el que cruzaban olores de
carnicería, de matadero. Un olor como el que exalta a la muchedumbre cuando atraviesa los corredores de la plaza de toros para   35
ganar sus asientos. Las radios, apostadas en las esquinas, aullaban.
Y los hombres empezaron a esconderse los unos de los otros, y
cada cual a andar al acecho. Una tarde, habían entrado a
inspeccionar la imprenta y, al verle, se encararon con él: —¿Y
tú, cómo piensas? Don Genaro, que estaba en mangas de camisa   40

y que iba a cada instante al botijo para echar un trago, terció:
—"A éste dejármelo en paz, hombre; o es que no le conocéis
de sobra y no sabéis que ni le va ni le viene en todo esto[5] . . ."
Los tres hombres cambiaron una mirada. Uno de ellos acariciaba
5 el cañón del fusil, como a un perro, y en las pupilas le llameaban
dos ascuas. —"Pues sí que tenéis también unas cosas[6] . . ., ¿qué
queréis que vaya a pensar el pobre diablo?" Los tres hombres
cambiaron una mirada entre sí y sonrieron. Al ver que salían,
don Genaro lanzó un suspiro y se restregó el pañuelo por la cara.
10 —"Por esta vez, ya puedes estar agradecido al mote que te enoja
tanto; te ha ahorrado unas cuantas pejigueras . . . Anda, anda
y ve a llenar la botija otra vez. No sé qué me pasa que no hay
nada que me quite la sed esta tarde . . .").

Domingo se había alejado con precaución. Una llovizna sutil
15 flotaba en el aire Calmado el viento, los nubarrones formaban
una bóveda sulfúrea, plomiza. Domingo se abrochó de nuevo el
capote y se caló la gorra. Era preciso reanudar la marcha en
otra dirección. En la carretera no había ya que pensar . . . Sin
embargo, nada más tomada la decisión le pareció absurda.
20 ¿Hacia dónde iba a ir . . .? ¿cuál podía ser la situación de las
posiciones . . .? Caminar o estarse quieto en un sitio, esperando,
venía a ser lo mismo. Pero, esperar ¿qué . . .? Esperar que sucediese algo, que algo se produjese hoy, mañana, los días que
siguen . . .

25 Arreciaba la lluvia. Domingo hizo un cuenco con ambas
manos y sorbió unas gotas. Sentía la boca áspera, acartonada. La
tierra empezó a ponerse barrizosa. Una red de hilillos de agua
serpeaba entre los guijarros y los sarmientos. Entonces buscó
refugio bajo un chaparro, del que salieron, graznando, cuatro o
30 cinco picazas.

Se desplegaban las nubes, inmensas, oscuras, a ras de las
colinas. La luz agonizaba con estertores opacos, lechosos,
mientras el agua corría sus cortinas ondulantes una tras otra.
Domingo sintió como si se hiciera el vacío a su alrededor. Los
35 seres vivos se escondían de su presencia; la naturaleza se ocultaba
a su vista. Agazapado bajo el chaparro, con el fusil protegido por
el capote, estaba completamente solo. Lo mismo que un intruso

---

[5] **ni . . . esto** he is not at all concerned in any of this
[6] **Pues . . . cosas** Well, you people are certainly out of your mind

que hubiese violado la ley que allí regía a lo largo de los siglos, y cuya continuidad no volvería a establecerse hasta que se hubiera marchado.

("Márchate—escuchó—, tu presencia es un absurdo aquí". "¿Qué has venido a hacer a este sitio? ¿Qué esperas . . .?" Y 5 bastaba que pretendiese coger una brizna para que toda la hierba desapareciese. A una mirada suya, los pájaros alzaban el vuelo y sus negras bandadas se hundían, como flechas, en el infinito. "Siguiendo el plan establecido—se puso a aullar un hombre—, se han rectificado nuestras líneas . . ." De una charca 10 asomó una rana y se puso a escuchar, con los ojos saltones y la papada batiéndole como un corazón. —"Después de una operación brillante, el enemigo ha sido desalojado de las posiciones que ocupaba . . ." Las montañas extendieron sus alas, cerrando el horizonte. Parecían cuervos inmensos a punto de desenraizarse 15 de la tierra para echarse a volar. "Ha quedado en nuestro poder más de un centenar de muertos . . ." El eco se perdió a lo lejos; centenar . . . centenar . . . muertos . . . La rana dio un salto y se puso a croar. Luego, el monte sacudió las alas, con un ruido hueco, que hizo que la tierra se estremeciese . . .).   20

Domingo dio un cabeceo brusco y abrió los ojos con sobresalto. La noche había cerrado ya. El aire vibraba. Apresuradamente, se incorporó y trató de darse cuenta de lo que sucedía. Era el fragor de la guerra, que comenzaba de nuevo. Hacia su izquierda, los resplandores del cañoneo empurpuraban el aire, igual que una 25 aurora boreal en el que fulguraban, a veces, relámpagos más deslumbrantes. Los hombres celebraban la fiesta de sus muertes con la solemnidad de un rito mágico, entre el estridor y el fuego.

El frente debía trazar una línea quebrada, fluctuante. A veces, más a la derecha, brillaban también algunos resplandores y no 30 era posible saber con exactitud en qué zona se encontraba. Las pocas estrellas que empezaban a mostrarse entre la nubarrada destejida permitían distinguir, a lo sumo, la masa negra de un peñasco, la sombra de un árbol . . . Domingo recorrió el lugar y vio, más abajo de donde se encontraba, una mancha más clara, 35 como un arenal . . .

Se acercó tanteando cada paso. A cada instante, se detenía para escuchar. Cuando el fragor disminuía, era posible distinguir los rumores más inmediatos: el rodar de una piedra, el crujir de una rama, el agua, goteando desde los árboles.   40

Conforme se iba aproximando, la mancha se reducía, se delimitaba. Hasta que adquirió la forma de un camino. Un camino de grava y arena.

Domingo se quedó inmóvil un rato. Aparte del estruendo que venía de la izquierda no se percibía ningún ruido extraño. Al llegar al camino, la grava crujió bajo sus botas, rechinante. Había dos relejes, como si aquel camino sirviera a los carros y, un poco más adelante, en un cruce, una silueta alta como de un poste del telégrafo. Siguiendo el tendido—pensó—le sería fácil orientarse. La grava rechinó otra vez y, de pronto, sonó una voz dando el alto.

Domingo sintió una sacudida en todo el cuerpo. Aquella voz humana le dejó clavado en donde se hallaba, sin atreverse a respirar. Con un esfuerzo trató de adivinar de dónde había podido venir aquella voz, lo mismo que el animal que olfatea la fiera enemiga e intenta saber por dónde ha de llegar. El sitio parecía solitario, deshabitado. Las estrellas brillaban cada vez más numerosas y el poste del telégrafo proyectaba sobre la tierra una sombra difusa, que se disolvía cuando se la miraba en una fosforescencia violácea.

La voz volvió a sonar, más fuerte, o más cercana, esta vez. Al mismo tiempo flameó un fogonazo, seguido de un silbido. Domingo sintió una quemadura en la cara y se echó a tierra. Sus palabras se ahogaron en medio de un fuego general. Una granizada de balas desgarró el aire, rebotando contra las piedras, incrustándose en la madera del poste, levantando minúsculos y fugaces surtidores de tierra en el camino. Se había cuajado la noche de ojos sanguinolentos que guiñaban en la oscuridad. Y los fusiles parecían dirimir entre sí una disputa nerviosa, asustada.

El tiroteo duró unos momentos todavía y, luego, empezó a amainar. Las ráfagas, intermitentes, raudas, parecían los espasmos que siguen a una gran fatiga, hasta que terminaron en disparos sueltos, diseminados por aquí y por allá, como salpicaduras de fuego.

Al cabo de un rato se oyó una voz:

—Oye, ¿te han respondido?

—No, ¿y a tí?

—Tampoco.

—¿Has visto tú algo?

—Un bulto, ahí más adelante.

—Sería mejor hacer un reconocimiento.

—Eso me parece. Por lo que pudiera ser . . .

—¿Vamos allá . . .?

Tres sombras se acercaron por el camino cautelosamente. Al llegar cerca del poste, una de ellas lanzó una exclamación.

—¡Quietos!

—¿Qué sucede?

—Hay algo allí . . . ¿no lo veis?

—¡Chisst! Callaos . . .

Cuchichearon entre sí. Se oyó un ruido en los cargadores; el fulgor de una estrella bruñó el cañón de los fusiles. Una de las sombras se apartó del grupo, avanzó y se aproximó hasta donde estaba el bulto. Luego hizo signo y las otras dos se acercaron a su vez.

—Mirar . . .

—Es uno de ellos . . .

—¿Estará solo?

—Eso parece.

—Un saboteador, entonces.

—El hijo de perra . . .

—¿Está muy herido?

Una de las sombras removió el bulto con el pie; luego, alzó uno de los brazos con el cañón del fusil y los dejó caer por su propio peso, desde lo alto.

—Éste ya no dará más trabajo. Para la primavera, criará malvas.

El cañón, desde lo lejos, hacía vibrar la noche.

La noche temblaba lo mismo que un inmenso cristal.

PREGUNTAS

1. ¿Cuándo había llegado la orden?
2. ¿Cuál era la orden?
3. ¿Por qué son los términos técnicos igual que una clave?
4. ¿En qué es la guerra como la medicina?
5. ¿Qué pasó al conocerse la orden?
6. ¿Cómo se arregla al miedo?
7. ¿Qué había sido el avance del día anterior?
8. ¿Qué le recordaba a Domingo todo esto?

9. ¿De qué se puso a hablar un soldado de la costa?
10. ¿Qué hicieron los soldados que habían hecho el avance?
11. ¿Por qué le habían puesto a Domingo el remoquete de "el Simple"?
12. ¿Cuánto tiempo hacía desde que perdió contacto con su grupo?
13. ¿Qué hizo durante cierto tiempo?
14. En la revisión ¿qué reacción tuvo cuando alegó cortedad de vista?
15. ¿Por qué se guardaría de contar esta nueva aventura a los conocidos?
16. Después de reflexionar un poco ¿qué le pareció?
17. ¿Por qué engañaban las distancias allí?
18. ¿Adónde llegó por fin?
19. ¿Qué divisó desde allí?
20. ¿Qué avanzaba por la carretera?
21. ¿Dónde se guareció Domingo?
22. ¿Qué importancia tenían para él las palabras "el enemigo"?
23. ¿Dónde trabajaba Domingo el Simple cuando estalló la guerra?
24. ¿Qué cambios pudieron notarse de la noche a la mañana?
25. ¿Qué pasó una tarde?
26. ¿Qué salvó a Domingo esa tarde?
27. ¿Qué problemas le preocuparon después de ver la columna enemiga en la carretera?
28. ¿Dónde buscó refugio de la lluvia?
29. ¿Por qué se sentía como un intruso?
30. ¿Qué despertó a Domingo?
31. ¿Era posible distinguir objetos?
32. ¿Qué rumores se oían?
33. ¿Qué resultó ser la mancha que había visto desde arriba?
34. ¿Cómo era el camino?
35. ¿Qué sonó de pronto?
36. ¿Qué sintió Domingo?
37. Después de sonar la voz la segunda vez ¿qué pasó?
38. ¿Qué sintió Domingo y qué hizo?
39. ¿Qué pasó entonces?
40. ¿Qué se oyó al cabo de un rato?
41. ¿Qué decidieron hacer los soldados?
42. ¿Qué exclamó uno de ellos?
43. ¿Qué había visto?
44. ¿A quién habían encontrado?
45. ¿Cómo se aseguró el soldado de que "el enemigo" ya no daría más trabajo?

Francisco Alemán Sainz

MURCIA; 1919

La actividad literaria de Alemán Sainz se desparrama por todos los géneros de la prosa. Ha escrito biografías. En *Saavedra Fajardo y otras vidas de Murcia* no sólo dio nueva vida a aquel personaje real del siglo XVII, sino que inventó la biografía de una escritora del siglo XVIII. En *Gálvez, Tornel, Maestre* exhibió una galería de biografías del siglo XIX.

Ha escrito teatro: *Tres actos libres.*

Ha escrito trabajos de crítica literaria, casi todos ellos sobre las formas más populares del género narrativo: *Un personaje famoso de la literatura: Sherlock Holmes, Teoría de la novela del Oeste, La aventura y su expresión, La razón maquinante o la novela de folletín, Presencia de la novela rosa, Determinación de la novela policiaca.*

Y ha escrito novela y más de cien cuentos. Cincuenta de estos cuentos fueron recogidos en dos colecciones: *La vaca y el sarcófago* (1952) y *Cuando llegue el verano y el sol llame a la ventana* (1953).

Como no sólo hace literatura, sino que la estudia y piensa los problemas técnicos de la narración, Alemán Sainz, con toda conciencia, ha podido definir sus teorías de la ficción:

"Hay escritores a quienes el suceso se le presenta dinámicamente, y su expresión es la novela. Hay otros escritores a quienes el suceso se les aparece en forma discontinua, y su expresión es el cuento." "Pienso que la

169

literatura está perdiéndose a través del documento. Se hace una literatura notarial, sin magia ni sorpresa. Una mujer que va por la calle puede llevar un vestido, unos ojos, un sombrero y un papel en la mano, pero lleva un corazón y una esperanza. Puede estar preocupada por el alquiler, pero también piensa en un lejano amor y en una música." Es decir, que lo que a Francisco Alemán Sainz le interesa de la realidad son las posibilidades que ofrece a la imaginación, la magia que de pronto se nos presenta en forma de un carácter o de una situación inesperada. Construye sus cuentos en prosa clara, con clásica estructura. Su buen humor se ha buscado un tipo de frases que, precisamente por ser juguetonas, recuerdan las ingeniosidades que primero en Ramón Gómez de la Serna, después en los escritores de la generación de Benjamin Jarnés, convirtieron la literatura en una Olimpiada donde cada metáfora aspiraba, atléticamente, a batir un "record" de fuerza y velocidad imaginativas. No exageremos. La imaginación de Alemán Sainz no es tan desbordante. Su lirismo no es tan osado. Su ingenio verbal no es tan brillante. Podría ser que no le faltaran a Alemán Sainz estas cualidades, sino que él, a diferencia de aquellos antecedentes que hemos mencionado, prefiere contar y, por lo tanto, obliga a sus frases a someterse a la disciplina que le imponen los intereses del relato. Como quiera que sea, trabaja su prosa más que la mayoría de los narradores de su edad y, al narrar, evita las situaciones obvias. Parecería que su actitud es la de divertirse escribiendo. Deforma las cosas, no porque su alma esté profundamente torturada por una filosofía desolada y trágica, sino porque le divierte verlas reflejadas en la superficie de un espejo burlón. En otras palabras, no es uno de esos escritores "angustiados", tan frecuentes en la literatura de los últimos años, sino que, al contrario, narra aventuras con un aire jovial, casi deportivo. Por ejemplo: la situación de "La tarde limita con la muerte" —uno de los cuentos de *Cuando llegue el verano y el sol llame a la ventana de tu cuarto*—es aparentemente trágica. El cobarde Gabriel—cobarde a pesar de ser un pistolero—cree que lo persigue la policía. Han asesinado a un periodista. Él, Gabriel, no fue el asesino, pero fue uno de los asaltantes. Vencido por el miedo, se suicida. la situación, decimos, es aparentemente trágica, pero Alemán Sainz juega con ella y el desenlace es más grotesco que patético.

La tarde limita con la muerte

Gabriel se puso la gabardina, y le levantó el cuello. Tomó de la mesilla de noche un paquete de cigarrillos, abrió la puerta del cuarto, bajó la escalera y salió a la calle. La mano izquierda subió instintivamente a la altura de la parte izquierda del pecho. Sí, llevaba la pistola, Gabriel era un cobarde. Malo o bueno, 5 pecador o arrepentido, era así. Todavía no tenía un muerto sobre su conciencia, pero sí en su imaginación. Desarrollaba toda la acción; la preparación para el delito se cumplía, pero no lo llevaba a término por miedo.

Había creído en Dios, y quería olvidarlo. Dios le estorbaba, 10 pero no podía suprimirlo, lo evitaba mentalmente, eliminándolo. Pero siempre volvía Él a su memoria. Recordaba las iglesias de su niñez, con la madre cerca empujándole hacia un altar lleno de cirios encendidos.

Desde la ventana de la habitación había visto que un hombre 15 se paseaba por la acera. Iba por él.[1] Pero ¿qué había hecho? No podían acusarle de nada. No podían. ¿Qué había hecho? Decidió salir a la calle. Huir. Ya en la calle se acordó de que no había apagado la luz de la habitación. ¿Subiría a apagarla? No. Así era mejor, que quedase encendida. Nadie pensaría que 20 había salido.

Un coche parado junto a la acera tenía la radio conectada. Tocaban una melodía suave, muy sentimental, a bordo de un gran piano. Durante un momento la melodía hizo que se olvidase

---

[1] **Iba ... él** He was waiting for him

de todo, hasta de la pistola. Pero, conforme fue alejándose y se perdía la música, el temor le asaltaba con más fuerza.

¡Ese hombre! ¡Ese hombre! Si volvía la cabeza, el otro pudiera darse cuenta de que estaba enterado de la persecución. No, no 5 volvería la cabeza. Eso quisiera el perseguidor. Quizá solamente sospechara de él. Gabriel no había sido.[2] Podía jurarlo por todo, por lo más sagrado si fuese necesario. Pero no le creerían. Eso era lo peor. Dirían: "Pruébelo usted." Pero hay cosas que no pueden probarse.

10 Iban dos. "Tenéis que ver a ese tipo del periódico. Si insiste en seguir escribiendo sobre el asunto, ya sabéis lo que tenéis que hacer." Iban dos. Y les habían dado una orden.

Los dos fueron a buscarlo. Pero Gabriel no disparó. Ante la negativa de dejar de escribir sobre el tema que se le prohibía, el 15 otro sacó la pistola y disparó sobre el periodista. Cayó muerto, sin decir una palabra más. A Gabriel le dolió el estómago. Esto no se podía presentar como una prueba. Un dolor de estómago no quiere decir gran cosa.

El otro había ido a esconderse, y Gabriel también había 20 buscado un escondrijo. Estaba preocupado. No podía seguir allí, pensando que podían encontrarlo y acusarle del crimen.

Ahora miraba a todos lados. Escrutaba los rostros con detenimiento y disimulo a la vez, pero nunca volvía la cabeza para mirar atrás. Había que estar alerta para no ser sorprendido. 25 ¿Y qué si era sorprendido? Sabía que no dispararía, que la pistola se le caería de las manos. Todos los ruidos, todas las miradas creía que se dirigían a él, le penetraban dolorosamente. Parecía como si el mundo fuera distinto al de hacía dos semanas y fuese arrancándole la piel lentamente.

30 "Yo soy responsable de la muerte de ese hombre"—pensaba Gabriel—. "La he consentido. He participado. Tengo que aceptar mi parte de responsabilidad en la muerte de una parte del mundo. No puedo decir: No quise. No sabía. Ha muerto un hombre encañonado por mi pistola. El fuego no ha salido de ella, 35 pero su ojo lo miraba."

Había roto una vida, y eso no tenía arreglo. Se rompe una silla y puede arreglarse. Se derriba una casa y puede volver a levantarse igual. Pero una vida que se rompe no tiene arreglo. Una

---

[2] **Gabriel . . . sido** Gabriel had not done it

vida que se derriba no puede levantarse de nuevo igual a la que ha caído.

Iría a casa de Rosa y se lo explicaría todo. ¿Explicarle, qué? No podía explicar nada. Rosa no le creía. Era desconfiada, siempre había sido desconfiada. La madre no quería que fuese con él. [5] "No es bueno"—decía. Aquel individuo del sombrero marrón parece que le miraba en el reflejo del cristal de un escaparate. Ya eran dos a vigilarle. Encendería un pitillo con cuidado a ver si alguno se acercaba. Luego, si se acercaban, sacaría la pistola. No, sabía que no iba a disparar. Pero esto solamente lo sabía él. [10] ¿Cómo iba a probarlo? Una pistola se lleva para algo.

Siguió la acera. El pitillo le sabía mal. Un barro espeso se le estaba formando en la boca. ¿De dónde pudo salir aquella saliva pegajosa? Debía llevarla dentro desde su nacimiento, como una señal. Odiaba este barro, la fuerza de este barro que, una vez [15] seco y extendido, podía paralizarle, y que quizá estuviese hecho de gestos triturados y de palabras que no habían sido pronunciadas. El barro espeso se le formaba dentro de la boca. ¡Si pudiera beber un poco de agua! Ahora no iba a pararse a beber agua. Tenía que ver la forma de que perdieran el rastro.[3] Quizá [20] si entrase de pronto en una entrada y dejara pasar al que le perseguía, como había visto que lo hacían en el cine.

Apretó el paso. Al volver una esquina, dio un salto y se metió en la sombra de un portal. Esperó un rato. Alguien pasaba y seguía adelante. Ya estaba libre. No quiso asomarse, por si le [25] veían.

Empezaba a sentirse dominado por el pánico. ¡Si Dios quisiera perdonarle, si hiciera un milagro! Pero no había milagro. Deshizo el camino. Estuvo andando casi una hora, fumando cigarrillos, a ver si perdía aquel sabor desagradable que [30] tenía en la boca. Escupía con saliva blanca y espesa. Llegó a una parada de autobuses. Llegaba uno, subió a él. Iba casi vacío. Una chica rubia miraba un periódico ilustrado. Un guardia liaba un cigarrillo. ¡Si él supiera! Tuvo un momento de cinismo. Se sentía superior a todos aquellos seres que se sentaban en el [35] autobús.

Pero fue sólo un momento. De repente el autobús fue acortando la marcha y frenó. ¿Qué ocurre? ¿Qué ocurre? Era una parada,

---

[3] **Tenía ... rastro** He had to figure out a way to throw them off the track

la siguiente a la que había tomado. Subían otros viajeros, no muchos.

—Lleve usted cuidado—le dijo una mujer.

Gabriel se volvió rápidamente, con voz turbia:

5   —¿Qué es?

—Va usted a quemarse la gabardina si no lleva cuidado con las brasas del tabaco.

—¡Ah! Muchas gracias.

—De nada.

10   Menos mal. ¡Qué mujer tan simpática! No la conocía, no la había visto nunca, pero en un instante le había tomado afecto. Daba gusto que los semejantes fueran así, tan amables, tan cordiales. "Lleve usted cuidado, porque la brasa del tabaco puede quemarle la gabardina." ¡Si todo el mundo fuera así!

15   El cobrador le dio a Gabriel su billete, y Gabriel pagó también el de la mujer.

—Es usted muy amable. Muchas gracias.

Ella pensaría que era muy fino, muy amable. Quizá quisiera que su hijo fuera como él.

20   Habían llegado. En la calle había muy poca gente. Había un hombre con un sombrero marrón y un abrigo mal cortado. Ya estaba allí aquel tipo. ¿Cómo pudo saber que llegaría en el autobús? Se dio cuenta de que era la misma calle donde antes le dio esquinazo entrando en un portal. No había servido de nada.

25 El hombre se le acercó.

—¿Quiere darme fuego, por favor?

—Sí, Sí.

Sacó las cerillas y se las entregó. ¿Le temblaba la mano al dárselas? ¿Le temblaba? Creía que no. Siempre, desde niño,

30 había disimulado muy bien sus emociones. Entonces pensaba ser algo grande, odiaba la vulgaridad. No podía ser un hombre con los días iguales.[4]

—Muchas gracias.

—De nada.

35 No le había detenido. Debía ser una manera de confiarlo, de tranquilizarle. Pero no podía fiarse así porque sí.[5] Cada minuto que pasaba tenía más miedo. ¿Cómo podía tenerse tanto miedo?

---

[4] **un . . . iguales** an ordinary man
[5] **porque sí** because he wanted to

¿Cómo podía tenerse tanto miedo y no caer rendido al suelo?
Cada minuto que pasaba el miedo iba aumentando, aumentando.
Decidió esperar, a ver lo que ocurría. No huiría más. Eran cinco
días aguardando lo que pudiera ocurrirle; cinco días sin remedio,
mal alimentado, con un dolor de estómago impresionante.   5

Se paró ante un escaparate; podía ver al hombre reflejado, al
hombre aquel que le había pedido fuego. Alguien se acercaba a
este hombre. Se saludaban. Un saludo frío, cortés, casi de
trámite, cruzado entre personas que se ven a diario. Se dirigían
allí, a su encuentro.   10

¡No podía ser! El hombre del sombrero marrón había estado
muy amable al pedirle lumbre. No es así como se trata a un
sospechoso. ¿O sí es así?[6] Había que confiarle, que darle una
vaga seguridad. Pero Gabriel no se dejaría sorprender. No, no
le llevarían con ellos. No iría a la cárcel.   15

Sacó la pistola y, torpemente, se disparó en el pecho. Cayó al
suelo. Al ruido del disparo, los dos hombres que iban por la
acera se acercaron corriendo. A Gabriel todavía le quedaba un
poco de vida en los ojos, y vio al hombre del sombrero marrón
inclinarse sobre él, pero no le oyó decir con un gesto triste: 20

—¿Por qué ha hecho usted esto, muchacho, por qué lo ha
hecho?

Gabriel creía que se había salvado de algo. Pero no; estaba
condenado y no pudo decir nada.

PREGUNTAS

1. ¿Qué se puso Gabriel?
2. ¿Qué tomó de la mesilla de noche?
3. Una vez en la calle ¿adónde subió instintivamente la mano izquierda?
4. ¿Qué era Gabriel?
5. ¿Por qué tenía un muerto sobre la conciencia en su imaginación?
6. ¿Por qué quería olvidar que había creído en Dios?
7. ¿Podía hacerlo?
8. ¿Qué había visto antes de salir?
9. ¿De qué estaba seguro?
10. ¿Por qué no subió a apagar la luz de su habitación?
11. ¿Qué le hizo olvidarse de todo momentáneamente?

[6] **¿O . . . así?** Or maybe it is?

12. ¿Por qué no podía volver la cabeza?
13. ¿Qué haría él para probar que no había sido culpable?
14. ¿Cuál era la orden?
15. ¿Cuántos iban a cumplir la orden?
16. ¿Quién disparó sobre el periodista?
17. ¿Cómo reaccionó Gabriel?
18. ¿Por qué no se podía presentar esto como prueba?
19. Después del asesinato ¿qué hicieron los dos?
20. ¿Por qué no había quedado Gabriel en su escondrijo?
21. ¿Qué haría él si le sorprendieran?
22. ¿Por qué decidió que era responsable de la muerte?
23. ¿Por qué es serio romper una vida?
24. ¿Cuántos eran ahora a vigilarle?
25. ¿Qué se le estaba formando en la boca?
26. ¿Por qué no se paró a beber agua?
27. ¿Qué hizo al volver una esquina?
28. ¿A qué subió después de andar una hora más?
29. ¿Qué le dijo una mujer?
30. ¿Qué opinión tuvo Gabriel de la mujer?
31. ¿Quién estaba en la calle cuando llegó el autobús?
32. ¿De qué se dio cuenta Gabriel?
33. ¿Qué le pidió el hombre?
34. ¿Cómo respondió Gabriel a la petición?
35. ¿Cuánto tiempo había pasado escondido?
36. ¿Qué decidió hacer?
37. ¿A quién podía ver reflejado en el escaparate?
38. ¿Quién se acercaba a este hombre?
39. ¿Qué hicieron los dos?
40. ¿Qué hizo Gabriel? ʳ
41. ¿Qué creía Gabriel haber hecho?
42. En realidad ¿estaba salvado?

Francisco García Pavón

TOMELLOSO; 1919

El repentino auge del cuento en la España de los últimos años hace difícil hacer justicia a todos. Son demasiados nombres para que podamos incluirlos en nuestra antología. El dejar fuera a algunos cuentistas no implica, necesariamente, un juicio crítico desfavorable. A veces hasta es difícil conseguir sus libros. Nos felicitamos, eso sí, de poder presentar a García Pavón, quien, junto con José Luis Acquaroni, obtuvo el Premio de Cuento de la revista *Insula*, la más distinguida de Madrid.

García Pavón ha publicado novelas y cuentos. Su única novela larga es *Cerca de Oviedo* (1945), a la que siguieron novelas cortas: *Memorias de un cazadotes, Su vida con Jazmín, Permiso de verano* y *Los naturales hijos de la muerte*. Es autor de una *Antología de cuentistas españoles contemporáneos* (1959).

Entre sus cuentos, los de *Cuentos de mamá* (1952) y *Las campanas de Tirteafuera* (1955).

Cuentos de mamá son catorce cuentos de recuerdos infantiles, unos autobiográficos, otros no. A veces, en primera persona; a veces, en tercera persona. Sin embargo, todos tienen unidad: el sello que les da la clara inteligencia de García Pavón. Inteligencia no porque hable de cosas intelectuales, sino porque García Pavón, para ser fiel al mundo infantil que evoca, se pone, inteligentemente, en la perspectiva del niño y desde allí cuenta. Hay mínimas intervenciones del adulto García

177

Pavón en ese mundo infantil. Generalmente, intervenciones necesarias para que comprendamos que un niño veía sin comprender; o intervenciones suavemente irónicas, que nos hacen sonreír tiernamente ante el contraste de la manera que el niño tiene de ver y la realidad de las cosas.

Casi todos los cuentos presentan la vida infantil en un hogar bien acomodado de clase media. Sin embargo, hay sufrimiento: el sufrimiento del niño ante la muerte de la madre; o el sufrimiento ajeno—apenas adivinado—del aborto criminal de la sirvienta; o del castigo del cuatrero; o el sufrimiento ante el espectáculo de la sordidez, como la horrible escena del muerto en "La Chacha Ramona".

La observación puede ser realista; lo observado puede ser desagradable. Pero todo está envuelto en poesía. Prosa clara, pero con don de frase. Claridad aun cuando evoque la fiebre (v.gr., en "Sarampión").

El cuento que aquí seleccionamos describe una cosa familiar a los norteamericanos, una cosa tan norteamericana que, años atrás, cuando los Estados Unidos todavía no eran un país bien conocido por el mundo, era vista, en los rincones más remotos del planeta, como un símbolo de la industria norteamericana: el Ford, modelo T.

Sólo que, en este cuento, el Ford está visto con los ojos de un niño español, allá en los años de los veintitantos. Y en la España poco industrializada, poco técnica, el Ford no era sólo un lujo: era algo exótico, escaso, fabuloso. Repárese en la ternura con que la descripción va mostrando la belleza del Ford. No es un automóvil cualquiera: es como un querido animal doméstico, como una persona amiga. Las metáforas van animando la máquina hasta convertirla en un ser vivo, con sentimientos y deseos parecidos a los humanos. En los países rurales los niños sienten ante el Ford el mismo asombro, el mismo cariño que, en los países de gran desarrollo técnico, sienten por los caballos. Y, en efecto, hay en la historia de este Ford, desde que era nuevecito hasta que,

ya viejo, lo transforman en una camioneta, un esquema
narrativo parecido al de las historias de caballos, como
Black Beauty.

El Ford

Yo creo que cuando nací ya estaba en casa el Ford color verde
aceituna. Por las tardes de verano, en medio del patio, Emilio—
que era el chófer—lo lavaba con una esponja y una gamuza de
ésas que cuando se mojan brillan y están muy suaves, y cuando
están secas, se ponen duras como un cartón. La abuela también 5
ayudaba a lavarlo, porque quería que tuviese mucho brillo. Y
cuando ya estaba limpio y seco, quedaba en el centro del patio
brillante como un jaspe, dándole el sol en el parabrisas con
muchos reflejos, y en el tapón del motor, que era una mujer con
alas, niquelada, que mi tío la llamaba Victoria, y decía que era 10
de Samotracia, que es un pueblo de los que ya no están en el
mapa.

Estaba el Ford tapizado de cuero negro con botoncitos
redondos de vez en cuando, haciendo bullones. Y no tenía
cristales, sino celuloides de ésos con los que hacen las gafas de 15
juguete y las púas de tocar las bandurrias. La bocina era muy
hermosa, con la pera negra y tan gorda que yo no podía abarcar
con la mano, y para tocarla tenía que tirarle pellizcos... y su
forma me recordaba una cosa que no quiero decir. La trompeta
de la bocina era muy larga y niquelada también, y sacaba un 20
sonido muy señor, al decir de mi tío. También tenía el Ford un
claxón, que era un botón que estaba debajo y a la derecha del
volante, y al apretarlo sacaba un sonido bronco..., como si
carraspease un hombre gigante. El volante era negro-azulado,
bien redondo y suave; y debajo tenía dos varillas blancas que 25
cuando se bajaban o subían hacían que el motor aprestase
mucho. Tenía también el auto aquel, tres pedales muy altos, un
botón para arrancar, que era como un ombligo sacado, y un
freno que el tío decía ser muy duro... Lo que menos me gustaba
del Ford era la manivela, demasiado fina, y siempre colgante 30
como el rabo de un perro.

Cuando se ponía en marcha, comenzaba a retemblar un poquitín todo él, y hasta no acostumbrarse, [1] parecía que era uno el que tiritaba. Y eso sí, al arrancar, y cuando el tío le bajaba y subía aquellas varillas doradas de debajo del volante, soltaba el
5 demonio del auto unas pedorretas muy graciosas que asustaban a las mulas y a los caballos.

En junto, la vista del Forinche era simpática. Era más bien alto y fino, como los chicos de quince años, o las potrillas, o los buches, o los galgos jóvenes. Y yo no sé qué compostura tenían
10 los asientos y los respaldos, que desde fuera, los que iban detrás parecían demasiado tiesos, como si llevaran corsé o fueran sentados sobre el borde de alguna cosa. Por la trasera tenía un cristal grande y cuadrado, que era por donde los que se iban decían el último adiós con la mano . . ., y en este cristal había
15 puesto mi tía un monito de lana colgado de un cordoncito, que iba siempre bailando cuando el auto marchaba, y si corría mucho, el muñeco se volvía loco de tanto zarandeo. La toldilla era brillante, negra, de cuero fino de zapato.

Cuando yo montaba en él para ir a la huerta o Argamasilla,
20 disfrutaba mucho viendo cómo se asustaban las mulas y los caballos, y cómo los carreros nos echaban maldiciones cuando pasábamos . . . Y también me gustaba el ver a los árboles quedarse atrás, y los perros que venían ladrando envueltos en una nube de polvo, hasta que se cansaban y quedaban parados,
25 meneando la cola y mirándonos con la lengua fuera, resollando y con los ojos vencidos . . . Y es que el hombre, por lo que inventa —como decía el abuelo—es el mayor animal de la creación y vence a todos. (No estoy muy seguro si decía "el mayor animal" u otra cosa parecida, pero yo lo entendía muy bien.)
30 Cuando atravesábamos la llanura a la caída de la tarde y el sol nos daba de frente, hacía tantos brillos en el parabrisas y en las conchas de las cortinillas, y en los niquelados, que parecía que íbamos metidos en una bombilla . . . y por ello todos nos poníamos la mano sobre los ojos y nos picaban las narices y estornudá-
35 bamos. Y si el sol nos daba de lado, brillaban mucho los pendientes y los collares de las mujeres, y la sombra del auto, muy raquítica y muy estirada, con nuestros cuerpos dentro muy largos y muy salidos, nos seguía todo el tiempo, sobre los surcos

---

[1] **hasta . . . acostumbrarse** until you got used to it

de la tierra, o los montones de piedras, o los árboles, o las fachadas de las casas . . ., subiéndose por ellas.

Cuando acabábamos el viaje, el Ford parecía cansado. Estaba lleno de polvo, echaba humo por el radiador, donde tenía la Victoria, y quemaba por todas partes. Si entonces, como solían, le echaban unos cubos de agua en las ruedas, el auto parecía agradecerlos y sentirse mejor . . .

Yo le tenía mucho cariño, porque el pobre Ford hacía todo lo que podía por darnos gusto . . . y, sobre todo, cuando le metían por barbechos y eriales para demostrar que era duro, el pobre cumplía muy bien, y con su paso borriquero y sus pedorretas, se saltaba todos los obstáculos como podía y sin quejarse jamás.

Cuando llovía, el pobre Ford también pasaba lo suyo: iba por barrizales y baches, con el parabrisas y las cortinas de concha cuajados de lágrimas; resbalando a veces, de barro hasta las puertas, pero sin pararse, como un valiente . . . Luego, cuando se quedaba en la cochera, a mí me daba lástima dejarlo tan solo, tan "custrío" de barro, tan derrotado.

Muchas veces oí contar en casa las dos grandes aventuras del Ford, que fueron cuando yo no había nacido o cuando era todavía muy tierno. La primera fue cuando, recién comprado, lo conducía mi abuelo, que como era muy nervioso y "de otros tiempos" (pues sabía conducir muy bien tartanas, tílburis y hasta jardineras de yunta), no guiaba bien el auto y chocó con un carro. Y ello le dio tanta rabia,[2] que se bajó, le dio una patada al pobre Ford y lo dejó solo en medio de la calle. Tuvo que ir mi tío a recogerlo, y desde entonces ya no condujo más el abuelo, pues decía que "aquello no era para él."

La otra aventura fue cuando el tío José y el otro tío y papá, en vez de ir a Manzanares para matricular el auto, se escaparon con él hasta Madrid y se corrieron la gran juerga. Las mujeres siempre contaban esto con cara de un poco disgusto, y ellos se reían mucho porque aquello había sido, "una hombrá." Y hablando de este percance fue cuando yo empecé a darme cuenta de que a las mujeres les gustan de los hombres las cosas que dicen que no les gustan, y de que los hombres, como lo saben, muchas veces hacen algunas cosas, no porque las deseen mucho, sino

---

[2] **Y . . . rabia** And he got so angry about it

porque saben que a las mujeres les gustarían, aunque luego digan que no. Y es que, como decía el abuelo, la mujer es un hombre a medio hacer . . ., o como decía Lillo: entre el "sí" y el "no" de una mujer no cabe un soplo de aire . . . Y lo que yo sacaba de todo esto es que las mujeres no son hombres, ni chicos, ni gatos, sino como las nubes, que no son nada y toman la forma de todo.

Mi hermanillo, al Ford le llamaba el "pabú," y es que lo que más le chocaba era la bocina. Muchas veces me preguntaba yo cómo le habría llamado al Ford si no tuviese bocina.

Mi hermanillo, siempre que iban a subirlo al Ford temblaba, yo no sé si de gusto o de miedo, pero luego, durante el viaje, ya no temblaba, aunque sí iba como soliviantado, con los ojos muy abiertos mirando a todos sitios y fijándose mucho en los trajines de mi tío, que conducía. Pero cuando se paraba el Ford, mi hermanillo parecía descansar y se bajaba de él con ojos más confiados . . ., pero al regreso, vuelta a temblar y vuelta a soliviantarse. Nunca conseguimos que se durmiese en un viaje.

Mamá montaba en el auto tranquila, pero con una cara de resignación, como diciendo: "¡Que sea lo que Dios quiera!" y cuando veía otro auto venir de frente, aunque disimulando muy bien, miraba hacia delante con un pelillo de miedo en sus ojos azules.

Mi tía y sus amigas, en cambio, iban en el Ford como en su casa: moviéndose mucho, riéndose y hablando a voces con mi tío . . . Hasta sacaban la cabeza por las ventanillas, miraban hacia atrás, cambiaban de sitio, se hacían cosquillas, o decían: "Venga, Pepe, más deprisa" . . . Mi abuelo iba en el auto muy serio y satisfecho y sin guiar—eso sí—, pero pensando para sus adentros que por aquel invento el hombre era el mayor animal de la creación, como él decía (o cosa así).

* * * *

Años después, en casa compraron otro coche más moderno, y el Ford lo vendieron a un alpargatero, que hizo de él una camioneta, porque "era un motor muy bueno." Pero yo, aunque el auto nuevo era mejor, cada vez que veía por la calle a nuestro medio Ford—pues el otro medio era carrocería—sentía bastante tristeza y se me despertaban muchos recuerdos buenos . . . Y entonces caí yo en la cuenta de que las personas mayores son menos cariñosas que los niños y que toda su ansia es tener cosas mejores.

PREGUNTAS

1. ¿De qué color era el Ford?
2. ¿Quiénes lo lavaban?
3. ¿Cómo quedaba cuando estaba limpio?
4. ¿Qué era el tapón del motor?
5. ¿Cómo estaba tapizado el Ford?
6. ¿Qué tenía en lugar de cristales?
7. ¿Cómo era la bocina?
8. ¿Qué cosa tenía semejante a una bocina?
9. Dése una descripción del volante.
10. ¿Cuáles eran los otros aparatos que tenía el Ford?
11. ¿Qué era lo que menos me gustaba del Ford?
12. ¿Qué pasaba cuando se ponía en marcha?
13. ¿Qué expresión daban los que iban detrás?
14. ¿Qué había puesto el tío en el cristal de atrás?
15. ¿Por qué echaban maldiciones los carreros cuando pasaba el Ford?
16. ¿Qué pasaba cuando el sol nos daba de frente?
17. ¿Qué impresión resultaba cuando el sol nos daba de lado?
18. ¿Cómo parecía el Ford cuando se acababa el viaje?
19. ¿Por qué teníamos cariño al Ford?
20. ¿Cómo iba cuando llovía?
21. ¿Cuál fue la primera gran aventura del Ford?
22. ¿Cuál fue la segunda gran aventura?
23. ¿Qué importante lección sacó el autor del cuento de este percance?
24. ¿Cómo llamaba el hermanillo al Ford?
25. ¿Cómo se portaba el hermanillo durante el viaje?
26. ¿Cómo iban Mamá, la tía y sus amigas y el abuelo en el Ford?
27. ¿Qué pasó al Ford años después?

Jorge Campos

MADRID; 1916

Licenciado en Historia, profesor de literatura, crítico, ensayista, Jorge Campos se ha distinguido sobre todo por su obra narrativa. La iniciación de su carrera literaria fueron tres cuentos recogidos, junto con otros tres de Manuel de Heredia, en *Seis mentiras en novela* (1940). Después publicó otros volúmenes de cuentos y novelas cortas: *En nada de tiempo* (1949), *Vida y trabajos de un libro contados por él mismo* (1949), *Pasarse de bueno* (1950), *El atentado* (1951), *Vichori* (1951), *El hombre y lo demás* (1953). En 1955 obtuvo el Premio Nacional de Literatura con *Tiempo Pasado*, editado al año siguiente. Es una colección de episodios basados en los años que el autor vivió en Valencia. La acción de todos ellos transcurre inmediatamente después de la guerra civil. El hecho de que los personajes de un cuento reaparezcan en otro contribuye también a asegurar la unidad del libro, en el que el lector oye como una protesta, una protesta no formulada en palabras porque ese mundo, precisamente, no consiente la expresión de la protesta. La manera de contar—propia de los libros de memorias—limita el vuelo de la fantasía. Después de todo las experiencias de todos los días no tienen el brillo y la compleja composición de los cuentos imaginados libremente. Pero, en cambio, las páginas de Campos nos dan una poderosa sensación de realidad. Desfilan por allí hombres humildes. Los vemos en la peluquería, en la taberna, en las calles. Con un

184

hecho, con un detalle, el autor evoca una situación muy humana. El tono es de ternura o de ironía. La prosa, aunque sencilla, suele encenderse en metáforas originales o avivarse con frases elípticas o rasgos impresionistas.

En *El hombre y lo demás* Campos nos había mostrado otro aspecto de su arte de narrador. No ya la realidad cotidiana, sobriamente descrita, sino la imaginación deformante, el sentido de lo grotesco, el gusto por situaciones raras y el deseo de sorprender: allí apareció uno de sus mejores cuentos, "El náufrago providencial."

Campos ve a los hombres sin hacerse ilusiones, pero siempre con simpatía. Sabe que son entes grotescos, generalmente fracasados, pero él fraterniza con ellos. En el fondo, porque él mismo—autor—se siente tan víctima como sus personajes del absurdo de la existencia. Sólo que su prosa—rápida y natural—no se queja de ese absurdo, sino que discurre con templanza, sin exclamaciones de angustia.

Campos, gran lector, no disimula quiénes son sus cuentistas favoritos: los americanos Edgar Allan Poe, por su modo de construir; O'Henry, por sus desenlaces inesperados; el Sherwood Anderson de *Winesburg, Ohio;* y también los rusos Chejov y Gorki. "Para mí—ha dicho Campos—el cuento tiene dos caminos, pero que no marchan separados, sino paralelos y entrecruzándose a veces. El de la imaginación y el que marca una atención al realismo."

El cuento que reproducimos aquí—"El atentado"— obtuvo una mención honorífica en el Concurso de cuentos "Hernández Catá," celebrado en La Habana, en 1949.

Con una prosa tan ordinaria que hasta cae en descuidos de estilo, Campos cuenta un hecho extraordinario: una premonición. El tema de la anticipación del futuro tiene en la literatura una larga tradición. Cada autor lo trata de una manera diferente. Hay quienes lo hacen en serio, es decir, como si creyeran de verdad en que es posible ver algo antes de que ocurra. Explican el fenó como un caso de percepción no sensorial o como un acontecimiento sobrenatural. Otros autores, más escépticos, se divierten con el tema de la premonición y prefieren jugar con él hasta convertirlo en una historia de pura fantasía. Es lo que hace Jorge Campos.

El atentado

Descendió del tren y quedó entumecido durante un momento, por el largo trayecto. Desde la ventanilla había intentado descubrir un rostro familiar en el rápido paso de caras anhelantes o alegres. Empujado por una maleta que le golpeaba en las corvas si se detenía, había recorrido el pasillo, y bajado al estribo, queriendo mirar todavía si entre aquellos rostros se destacaba el de su novia. Pero la gente que continuaba saliendo del vagón le empujaba, y tuvo que hacerse a un lado. Permaneció, quieto, al lado de la pared, esperando se disolviesen todos los grupos. Cuando se fue aclarando la muchedumbre, dejó la maleta adosada a una puerta, y aventuró una exploración. Inútilmente corrió de una a otra punta del tren, vadeando los grupos que se abrazaban o emprendían la marcha entre el vocear de mozos y arrastrar de carretones. Volvió a su lugar de partida, y pudo contemplar cómo apenas un grupito final se iba filtrando por las puertas de salida. Desesperanzado, inició lentamente su camino, cambiándose la maleta de mano, o deteniéndose en un inconsciente retraso. Maquinalmente apartaba a los mozos que se le ofrecían, y se halló solo en el amplio vestíbulo.

Ya en la calle, quedó indeciso, aturdido, sin saber qué hacer, mirando fijamente el puente que ofrecía su perspectiva ascendente tras una fila de gruesos árboles, esperando apareciese de un momento a otro la silueta de su novia. Mas al correr los minutos y no ocurrir así, buscó un teléfono y marcó su número. Hacía el viaje por verla, y para causarle mayor sorpresa sólo le había avisado en la noche anterior, con un telegrama. Su ausencia era incomprensible, y le causaba una extraña sensación de vacío, al hallarse en una ciudad que sólo conocía por rápidas visitas como ésta. Lo único que ofrecía visos de realidad es[1] que por cualquier extraño acontecer no hubiese recibido el telegrama. Y ya no tenía seguridad de si había escrito la dirección bastante clara, cuando le respondió la voz de una muchacha diciéndole estaban fuera los señores, y no volverían hasta el día siguiente. Así, pues, el telegrama había llegado, pero no había podido ser leído.

Volvió a la calle sumido en vacía indiferencia y se puso en manos de cualquier mozo,[2] que le condujo a una pensión. Se dio un baño, comió, y sintiéndose aliviado de su cansancio salió a dar un paseo por el camino del rompeolas que semicircundaba la ciudad.

Mas a pesar de la pausa con que caminaba, deteniéndose a contemplar el mar que oscilaba en manchas verdes y grises, en movimientos casi imperceptibles, hasta chocar violento en espumeante embate, era aún temprano cuando volvió a penetrar en la avenida central. Movido por un repentino impulso penetró en un establecimiento, y volvió a llamar a su novia, por si cualquier causa imprevista la hubiese hecho volver. Su fracaso le dio una mayor soledad y aburrimiento, renovándosele el cansancio físico de la llegada. Cerca de una hora dejó pasar contemplando indiferente los escaparates de tiendas de modas, y un gran almacén de objetos de música.

Inesperadamente, volvió a la orilla del río, y pensó repetir el paseo a lo largo de la carretera paralela al mar, pero se sentía más cansado a cada paso. Entonces recordó que por allí había un cine y decidió entrar. Sin mirar el programa compró una butaca, y pronto estuvo removiéndose en busca de la postura más sedante. La proyección estaba empezada, y lo que veía de ella no era suficiente para despertar su embotada atención. El cansancio del tren volvía a él, uniéndosele las sensaciones de soledad, aburrimiento, y un vacío temporal que la necesidad de llenar hacía abrumador.

Estaba a un tiempo nervioso y fatigado, deprimido materialmente, y con una excitación que no le había permitido pasar la tarde durmiendo en la pensión, por temor a una noche de insomnio. En la pantalla, una respetable comisión de damas y caballeros de pelo blanco estaban explicando a un sacerdote que

---

[1] **Lo ... es** The only thing that seemed likely was
[2] **se ... mozo** hired the first porter that came along

su ejemplar establecimiento para regeneración de golfillos tendría
que ser cerrado por falta de recursos. Por idéntico motivo, los
ojos de Dionisio empezaron también a cerrarse. El cansancio
predominaba sobre la inquietud. Al principio intentó mantenerse
5 despierto, prestando atención, pero el argumento, comenzado
en su mitad, no lograba dar unidad a los planos de un campo de
deportes, en que la cámara, siguiendo los pasos de los muchachos
y las trayectorias del balón, contribuyó a que se viera hundido
en un sueño profundo. De vez en cuando se sobresaltaba y
10 entreabría los ojos. Y las escenas de una asamblea de colegio, o el
Padre, junto a una camilla, animando a un inválido, venían a
mezclarse a las borrosas escenas de su sueño que tornaban a
situarle en el tren o en el andén de la estación.
   El rumor de la gente que se levantaba, y el brotar de una luz
15 rojiza en los ángulos del salón le despertaron. Una diapositiva
anunciaba el descanso, y él, pasándose la mano por los párpados
y adoptando una postura más vertical, dirigió furtivas miradas
a los lados, para descubrir si su sueño había sido advertido.
   Pero no le dio tiempo. La sala se entenebreció de nuevo, y unas
20 filas de letras ascendían, desapareciendo, cortadas, en el límite
superior de la pantalla, dando nacimiento a nuevos renglones,
que surgían del linde inferior:

Noticiario Nacional ofrece al público el sensacional y doloroso
acontecimiento de esta mañana. El trágico atentado de que dos perturbados
han hecho víctima al Enviado Extraordinario de Egipto ha causado
hondo dolor al país. Noticiario Nacional se asocia al duelo, lamentando
el luctuoso suceso, que ha sido recogido en sus menores detalles por
nuestras cámaras.

   Aquello reavivó su interés. Hacía cinco días que un especial
enviado plenipotenciario, llegado desde Egipto para establecer
25 importantísimos tratados comerciales, según se decía en la
prensa, o trascendentales pactos para la política futura del
Mediterráneo, según se rumoreaba en los cafés y redacciones,
recorría la capital. Había sido llevado a una corrida de toros, al
fútbol, a la Ciudad Universitaria. Había dado tres conferencias
30 en la Escuela de Altos Estudios Árabes—en un francés que no
había entendido nadie—y se le preparaba una visita a la
Alhambra, donde iba a pronunciar otra charla acerca de los
poemas escritos en sus muros. Aparte de eso, se hablaba de sus

reuniones con el Ministro del Exterior, y de que toda aquella
actividad externa no era otra cosa que la tapadera de su efectiva
misión. Su elegante figura, rematada por el tradicional fez, y su
rostro, orlado por corta y romántica barba, se habían populari-
zado en las portadas de las revistas ilustradas.   5

Dionisio prestó atención. La cámara había recogido una
panorámica de la Avenida repleta de gente. Luego una fachada
colmada de balcones, donde unas guapas jóvenes sonreían o se
ocultaban ruborosas tras la cabeza de una amiga ante el enfocar
del objetivo. Un árbol había sentido recubrirse sus ramas de   10
muchachos, que daban una agitada fronda a su tronco. Por fin,
aparecieron cuatro guardias a caballo, con blancos penachos de
gala en los aljofarados cascos. Después unas compañías de la
Milicia Tradicional, con su banda típica. Luego otros guardias
de gala, y a continuación el automóvil, donde la figura del   15
Enviado Egipcio se reconocía ya, sonriente, junto a un señor del
que sólo se advertía que era calvo y llevaba lentes. El tomavistas
comenzaba a girar, siguiendo al coche, que se acercaba.

El reportaje era mudo, y algo imperfecto, pero había en él una
palpitante veracidad que sobresalía de la uniforme exposición   20
bidimensional. Dionisio se sentía interesado, cuando se reflejó
el precipitado desenlace: Una figura, menuda, con gabardina,
rompió el cordón de soldados y se adelantó hacia los caballos
que caminaban ante el coche. Uno de ellos alzó las patas delan-
teras, y el jinete, al refrenarle, le obligó a girar hacia la derecha, 25
tropezando con el hombrecillo que perdió el equilibrio, cayendo
ante él. El incidente causó un pequeño entorpecimiento que
permitió a otro joven saltar desde los que contemplaban el desfile
al estribo del coche, y disparar repetidamente una pistola sobre
los ocupantes. La maciza figura del egipcio se abatió hacia atrás. 30
Su acompañante abría la portezuela para salir, cuando, desplo-
mándose sobre ella, cayó en el hueco entreabierto, quedando con
la cabeza pendulante sobre el enarenado piso. En pocos segundos,
se originó un remolino de confusiones. Los jinetes que seguían al
coche, caracoleaban, se dirigían hacia la muchedumbre que   35
retrocedía deformando su línea, o se agolpaban tratando de
acercarse al coche. La cámara indudablemente situada en algún
lugar alto emplazado ante el lugar donde se desenvolvía el
hecho, recogía con todo detalle el desconcierto, en que cada uno
obraba por su cuenta. Se vio a un oficial de a caballo disparar   40

contra el asesino, que quedó inmóvil sobre sus víctimas, mientras
el hombre derribado ante los caballos se ponía en pie, cruzaba
entre dos de ellos dirigiéndose hacia el coche, luego intentaba
huir, y, por fin, alcanzado a sablazos, desplomaba y arrugaba
5 entre los cascos la frágil gabardina que llevaba puesta.

La escena se cortaba aquí, e impresionó a Dionisio por su
punzante realismo. Como ya había pasado un largo rato, salió a
la calle, dirigiéndose a la pensión. El pavimento brillaba bajo los
faroles, las vendedoras de periódicos gritaban los títulos, que
10 cuidadosamente doblados, sobresalían de sus cestos. Compró uno
de ellos para completar con la descripción periodística la visión
general del suceso que tal impresión le había causado y, sobre
todo, por buscar la explicación de quiénes eran los dos autores,
y por qué motivos se habían lanzado al asesinato del ilustre
15 visitante.

Inútilmente abrió y miró el periódico por todas partes. La
primera plana la ocupaba el reportaje de unas regatas y la
colocación de una primera piedra. En la posterior, un hombre
de ciencia extranjero hacía públicas sus últimas investigaciones.
20 El resto de la página lo constituían comentarios locales sin apenas
importancia. Nada, por ninguna parte, hablaba del trágico
atentado.

Le extrañó. Y tanto más porque—sobresaltado desde la
neblina de su cansancio y de su sueño—la evocación tan realista
25 y cercana del suceso, tenía mucho de realidad. Más que espectador de una película, se recordaba contemplador real, como si
hubiese sido una de las chicas de los balcones o de los involuntarios
protagonistas, el acompañante del Enviado Egipcio, o un soldado,
o quizá más, un ser menos humano e incapaz de vivir la escena
30 totalmente, aunque ligado a ella con los lazos de la fatalidad, como
uno de los caballos de la escolta.

En la pensión, tras dos o tres frases triviales respecto al
tiempo, o su viaje, dio salida a su extrañeza, preguntando cómo
no decía nada el periódico respecto al atentado, y si se hablaba
35 mucho de ello en la población. Su intervención provocó un raro
asombro. Nadie sabía nada de tal atentado, lo que confirmaba
el silencio de los diarios. Insistió en hablar de él, y la sonrisa se
hilvanaba en los rostros de los compañeros de mesa. Entonces
contó lo que había visto en el noticiario, y la respuesta fue
40 absoluta: No solamente no se había producido tal atentado, sino

que no tenía el menor viso de posibilidad. El Enviado no era
visita de la ciudad ni se había sabido semejante proyecto. Y los
rostros atentos o burlones respondían a las dos formas de opinión
que se habían trazado: Los que le creían un bromista, o los que
dudaban de que se hallase en sus cabales.   5

Se calló, bastante confundido, y se dejó caer en la conversación
general, contribuyendo con alguna que otra frase corta a
desvanecer la impresión que le parecía haber causado, y que no
era tanta como la que bullía en sí mismo. Porque, a pesar de las
respuestas negativas no cesaba de pensar en lo que había 10
presenciado, y, cuando terminaron de cenar, quedó solo, en un
silloncito, fumando y meditando en lo ocurrido. ¿Es que no se
quería que la prensa divulgase el crimen? ¿Hasta tal extremo se
habían turbado las autoridades locales? ¿Era el gobierno central
quien vacilaba ante las consecuencias? Pero tal cosa resultaba 15
una incomprensible política de avestruz. Sin embargo, el atentado
había sucedido. La cámara no miente. Recoge, simplemente, lo
que transcurre ante ella. Y el enviado egipcio había caído ante el
ataque de aquellos dos desconocidos. Probablemente la actividad
de los productores del noticiario se había adelantado a las 20
autoridades gubernativas, pero . . . ¿es que nadie, en una ciudad
tan pequeña y comentadora, había llevado a oídos de los pensio-
nistas un acontecimiento que habían presenciado tantas miradas?

Volvió al periódico y le dio vueltas entre sus manos, releyendo
los gruesos titulares que se dispersaban en noticias insulsas y 25
apacibles.

En esto estaba, cuando se le acercó un señor de rostro oliváceo
y profundas bolsas bajo los ojos, que había sido uno de sus
compañeros de mesa. Le ofreció tabaco y le preguntó si seguía
preocupado con la idea de aquel atentado. Después, le sonrió: 30

—Yo entiendo bastante de estas cosas, y soy hombre práctico,
eminentemente práctico. Estoy habituado, por mi profesión, a
encontrarme con acontecimientos poco explicables para la mente
humana y que a veces se acercan al misterio. Pero siempre tienen
una solución realista y sencilla.   35

Encendió su pitillo para continuar:

—Tengo mi teoría sobre lo ocurrido a usted, pero no he
querido mostrarla ante los demás por no azorarle. Usted ha
llegado esta mañana, ¿no? De la capital, ¿no? Ha leído y oído
hablar durante todos estos días del viaje del egipcio, ¿no es eso? 40

Ha dormido usted poco en el tren ... Se ha metido en el cine cansado, lleno de hastío ...

A cada interrupción del desconocido Dionisio contestaba asintiendo con la cabeza, porque el caminar verbal de su inter-
5 locutor no le dejaba lugar a más.

—Perdóneme; no quiero ofenderle. Usted ha visto bien. Ha presenciado, casi diría mejor, usted ha vivido el atentado, ¿no?

Nuevo asentimiento, y una pequeña pausa.

—Usted lo ha visto, usted lo ha vivido ... en sueños.

10 Dionisio tuvo que reconocer que, en efecto, se habría adormilado, pero estaba seguro que el noticiario, tras el breve descanso, le había encontrado bien despierto.

Su interlocutor sonrió. A continuación le explicó que era especialista en enfermedades nerviosas y mentales, y que se
15 hallaba acostumbrado a desvanecer quimeras nacidas de mentes no muy bien equilibradas.

—No es que ahora vaya a añadir llamarle loco o poner en duda la veracidad de su creencia. Mi costumbre clínica me ha hecho fijarme en usted cuando llegó al mediodía. Tan delgado,
20 de movimientos rápidos, casi extenuado por un viaje que no es de suponer excesivamente lejano, venía usted proclamando su debilidad. Además, es usted un tipo asténico, imaginativo. Ha soñado, por eso, con tanto verismo.

Asintió Dionisio con una sonrisa dulce. Casi se sentía conven-
25 cido por el tono de seguridad profesional con que le hablaban, mas, de pronto, volvió a apoderarse de él la gran duda sobre su sueño, y el doctor, debió advertirlo:

—Le propongo una cosa. Nos damos un paseo por la Avenida, que es muy grato a estas horas, y nos acercamos al cine. Así se
30 quedará convencido. De lo contrario, pasará la noche inquieto ...
Y, si aún proyectan ese documental, le vemos juntos.

Se dejó llevar. Salieron a la calle, y pronto estuvieron ante el cine. La taquillera les aseguró que nada se había proyectado fuera de programa. El doctor, siempre con su sonrisa, preguntó
35 por el gerente, y le improvisó una historia acerca de una película que les habían dicho se proyectaba fuera de programa. Negó correctamente el interpelado. Los pases de sesión eran rigurosamente iguales. Sin el menor incidente, o por lo menos, sin ninguno que pudiese interesar al público, como un apagón de
40 luz que habían sufrido aquella misma tarde.

Nada más preguntó el doctor. Se despidieron, y éste pudo formular su resumen:

—¿Lo ve? Ese apagón es el que usted ha gozado tan intensamente. Su imaginación le ha fabricado todos los hechos. ¿Es usted periodista o algo parecido?

Nada de eso. Dionisio vendía madera, afanosamente, por la mañana, y por la tarde representaba productos farmacéuticos.

—Pues tiene usted cualidades imaginativas excepcionales. ¿Quiere referirme con el mayor detalle como se desarrollaba la escena?

Así lo hizo Dionisio, y con ello llegaron a la pensión. Aún quedaron charlando unos momentos antes de separarse. Aquel caballero era extraordinariamente simpático, y concluyó dándole un comprimido para calmar su sistema nervioso excitado por el viaje, el encuentro con la novia frustrado,[3] el paseo tedioso, la proyección . . .

—Estos días de descanso le van a sentar muy bien, y no le conviene tener por la noche insomnios o nuevas pesadillas. Con esto pasará la noche como un tronco. Es usted un soñador perfecto, un virtuoso del sueño, que no descuida los menores accesorios en lo que fabrica. Sobre todo, es excepcional que recuerde el texto que precedía al noticiario. En los sueños, cuando se lee algo, no se recuerda al despertar. Le repito, tiene usted una imaginación poco común. Debe evitar tomar muchos cafés, fumar tabaco rubio o leer después de la cena, si quiere tener una existencia apacible.

Se dieron la mano, obedeció Dionisio su recomendación, y a poco, durmió profundamente. A la mañana, no tenía ninguna inquietud, ni se acordaba apenas de su preocupación de la víspera. Le sirvieron el desayuno en la habitación, y preguntó por el doctor. Había salido muy temprano según costumbre. Entonces, se entretuvo en mirar el periódico de la noche anterior, mientras sorbía el café, leyendo, sin enterarse apenas, las menudas noticias que hablaban del traspaso de un local, una velada de boxeo, o la formación de un gobierno afgano en el exilio.

Maquinalmente, llegó a la penúltima página, y siguió engulléndo los anuncios por palabras—*Piso amueblado, depilación*

---

[3] **el . . . frustrado** the failure to meet his sweetheart

eléctrica, gabardinas y trincheras, perdido caniche martes, frente a La Perla . . .—mientras el pensamiento elaboraba ya planes: encuentro con la novia, comentario sobre el telegrama, paseo . . . cine . . . ¿Por qué había vuelto con tanta fuerza el recuerdo de la 5 tarde anterior? Por algo que acababa de leer, y que releyó aún una y otra vez antes de darse cuenta de nuevo. Entre dos necrologías y bajo la última columna de anuncios, el ajuste provinciano y rutinario había lanzado un suelto:

Última Hora

Ya al cerrar la presente edición recibimos la noticia de que el enviado egipcio, Señor Hannid, se dirige camino de Francia, donde ha de celebrar una rápida y urgente entrevista, por lo que no podrá detenerse entre nosotros.

Ha prometido cumplir una visita a su regreso, y dar una conferencia en el Casino. No obstante se han cursado por las autoridades las órdenes oportunas para que las fuerzas a sus órdenes le den escolta desde los límites de la ciudad hasta el Puente Internacional.

Olvidó todo. Sin telefonear corrió a la calle dirigiéndose a la 10 Avenida. Al llegar al final, ya se agolpaba bastante gente, alineándose en ambas aceras. La banda al pasar en busca del Enviado, y quizá los periódicos de la mañana, habían atraído al público que a esa hora hormigueaba en la playa. Todos los rostros se volvían hacia el paseo donde la calle se prolongaba en 15 carretera. Fue caminando, aturdido, porque la extrañeza del día anterior se veía duplicada con la inesperada visita y aquel contemplar en la realidad algo relacionado con su visión en la pantalla. La presencia de una furgoneta gris, con el emblema del Noticiario Nacional, le detuvo. Estaba frente a él, al otro lado de 20 la calle. Se volvió y pudo reconocer con exactitud los balcones cuajados de muchachas. A su izquierda se erguía un árbol arracimado de chicos. Todo era idéntico a lo presenciado el día anterior, como si el sueño se repitiese, ahora en la realidad. Se hizo la pregunta, ¿sueño?, y le parecía que no, aunque no se 25 atrevería a asegurarlo. Se advertía lleno de acuciamiento y angustia. Se puso la gabardina que llevaba al brazo, para hendir mejor la multitud. Cuando logró llegar a las primeras filas, ya los caballos se adelantaban y se preludiaba la llegada del visitante. La banda se destacaba, si no por su brillante formación, por el estridente sonar de los instrumentos. Nuevos caballos, y el coche majestuoso, donde el egipcio sonreía o cambiaba una frase con su acompañante, un pulcro caballero de gafas y luciente calva. Aquel señor ... era el mismo. ¡Todo se repetía! Con un impulso tan rápido que no tuvo tiempo de ser pensado, se adelantó hacia ellos para gritar su aviso, y contener lo que le parecía fatal destino, pero su gesto asustó a un caballo que se encabritó. El jinete, al intentar refrenarle se echó sobre él y el encontronazo le hizo caer al suelo. Los cascos del caballo resonando en sus oídos se prolongaron en un crepitar de detonaciones. Luego un torbellino de rumores le rodeó, logró levantarse, y trató de seguir su marcha hacia el coche, cuando pensó que era inútil, todo se habría ya producido, y sin duda tal como lo había contemplado la tarde anterior. Los dos desconocidos habrían realizado el asesinato. Trató de salir de allí, y alejarse para no verse mezclado en el tumulto que seguiría. Volvió la espalda, y corrió hacia la gente que se arremolinaba temerosa. Uno de los jinetes, cargando sobre él le alcanzó con el sable, y la frágil gabardina que le envolvía se desplomó arrugada entre los cascos.

Las bobinas del Noticiario Nacional, sorprendidas ante lo inesperado, giraban vertiginosas.

PREGUNTAS

1. ¿Qué había intentado ver el viajero desde la ventanilla?
2. ¿A quién buscaba?
3. ¿Qué tuvo que hacer por fin?
4. ¿Qué hizo después de salir a la calle?
5. ¿Cómo había avisado a la novia de su llegada?
6. ¿Qué posibilidad se le ocurrió respecto al telegrama?
7. ¿Adónde fue, qué hizo allí y después adónde salió?
8. ¿Cómo pasó cerca de una hora?
9. ¿Por qué decidió entrar al cine?
10. ¿Por qué no pudo interesarse en la película?
11. ¿Por qué se sobresaltaba de vez en cuando?
12. ¿Qué anunció el descanso?
13. ¿Qué vio en la pantalla después de entenebrecerse la sala?
14. ¿Qué acontecimiento ofreció el Noticiario Nacional?
15. ¿Quién había llegado a Madrid hacía cinco días?
16. ¿Por qué había venido?

17. ¿Cuál era el programa fijado para el enviado egipcio?
18. ¿Dónde había aparecido el retrato del enviado?
19. Dése una descripción de la Avenida.
20. ¿Cómo empezó el trágico incidente?
21. ¿Quién salió y rompió el cordón de soldados?
22. ¿Cómo estaba vestido?
23. ¿Qué permitió este incidente?
24. ¿Qué pasó en pocos segundos?
25. ¿Qué hizo un oficial de a caballo?
26. ¿Cómo murió el hombre derribado?
27. ¿Por qué quedó impresionado Dionisio?
28. ¿Por qué compró un periódico?
29. ¿Aparecieron detalles sobre el luctuoso incidente de la mañana?
30. ¿Qué preguntó en la pensión?
31. ¿Cómo reaccionaron los compañeros de mesa?
32. ¿Por qué no tenía el atentado el menor viso de probabilidad?
33. ¿Cuál es la solución propuesta por uno de sus compañeros de mesa?
34. ¿Qué profesión ejercía este compañero?
35. ¿Qué sugirió el especialista que hicieran los dos?
36. ¿Qué les aseguró la taquillera del cine?
37. ¿Qué consejos le dio el doctor?
38. ¿Qué noticia de última hora vio en el periódico?
39. ¿Adónde fue después de leerla?
40. ¿Qué vio al llegar a la Avenida?
41. Al ver que todo se repetía ¿qué impulso tuvo?
42. ¿Qué le pasó cuando trató de salir de allí?

Alonso Zamora Vicente

MADRID; 1916

Alonso Zamora Vicente es profesor de lingüística románica en la Universidad de Salamanca. Se ha distinguido
como filólogo (su tesis doctoral versó sobre *El habla de
Mérida y sus cercanías*) y como crítico literario (por
ejemplo, su análisis estilístico de *Las "Sonatas" de Ramón
del Valle-Inclán*). Es, además, narrador. Ha publicado
una colección de evocaciones infantiles—*Primeras hojas*,
Madrid, 1955—y una colección de siete cuentos—*Smith
y Ramírez, Sociedad Anónima*, Madrid, 1957—. De este
último libro reproducimos "Anita."

El cuentista Zamora Vicente se beneficia del Zamora
Vicente filólogo y crítico. Los procedimientos de estilo y
de composición de sus narraciones implican un atento
estudio de los experimentos literarios del pasado y
también de las posibilidades expresivas de la lengua. Hay
estudiosos que, al escribir ficciones, suelen endurecerlas
con maneras excesivamente intelectuales, académicas y
tradicionales. No Zamora Vicente. La educación filológica y literaria le ha servido precisamente para desnudar
su prosa y hacerla mover con gracia y libertad. Además,
ha educado los ojos en los caleidoscopios de la prosa
contemporánea. Tienen, los cuentos de Zamora Vicente,
algo de James Joyce (el uso de las técnicas del fluir de la
conciencia) y algo de Franz Kafka (el uso de incidentes
pesadillescos), aunque todo eso con un sello muy
hispánico.

197

Examinemos el cuento "Anita" y tratemos de comprender cómo está escrito.

A primera vista el estilo de "Anita" nos parece raro, confuso, difícil. Pero a poco que se observe, le descubrimos el secreto: se trata de un estilo impresionista. Es decir, que el escritor, en vez de darnos una descripción objetiva y racional de lo que pasa en su cuento, se instala dentro de su protagonista Daniel y nos describe la realidad tal como él la está percibiendo.

La aventura de Daniel es sobrenatural: baila con un fantasma, baila con el cuerpo de una mujer que había muerto diez años atrás...

Zamora Vicente no explica desde fuera esta misteriosa situación. Su punto de vista está dentro de la situación misma. Por eso, aunque el cuento no está escrito en primera persona—"Daniel Aguilar *salía* del cabaret muy contento"—, a veces oímos al mismo Daniel, como si él se estuviera confesando ante el lector. Y cuando hablan otras personas, oímos las voces de ellos resonando en la conciencia de Daniel.

Técnicas del estilo indirecto libre, del monólogo interior, del flujo de la conciencia que enriquecen—y complican—el cuento de Zamora Vicente con una multiplicidad de perspectivas.

Las palabras no se encadenan de acuerdo a las categorías lógicas de la gramática, sino que se ligan o se separan siguiendo los impulsos subjetivos de la fantasía, la sensibilidad o el capricho de Daniel.

En vez de una lengua convencional nos encontramos con un habla individual. Giros coloquiales, abundantes metáforas, elipsis, anacolutos, hipérbaton, oraciones nominales, dispersión de núcleos sintácticos, esquemas sueltos, yuxtaposiciones de notas.

La peculiarísima puntuación de Zamora Vicente no marca lógicamente las unidades de sentido. El resultado es que oraciones distintas se funden aparentemente en un solo período. O se borran los límites entre las cosas dejando en la penumbra las rápidas asociaciones de sensaciones y de ideas de Daniel.

Estilo ilógico como el de la poesía.

Anita

I

Daniel Aguilar salía del *cabaret* muy contento. Quizá por vez primera en su vida lo había pasado bien. Anita era una muchacha deliciosa, muy distinta a las que solía convidar otras noches. Le gustaba, sobre todo, aquel quedarse callada y ausentándose, como si una larga expedición la absorbiera de repente. Cuando 5 Anita reanudaba la charla, era un viento vivo y generoso su sonrisa, que luego se paraba otra vez, súbita, una fiebre que va y viene, y él cada vez más chocho, satisfechísimo de haberla conocido. La vio cuando ya iba a llegar a *La gatita blanca*, esquivando la acometida obscena de dos marineros borrachos y le dio 10 un escalofrío verla a cuerpo, un traje largo brillante y blanco, media espalda al aire, agudísimo el frío. Entró delante de él en el *cabaret*, el portero la saludó como si fuera una vieja clienta, pero no pudo decir luego a Daniel nada sobre ella. "Vienen tantas, y tan parecidas, ya se supone usted, cualquier cosa." Se sentó a su 15 lado en una mesa apartada, mala luz, le pareció que sus ojos brillaban extrañamente. Bebieron, hablaron, cenaron, bailaron, Anita, certera en todos los saltos de la conversación, hábil y erudita, una familiaridad total y displicente con todo, sin secretos. Desde el primer tango, Daniel se enamoró como un mozuelo, o 20 así lo creía. Ella bailaba como ausente, desenvueltamente prendida de la música y los giros, rígida y leve, los ojos entornados, apretada la boca. Pieza tras pieza, tan estrechamente a veces que diría ir bailando solo, Anita sin peso, y Daniel no podía decir qué perfume usaba Anita, algo lejano y marchito, un 25 impregnarse rebelde, olor de tierra húmeda y flores imprecisas, olor ajado, innominable, entristecido.

Ya llevaban un buen trozo andado cuando Daniel, entre mimo y mimo, se dio cuenta de que Anita iba a cuerpo. Hacía frío. La noche oscura, repentinos relámpagos de los autos que cruzaban 30 fugaces, de los farolillos de gas en las esquinas, niebla penetrante, de cuando en cuando las sirenas de un barco taladrando la noche, frío, y Anita a cuerpo.

—¡Qué ocurrencia! Has olvidado el abrigo.

5 —No; no lo he olvidado; no tengo abrigo; siempre voy así.

Y entonces Daniel, tan romanticote como siempre, piensa en qué historias habrá detrás de eso, esta Anita de noche por los cabarets a ver quién la convida, pobre, y le puso su abrigo sobre los hombros, su espléndido abrigo de señorito rico, recién 10 estrenado, un verdadero primor la cartelita de seda negra en el forro, con un bordado en oro: "JEAN, Sastre de señoras y caballeros. Gran Vía Diagonal, 630." Fue en ese instante cuando Daniel Aguilar, apretando a Anita contra su pecho, percibió, al besarla, unos labios desazonadoramente fríos (qué ideica, salir 15 a cuerpo), y, bobo de él, que no se había fijado[1], un vestido pasado de moda, impreciso corte nupcial, bastante ajado por los senos. Pobre Anita, volvió a decirse, estrechándola hasta el ahogo en el quicio de un portal:

—Vámonos a dormir; es tarde ya.

20 —¿Vives muy lejos?

—No. Es mejor que no me acompañes más.

Algo muy cansado le quebraba la voz, orillándola de oscuro.[2] Daniel insistía.

—Pero . . .

25 —Nada, nada. Te quedas aquí. Ya nos veremos mañana a la misma hora en *La gatita*. Yo vivo muy cerca de aquí, en San Hilario, en el 60. Total, un paso.

Y le tendía la mano en despedida. La mano que el gas hacía azulada y espectral. Daniel estaba confuso, no se esperaba aquel 30 desenlace, tan distinto al de otras noches con otras mujeres parecidas. Insinuó, por decir algo:

—Pero, ¿y tu familia?

—Oh.—rió alegremente. Vivo completamente sola.

Y se alejó muy de prisa, callejón y sombra adentro. Pasó 35 estrepitoso un tranvía. (Ya tranvías; ¿qué hora será?). Daniel no reconoció el sitio donde estaba. A lo lejos aún alcanzó a ver a Anita, apresurada, rígida, un silencio duro difuminando su

---

[1] **bobo . . . fijado** how stupid of him not to have noticed

[2] **Algo . . . oscuro.** Something suggesting exhaustion caused her voice to break with a tendency to fade away

silueta.[3] Al perderla de vista, Daniel no sabía cómo, se dio cuenta, con asombro, que amanecía.

II

Todo el día pensando en la cita de la noche, no acertando en nada. Ni la correspondencia, ni las conversaciones de los amigos en la tertulia del café, ni los prodigios de la madre en la cocina, 5 una tarta de fresas diferente, ni las noticias más diversas, política, negocios ... Nada. Todo el día esperando la noche, mambos y boleros en *La gatita blanca*, el portero de rojo y la luz verdosa del anuncio entre la niebla, Anita y más Anita, San Hilario 60, Anita Venegas, el vestido estaba viejecillo, y buscar en un plano 10 la calle de San Hilario, un nombre inexpresivo en la mitad sur de la ciudad, cerca de los depósitos del agua. Daniel no recordaba haber pasado por allí nunca, ni sabe bien dónde tomó el taxi de regreso la noche anterior. San Hilario 60, Anita Venegas dentro. Pobre Anita, a quién se le ocurre salir sin abrigo con la nochecita 15 que hacía.[4] (En la esquina de Río Grande y Atocha, había visto uno bastante bien, y no muy caro. Si le gustase). Daniel Aguilar entró, como de costumbre, en *La gatita blanca*. Observó desde la escalinata la móvil onda de las parejas de baile. Apretadas, sudorosas, un vaho sonrosado, recubriéndolas. Algunas parejas 20 iban con los ojos cerrados, sin apenas moverse, tan ceñidas. Puercos, pensó Daniel y buscaba a Anita por los rincones. Nada. No se veía ningún vestido blanco. Se sentó en el mismo sitio que la noche anterior. Rechazó dos o tres mujeres pintarrajeadas que intentaron torpemente atraerle. Anita no llegaba. Comenzó a 25 impacientarse. Otro café. Nunca ha habido aquí tanto humo, apenas se ve la entrada. ¡Ya! Pero no, no era. Ésta es más delgada. O quizá es más delgada Anita, no me acuerdo bien. Quizá no se ha atrevido a volver con su vestido viejo, o a lo mejor el frío de anoche le hizo daño. Otra pieza, otra vez el ondulado 30 pestañeo de las parejas, silenciosas, arrimadas, llena la pista. Debe de hacer mucho tiempo que espero, piensa Daniel mirando el cenicero lleno de colillas, y los diversos tickets. El camarero sonríe mirándole, estúpida aquiescencia, y Daniel adivina que le

---

[3] **un ... silueta** with deep silence making her disappearing figure even hazier (i. e. because there was no noise of footsteps)

[4] **con ... hacía** on such a terrible night

compadece. Será imbécil. Se levanta, empieza a pensar que lo de anoche no fue más que fruto del whisky, y que no vale la pena, pero en el guardarropa le dan su gabardina, ya no muy nueva ni muy caliente. Y Anita regresa a su memoria con el abrigo puesto
5 sobre los hombros, el suyo, JEAN en la cartela de seda negra, recién hecho, Anita tenía frío, Anita estuvo conmigo, la niebla en la calle, parejas abrazadas en los portales, frío, los autos pasando de prisa. San Hilario 60, y vivía sola. "Ya nos veremos a la misma hora", y ¿Si fuese yo a su casa?[5] Callejeo sin rumbo,
10 los escaparates últimos, las luces chillonas, una calle del barrio sur, lejos, desencanto, fatiga, la noche creciendo, las sirenas de los barcos como ayer, como siempre, tenaces, taladrando, laxitud de la espera fallida, una peña brotando, impasible a las llamadas de las busconas por las esquinas, y Anita rubia, Anita con frío,
15 Anita no vino, cansancio indefinible cuando Daniel Aguilar se dejó caer en la cama, harto de andar inútilmente bajo la niebla escurridiza, un olor de tierra húmeda acosándole, olor a moho, a cerrado, frío, Anita perdiéndose por una calle abajo, olor de Anita, mal humor y ya amaneciendo.

III

20 Muy temprano aún, Daniel Aguilar buscó la guía de teléfonos. Quería cerciorarse, intentar un artilugio bien fácil de comprobación. Podría ser que Anita tuviese teléfono. Buscó con desmayo al principio, lo más seguro es que no tenga.[6] ¿Por las calles, por los nombres? Cambió varias veces el rumbo a medio buscar.
25 Por fin: por apellidos se ordenó.[7] Ese pasar las páginas, almacén de citas y desengaños a toda hora, y de facilidades innúmeras, abrir por la R y reconocer los nombres y dirección de algunos conocidos. Romate, la morena opulenta y facilona con la que jugaba al tenis, 256382, y el club Toqui, capicúa, 222222, donde
30 siempre perdía a los dados con Panticosa, un pobre abogadillo amaricado, un asco de cerveza el último jueves, la cajera está estupenda; Ugarte, el médico, qué buen chico, no da una,[8] y la V ya. Baja el índice raspando la escalera de negritas, un clamor

---

[5] ¿si . . . casa? What if I should go to her house?
[6] lo . . . tenga very likely she does not have one
[7] por . . . ordenó he began to look by last names
[8] no . . . una he just can't seem to make a go of it

en los ojos:[9] Venegas, Pascual, Comisionista. San Hilario 60, 275013. Daniel siente el temblor de la corazonada, Anita, allí, Anita con frío, 275013, un olor a tierra húmeda, qué difícil perfume, y su peinado anticuado, el desamparo creciente de unos labios fríos en la niebla y suspirando. Temblaba al marcar, 2, y [5] tracatrá del disco (si estará comunicando), 5, y tracatrá, 1, 3, llama, y Anita irá viniendo por un pasillo, parece que la veo, se oye la llamada, un pasillo con codo, la cocina lejos y el baño resonante de grifos, son las ocho y se estará arreglando, y marca el teléfono, Anita, Anita, si no será ahí,[10] Dios mío, y ahora por [10] quién pregunto yo, y . . .

—¿Diga?

Daniel se vio repentinamente en hueco. Para qué habré llamado. Pero Anita se le ofreció cercana,[11] casi su aliento y su perfume, y aquel gesto triste, que le pareció la envejecía por [15] instantes. Balbuceó:

—Por favor, ¿Anita, Anita Venegas?

—¿Cómo? ¿La señora quiere decir?

A Daniel ya le daba lo mismo. Sería la madre, que también se llamaría Anita. Era todo intranquilidades, una zozobra en [20] reflujo al borde del teléfono. Dijo un "sí, bueno", y se limitó a esperar. Le pareció oír unos pasos y se dispuso a oír otros acercándose. Otros, ya los de Anita, y al punto recordó que no se había fijado apenas en la otra noche en el calzado de Anita, pero ahora le parecía algo pasado de moda, pobre Anita, seguramente [25] un descalabro en la economía del comisionista, y Daniel miraba, atontado, la guía, insistente, repitiéndose: Venegas, Pascual, comisionista, San Hilario 60, y en qué piso será. Una voz femenina le devolvió su ansia primeriza:

—Diga . . .   [30]

No era su voz. Por lo menos, no la reconocía. Pero, estos teléfonos . . .

—¿Anita Venegas? ¿Hablo con Anita?

—Sí; aquí, señora Venegas. ¿Que quiére?

Y Daniel por salir del paso: [35]

—Mi abrigo.

—¿Qué?

---

[9] **un . . . ojos** something struck his eyes
[10] **si . . . ahí** maybe it's not the right place
[11] **se . . . cercana** seemed to be there nearby

—Que mi abrigo.

—Por favor, ¿con quién quiere hablar?

Daniel notó que estaba resbalando. Sin embargo ... Creyó oír de nuevo la voz de Anita; análogas vacilaciones corteses, la
5 misma dejadez amable en las preguntas. Pretendió arreglar impersonalmente la llamada. Y ya llevaba un ratito[12] queriendo explicar el encuentro de la otra noche: (y el frío, ya sabe usted, el frío; se le había ocurrido salir a cuerpo y ...), cuando vio que—este portero siempre lo mismo, tan inútil, tan inoportuno—
10 le habían cortado la comunicación. Respiró, alivio del ansia despoblándose: Anita estaba allí, al otro extremo de la línea, y no le había mentido (quizá solamente le engañó al decirle que vivía sola; una coquetería de chiquilla). Se lanzó a la calle, buscó un taxi y, apresurado, apenas oído el portazo,[13] gritó entero:
15 —San Hilario, 60; Pascual Venegas, comisionista.

IV

Mientras sube la escalera Daniel, refunfuñando contra el No funciona del ascensor,[14] intenta traducirse el gesto de asombro de la portera cuando le preguntó por Anita Venegas, una joven rubia. Daniel está contento. Llama y oye unos pasos, los pasos
20 que oí por teléfono, se dice. La criada modesta, una espera muy corta. Una sala diminuta, claridad de cretonas y cromos detestables, la Gioconda abobada y el almanaque de Casa Vicente, vinos y licores, Se sirve a domicilio, y el diploma de profesora de corte y confección de Ana Venegas, Método Levallisse, Casa
25 Central en París 38, Faubourg St. Honoré. Anita cose, pobrecilla; ¡qué dura es la vida para estas gentes del barrio sur! Y en el macetero del rincón, junto a la ventana, una fotografía grande, Anita sonriente, echada hacia atrás la cabeza, es una foto algo vieja, pero es ella, sí, la misma gracia dispersa, idéntico mirar
30 entristecido, quizá ahora tiene más arrugas en los párpados ...

—¿Le gusta? Es mi hija Anita, desgraciada. Se nos murió hace diez años. ¿A qué debo su visita?

No la había sentido entrar. Vio el parecido. Estaba trastornado. "Hace diez años, hace diez años." No podía intentar una sonrisa

---

[12] **Y . . . ratito** He had already spent quite a while
[13] **apenas . . . portazo** scarcely had he heard the door slam shut
[14] **el . . . ascensor** the 'out of order' sign on the elevator

que preguntase por la broma, una voz que rompiese el hielo repentino. Un rebullicio por la piel, lancinante escalofrío paseándole el cuerpo bajo la ropa.

—¿La conoció usted, quizá? Le veo conmovido... Fue un tifus. Ni mi marido ni yo nos hemos hecho a la idea de no tenerla 5 al lado. Muchas veces vienen amigos suyos a vernos. ¿Es usted de ellos? Es como si ella estuviese aquí.

—Sí, claro, sí. Sí, sí; eso es. Diez años...

—Diez años—suspiró la madre.

Daniel se despidió tartajeando. Bajó a tientones la escalera. 10 Hace diez años repitiendo, y No es posible, pero, sí, era ella, y sentía punzadas, aquí y allá, sudor helado, y No es posible. Echó a andar acera adelante, compañía grata los tintín del tranvía, los gritos de los vendedores, la gramola alta de un cine de barrio. Casi corría cuando se hundió en el metro, y el vaho de los 15 andenes volvió a olerle a tierra húmeda, a flores imprecisas, el olor ajado de un traje roto, vanamente deshaciéndose.

V

Daniel ha ido esta tarde de febrero al cementerio. Va algunas veces, visitas breves al panteón de la familia. Una brisa tierna estremece los tallos resecos. Presagios de primavera por el aire, 20 en la luz durísima de la punta de los cipreses. El angelote de la capilla, allá en lo alto de la cúpula, brilla al sol de la tarde. Pájaros. Mujeres enlutadas pasan con flores. Daniel dialoga consigo mismo, mientras hace la visita. Su padre, y piensa que también a él le dan de vez en cuando unos dolores extraños en los 25 riñones, sí, no parecía nada, y luego... Nunca sabe uno. Matildita, un cáncer en el pecho, quién lo habría dicho unos meses antes, cuando en la verbena de los Cambizos la besaba a hurtadillas y con furia entre los árboles. No somos nada. Y Guillermito, que le aplastó un camión cuando salía del colegio, 30 sí, ya lo decía yo: ese cruce, ese cruce, ten cuidado con ese cruce. Y Daniel reconoce, al volver pausadamente hacia la calle, una gloria radiante por el cielo hondo, las tumbas de siempre, las fotos cursis, los angelitos ñoños, los versos irritantes del Inspector de Enseñanza Primaria a su mujer (si será ese tipo gordo),[15] 35

[15] **si... gordo** I wonder if he's that fat fellow

RIP por todas partes, paz creciente, casi sólida al tacto y al pensamiento. Entra en la casita del jardinero para darle la propina por la limpieza que hace en el panteón. Y allí dentro en la percha, junto al capotón del uniforme con galones dorados,
5 Daniel reconoce, en la cima del pasmo, su abrigo, instantáneas pulsaciones, loco afán de equivocarse cuando hurga en la prenda, JEAN, Sastre de señoras y caballeros, y no es posible, nunca tenía frío y vivía sola, y el guarda que había a su lado (Lo encontré olvidado en una cruz, alguien que vino este invierno), Daniel
10 mudo, Daniel alelado, una sombra acosándole los ojos, qué le importará a él que en esa sepultura (Una chica joven y guapa, Ana no sé cuántos) siempre aparezcan cosas raras (Un encendedor, un sombrero flexible, un reloj de pulsera), vértigo llegando, Daniel tontamente repitiéndose Este abrigo es el mío, este
15 abrigo es el mío, Anita presente, Anita con frío, su perfume, el vestido, el peinado y los zapatos algo pasados de moda, como de diez años atrás (exactamente: diez años), y los dedos dando vueltas a un papelito que encontró en el bolsillo: el ticket de *La gatita blanca*, dos cenas, champán, qué ricos estaban los pomelos
20 con kirsch, y el helado, que Anita repitió, eso es: repitió. Nos sirvió el camarero del bigotito, Daniel camino adelante, la tarde improrrogable estallando por el cielo de cipreses tranquilos, JEAN, señoras y caballeros, el aliento subiendo desde un pozo profundísimo, y viviendo . . .
25 　Se recostó en la verja, revolviendo tozudamente el ticket entre los dedos. Alguien le preguntó si no se encontraba bien, "No, gracias, no es nada". ¿Qué otra cosa iba a decir?

PREGUNTAS

1. ¿Cómo salía Daniel Aguilar del cabaret?
2. ¿Por qué lo había pasado bien?
3. ¿Cómo era Anita y qué característica de ella le gustaba sobre todo a Daniel?
4. ¿Cuándo la vio Daniel?
5. ¿Por qué le dio un escalofrío verla?
6. ¿Dónde se sentó Daniel?
7. ¿Cómo pasaron la noche?
8. ¿Cómo bailaba Anita?
9. ¿Cómo era el perfume que llevaba?

10. ¿Por qué no llevaba abrigo Anita?
11. ¿Cómo era el abrigo que Daniel le puso sobre los hombros?
12. ¿Qué percibió Daniel al besar a Anita?
13. ¿Dónde la dejó Daniel?
14. ¿Por qué no la acompañó a su casa?
15. ¿Dónde decía Anita que vivía?
16. ¿Vivía con su familia?
17. ¿Cómo pasó Daniel el día?
18. ¿Estaba Anita en *La gatita blanca* al llegar Daniel?
19. ¿Cómo pasó Daniel el tiempo en el café?
20. Por fin ¿qué empezó a pensar?
21. ¿Qué despertó de nuevo su interés por Anita?
22. ¿Qué decidió hacer por fin?
23. Al dejarse caer en la cama ¿qué olor percibía y qué recuerdo tenía?
24. ¿Qué buscó Daniel temprano a la mañana siguiente?
25. ¿Qué apellido, por fin, le interesó?
26. ¿Quién contestó a su llamada?
27. ¿Qué pidió Daniel cuando habló con Anita Venegas?
28. ¿Cómo terminó la conversación telefónica?
29. ¿Qué hizo entonces Daniel?
30. ¿Cómo reaccionó la portera cuando preguntó por Anita?
31. Mientras esperaba en la sala ¿qué notaba Daniel?
32. ¿Quién entró en la sala y qué dijo?
33. ¿Cómo quedó Daniel?
34. ¿Qué parecido pudo notar?
35. ¿Qué creyó la madre que era Daniel?
36. ¿Cómo se despidió Daniel?
37. ¿Adónde fue Daniel una tarde de febrero?
38. ¿Por qué hizo esto?
39. ¿Qué hacía Daniel mientras visitaba el panteón de la familia?
40. ¿En dónde entra antes de salir del cementerio?
41. ¿Para qué entró?
42. ¿Qué reconoció en la percha?
43. ¿Qué encontró al hurgar en la prenda?
44. ¿Qué explicación dio al guarda?
45. ¿Qué reacción tuvo Daniel?
46. ¿Qué encontró en el bolsillo?
47. ¿Dónde se recostó?
48. ¿Qué le preguntó alguien?
49. ¿Qué contestó Daniel?

Ignacio Aldecoa

VITORIA; 1925

Los cuentistas que comenzaron su carrera después de 1950 se sintieron partes integrantes de un nuevo movimiento juvenil.

Más que inventar historias, evocan episodios de infancia o adolescencia, velando a veces sus elementos autobiográficos; o se proponen documentar la vida española con seca objetividad.

Es una especie de exaltación de la literatura testimonial, a expensas de la fantasía y del lirismo.

Ignacio Aldecoa es uno de éstos.

Cursó la carrera de Filosofía y Letras, colaboró con artículos en varias revistas, ganó premios, publicó novelas, largas y cortas, y un centenar de cuentos.

Su primera novela larga fue *El fulgor y la sangre* (1954). Ni el tema fue sensacionalista ni el estilo brillante ni la técnica novedosa ni el punto de vista hondo. Se propuso— lo consiguió—una novela realista, hecha con vulgaridades de la vida española, con paisajes humildes, con escenarios desnudos, con una prosa común. En lo alto de un cerro, desde el que se divisa, abajo, perdido en la llanura, un pueblo mísero, hay un cuartelillo. Allí viven seis guardias civiles, con sus mujeres e hijos. Niños, mujeres, hombres: todos seres vulgares, en un vulgar ambiente. Un día llega la noticia de que uno de los guardias ha sido herido de muerte por un gitano: ¿cuál de ellos? Una angustia creciente se va apoderando de los habitantes del cuartelillo, mientras esperan la confirmación de la noticia.

Siempre en la línea realista Aldecoa ha publicado *El mercado*, *Los vecinos del callejón de Andín*, *Ciudad de tarde*, *Con el viento solano* (1956) y *Gran Sol* (1958).

Esta novela obtuvo el premio que acuerda un tribunal de veinte críticos independientes, y es una buena ilustración de la eficacia y también de las limitaciones del género novelesco-documental que cultiva Aldecoa. En *Gran Sol* se describe, con extrema objetividad, la jornada de unas barcas pesqueras en la zona atlántica, cerca de la costa de Irlanda. Los diálogos son anodinos. Los episodios son de todos los días. Sin artificios retóricos pero también sin visión poética, Aldecoa cuenta con sequedad y precisión.

Los cuentos de Aldecoa fueron recogidos en *Espera de tercera clase* y *Vísperas del silencio* (ambos de 1955).

Los personajes de sus cuentos convencen como si hubieran entrado en las páginas directamente de la vida. Uno los siente próximos, con todo su relieve humano. Son personajes, tiernos o ridículos, que aman, odian y esperan siempre que el mundo de pronto les muestre una cara más amistosa.

Aldecoa nos presenta una España pobre, miserable, sufrida, envuelta en una atmósfera de dolor: el sufrimiento de los hombres, el trabajo penoso, la enfermedad, la muerte. En el fondo se oye como un grito de protesta en reflexiones de reforma social o política. "¡Es una inmoralidad! ¡Cómo está España! La guerra...," exclama la señora vestida de negro en nuestro cuento, al ver a las dos prostitutas. Aldecoa se limita a describir el mal y, con la fuerza de su descripción, a conmover al lector y moverle el ánimo a buscar remedios. No hay en él ni misantropía ni odio al mundo. Al contrario, hay amor a la realidad, a la humanidad. La prosa, concisa, ajustada, ceñida, eficaz en la descripción. Prosa que no juega, que no se adorna; aunque, en su firmeza, hay arte.

Lo que pasa es que la imaginación y la rápida percepción de las cosas se someten al orden claro de la inteligencia. Prosa-prosa.

"El autobús de las 7,40" (de *Vísperas del silencio*) es un estudio en observación de detalles. Nada escapa al ojo alerta y móvil de Aldecoa. Es como si nosotros, lectores, estuviéramos allí, presenciando esas escenas de todos los días. Nos interesa todo. Comprendemos la pobreza de todas esas vidas españolas. Y, sobre todo, simpatizamos con el soldado, tan tímido, tan vergonzoso, que cuando camina da unos largos pasos "para ganarle en rapidez al rubor."

El autobús de las 7,40

El cielo de la mañana tenía algo de espejo empañado; se adivinaba tras de la neblina su azogado, frío y perfecto azul. Sobre el campo gravitaba un oscuro y meteórico silencio. La sierra lejana, dorada del color de la calabaza madura, invitaba a
5 caminar mirándola. Anidaba la melancolía en los círculos de tierra húmeda y negra bajo las charrascas y los pinos escasos. De la helada de la noche quedaba solamente una espumilla o pelusa blanca en los surcos del labrantío—domadores de la mirada fugitiva—, en las plantas resecas y humildes que resisten el paso
10 de las estaciones, en los montones de grava de la carretera, gris y hostil en toda su soledad y longitud.

Desde la colina, el soldado contemplaba, asombrado, el paisaje. Contemplaba y descubría. Le había llegado su turno de permiso y se daba cuenta en aquel momento de que desconocía
15 el lugar. No hubiera podido hablar de aquel paisaje ni reconocerlo. Había vivido ocho meses apurando el tiempo libre en las tabernas de la colina. Nunca tuvo ocasión de estar solo fuera del cuartel.

En la ladera comenzaban las alambradas. Tras de las alam-
20 bradas, las garitas, como de juguete, de los centinelas, y la huerta, de un color verdiazulado y triste, se alineaban los pabellones de blancas fachadas y de tejados intensamente rojos,

donde bandadas de grajos ahuecaban las plumas, espurreándose el frío, en la espera de los primeros rayos de sol.

De las tabernas recordaba el soldado, ahora que tenía su maleta de madera pegada a los pies, con el asa de hierro sólo para tres dedos, erguida como una cresta, a los amigos, a los compañeros. 5 Tampoco hubiera podido decir qué había en su interior que las caracterizara y las distinguiese entre sí. En ellas solían beber, discutir, jugar a las cartas. Las tabernas siempre estaban llenas. Únicamente podría rememorar, pasado el tiempo, su rumor de colmena azuzada. El soldado se sorprendió cuando sonó un 10 toque de corneta, ablandado por la distancia. Prestó atención y pensó en su significado fiel: formación y debilidad en las piernas. Luego, como huyendo, cogió su maleta y cruzó la carretera.

En el poyo de la puerta de la taberna "El Palomar"—en la buhardilla de la casita de dos pisos el dueño criaba palomas— 15 estaban sentadas dos mujeres. Al verle avanzar hacia ellas sonrieron, cambiaron algunas palabras en voz baja. El soldado alargó el paso. Sabía que se iba a avergonzar. Su intención era ganar al rubor, inevitable, en rapidez. Pasó desconcertado junto a ellas. La más joven de las dos mujeres, casi una niña, le dijo: 20 "Muchacho, ¿nos invitas a una copa?", y le guiñó el ojo. Entró en la taberna sofocado. Sintió rabia; rabia contra sí mismo por no haberlas mirado desenfadadamente y haberlas dicho algo, como cuando iba con los compañeros. En seguida pensó que dos mujeres, a un hombre solo, pueden avergonzarle fácilmente. 25

El tabernero estaba leyendo un periódico atrasado. Usaba gafas para leer el periódico y escuchar la radio. Más de una vez el soldado le había oído decir: "Sí; me pongo las gafas para concentrarme." El tabernero se las daba de hablar muy bien[1] y corregía con frecuencia a los soldados que empleaban giros 30 verbales de sus regiones: "No se dice *aluego*, mozo, ni *fi*, ni . . ." Solía terminar: "Pero ¡qué brutos sois, qué brutos!"

El tabernero, para servir a los clientes, dejaba las gafas junto a unos nauseabundos y antiguos aperitivos que bajo una amarillenta gasa, en invierno y en verano, había encima del mostrador. 35 La armadura de las gafas era metálica y los cristales muy grandes. Parecían, cuando las patillas estaban abiertas, un sapo esquemático de gigantescos ojos y delgadas patas, o un extraño animal,

---

[1] **se . . . bien** prided himself on speaking properly

mezcla de sapo y saltamontes, observador de la descomposición paulatina y segura de las sardinas rebozadas.

El soldado pidió una copa de orujo. El tabernero le miró. Dijo: "Qué, ¿te han dicho algo ese par de titiriteras? Se han
5 pasado toda la noche . . ." Su sonrisa era entre picaresca y macabra. Sirvió el orujo. Se pasó la lengua por los dientes, abriendo mucho la boca, recreándose en sus caries. Añadió: "De permiso, ¿no? Ya estarás deseando llegar al pueblo. Tu novia . . ." Siguió preguntándole diferentes cosas sobre la familia,
10 la novia, la labranza. El soldado contestaba invariablemente: "Sí, señor" y "No, señor."

Al soldado, la ropilla—una chaqueta muy corta, de un color ocre desvaído; una bufanda al cuello morada y amarilla, que le habían prestado, y un pantalón gris con algunas manchas de
15 grasa—lo hacía más endeble y difuso. Tímidamente, preguntó: "El autobús sale de aquí a las ocho menos veinte, ¿verdad?" El tabernero le respondió: "Sí; exactamente, a las siete cuarenta." El soldado fijó su mirada en el reloj despertador, con el ratón Mickey pintado en rojo y negro sobre la esfera, que estaba
20 colocado sobre una lata de bonito en escabeche, en un anaquel.

Las dos mujeres sentadas en el poyo tenían frío. No entraban en la taberna para no gastar. La mayor se frotó violentamente los muslos, y su falda de percal, en la que parecía haber estallado una granada de flores disecadas, le quedó un poco recogida en el
25 regazo. Habló:

—Te digo que no merece la pena.

Su voz era bronca; las palabras se le quebraban con un sonido de hielo de charco taconeado. Su rostro, feo e hinchado, hizo una mueca.
30 —No merece la pena. Si una no tuviera . . .

La más joven se echó a reír. Miraba hacia la carretera.

—Fíjate quién se acerca. El de ayer. Dile algo, a ver si nos convida.

La más joven apoyó la cabeza en la pared y comenzó a
35 canturrear: "Siete cascabeles tiene mi caballo por la carretera . . ." Le interrumpió la otra.

—No seas gilí, Concha, que no hay nada que hacer. ¿No ves la cara que trae?

Concha calló automáticamente. Se quejó:
40 —Estos cerdos, en cuanto se acaba . . .

—Calla, chica. Pasa adentro. Te invito a una copa, anda.

La mayor de las dos mujeres sacó del pecho un pañuelo colorado cuidadosamente doblado. Dentro había una carterita negra de hule. Extrajo de ella un billete de cinco pesetas.

Se levantaron las dos. La mayor estiró su falda y se pasó las 5 manos por las grandes nalgas yeguales. Concha se arregló el pelo.

En el mostrador, el soldado se retiró a un rincón. El tabernero se quitó las gafas; reía.

—¿Qué tal el negocio? No habréis pasado frío, ¿eh? 10

Las dos mujeres, muy serias, casi graves, pidieron aguardiente. Concha habló despacio, mirándole apaciblemente al rostro.

—Luisa, ¿por qué no le preguntas a este señor si pasa frío por las noches su señora? Pregúntaselo, que nos interesa muchísimo.

En la carretera, un hombre consultaba su reloj de pulsera y 15 pensaba en las dos mujeres que acababan de entrar en la taberna. "Estas dos desgraciadas—se dijo—creerán que voy a entrar a convidarlas." Se frotó las manos despacio, mirando hacia la ciudad, de la que únicamente podía ver en la lontananza las formas vagarosas de unas chimeneas de fábricas, el alto nido de un 20 depósito de agua. Necesitaba estar en Madrid antes de las nueve de la mañana. Miró sus zapatos abrillantados. Se había puesto su mejor traje. Tenía una idea primitiva y cierta de lo que era entrar en tratos para lograr una colocación. Naturalmente que él podía vivir de su sueldo; pero sabía que tenía la obligación, 25 sobre todo ante su mujer, de hacer lo imposible por lograr algo. Ese algo, ese enchufillo del que hablaban los compañeros constantemente. Se ajustó el nudo de la corbata y se puso a silbar.

Un niño venía corriendo por la carretera. Traía su cartera de 30 escolar colgada de los hombros. Su carrera graciosa, cachorril, con los pies calzados con grandes botas que la hacían tropezar a veces, paró un momento.

El niño se cogió el tobillo derecho con las dos manos en difícil equilibrio. Luego continuó su carrera hasta llegar a la altura del 35 hombre. Cuando saludó, la voz del niño, entrecortada de jaleos, estaba llena de respeto, casi de disciplina. Era el hijo de un sargento, que cogía el autobús primero de la mañana para ir al colegio del cercano pueblo. A la izquierda de la carretera, mirando a la sierra, frente al cuartel, estaba la colonia de oficiales 40

y suboficiales, un grupito de casas con jardín y huertos, en las que
la vida transcurría monótona y apacible.

—Don Joaquín, ¿va usted a Madrid?

El hombre no respondió a la pregunta. Sin embargo, le interrogó:

5 —Pero, chico, ¿no tienes frío sólo con el jersey?

—No, no; todavía no hace mucho frío. El abrigo lo guarda mi
madre para el invierno. Todavía no tengo frío. El año pasado
nevó este mes y me lo puse antes, pero hasta que nieve . . .

De una de las casas pegadas a la carretera, en la colonia, salió
10 una señora vestida de negro. Caminó de prisa colina arriba,
taconeando ruidosamente. A medida que andaba se iba arreglando
imperceptiblemente errores de su vestimenta. Un ligero toque
al pañuelo gris del cuello. Un estiramiento del cuerpo para que
el abrigo se ajustara perfectamente. El taconeo, tan claro segun-
15 dos antes, fue apagado por el bronco ruido del motor de un
coche acercándose. El niño dijo:

—Ya está aquí el autobús, don Joaquín.

El soldado, en la taberna, recogió la maleta y se despidió. El
tabernero le saludó:

20 —Que la encuentres tan bien como la dejaste, muchacho, no te
la hayan cambiado.

El tabernero se rió, y las dos mujeres, que bebían sus copas a
sorbitos, rieron con él. Concha comentó:

—Éstos están más asustados que palominos.

25 —No mudan aunque pasen cien años en Madrid.

El autobús fue disminuyendo su velocidad lentamente. Paró.
Descendieron unos oficiales y dos o tres soldados. Uno de los
soldados, al ver al que se iba de permiso, le gritó: "Sebastián,
torero, a ver si cuando vuelvas me traes un jamón." Sebastián
30 sonrió feliz. Se fue acercando a la puerta del autobús. Respondió
al que le había llamado: "Ya verás, *Auténtico*, lo que traigo," y
luego balbuceó algo, porque quiso decir una gracia y no acertó a
decirla. Le habían llamado *Auténtico* a aquel soldado de Madrid
porque así le conocían en la compañía desde que un día el
35 sargento le preguntó: "¿Tú eres Pedro García?" Y él había
respondido: "El auténtico, mi sargento."

Sebastián iba a montar en el autobús. Cuando lo iba a hacer, el
cobrador se lo impidió.

—Espérate a que dé la vuelta—le dijo.

40 Concha y Luisa salieron de la taberna.

La señora vestida de negro saludó al hombre que hablaba con el chiquillo.

—Buenos días. Parece que hace frío. Estas pobres criaturas— dijo, señalando al niño—; si aquí hubiera un colegio . . . A los míos prefiero criarlos como salvajes, ¿usted sabe?, hasta que nos 5 trasladen.

—Sí; para los chavales esto no es muy allá, que digamos.

La señora vio a las dos mujeres que salían de la taberna. En seguida las calificó. Las examinó de arriba abajo, policialmente. Después del detenido y despreciativo examen, con voz secretera, 10 náufraga en el pleno conocimiento del pecado, explicó al hombre, con cuidado de que no la oyese el niño, que se entretenía en dar patadas en la dura tierra de la vera de la carretera:

—Estas perdidas . . . ¡Qué vergüenza! Se debía hacer algo: echarlas o detenerlas. Por aquí hay mucha criatura. Luego 15 decimos que si los ejemplos . . .

El hombre miraba a todas partes y asentía con la cabeza. Prosiguió la señora:

—No sé cómo hay hombres . . . Porque todavía los soldados . .;[2] pero, según dicen, por la colonia hay hasta casados que algunas 20 veces . . . ¿Usted se lo figura?

El hombre contestó con algún nerviosismo.

—Es una inmoralidad. ¡Cómo está España! La guerra . . .

Las mujeres que habían salido de la taberna se sentían observadas y menospreciadas. Adoptaron un aire pleno de 25 modestia, tierno en su falsedad. Por lo bajo, Luisa le susurró a su compañera:

—Fíjate en ésa, hablando con el tipo de ayer.

—Ya, ya. Están hablando de nosotras; no hace falta más que ver la cara que pone ella. Ni que fuéramos m . . .[3]   30

El soldado miraba dar patadas al niño. Éste, al darse cuenta de que le contemplaban, le explicó:

—La tierra está muy dura. Si hubiera topos, sería fácil cazarlos.

El soldado se percató de que con aquel niño sería agradable 35 tener una conversación interesante y amigable. Principió a contar:

—En mi pueblo cazamos los topos a azada. Cogemos, cuando

[2] **Porque . . . soldados** Because you can understand in the case of soldiers
[3] **ni . . . m . . .** just as though we were dirt

la tierra está blanda en los choperales . . .

El autobús había dado la vuelta y paraba frente a la señora vestida de negro y el hombre que con ella conversaba. El chiquillo se adelantó a todos, y casi en el mismo momento en que
5 se abría la puerta ascendió al coche. Luego se guardó un riguroso turno: primero, la señora vestida de negro; después, el hombre que iba a tratar de una colocación en Madrid; tras él, las dos mujeres, y en último lugar, el soldado, que tropezó la maleta al subir y que hizo decir al cobrador, vigilante:
10 —Ten cuidado. Vete al final con ella, porque luego sube mucho personal y molestarás.

Advirtió de nuevo, cuando el soldado, azorado, dio un golpe al primer asiento:

—Que no es un arado, hombre.
15 El soldado pasó al final del coche. Allí se sentó. Cruzó una pierna sobre la otra y luego las descruzó. Miró el campo. Después, sus manos. Al fin, las cabezas de todos los viajeros.

Al lado del conductor se había sentado el chiquillo. Hacia la mitad del autobús, la señora de negro y el hombre de los zapatos
20 muy lustrados, separados por el pasillo y hablando en aquellos momentos de las próximas lluvias, tan necesarias para el campo y para que no se desencadenara una epidemia mortal de cualquier fantástica enfermedad.[4] Más atrás, las dos mujeres cuchicheaban de trapos, sin interés, como para disimular.
25 El cobrador volvía de la taberna, donde había ido seguramente a beber, comiéndose un bocadillo, que le obligaba de vez en vez a frotarse las manos pringadas en los pantalones azules desteñidos, ya casi grises. El cobrador gritó con la boca llena:

—Cuando quieras, Sánchez.
30 El motor del autobús comenzó a runrunear; dio un como bufido de gato metálico; ya en marcha tarareó con insistencia una moscardoneante canción. El conductor acariciaba el volante sin cesar. La mirada distraída del cobrador tan pronto se fijaba en el bocadillo, como en el paisaje, como en el niño, que con la cara
35 pegada al cristal contemplaba las cosas, que le parecía que pasaban a gran velocidad mientras el autobús estaba todavía quieto. La marcha del coche le producía una dulce y caliente sensación de estar aún en la cama.

---

[4] **enfermedad** *This statement reflects the popular belief held in Spain that dry or drouth conditions foster the growth and spread of epidemics and that rainy periods destroy disease germs.*

El soldado sacó su petaca nueva, comprada hacía pocos días
a un buhonero trotacuarteles. Estaba muy orgulloso de aquella
piel, suave como el mango de una herramienta de uso continuo,
blanda como una mano de mujer o, como algo de una mujer,
extraña a él, como un fruto no sabía de qué nombre al que le 5
hubiera gustado morder. Le entró intención de pasársela por el
rostro casi barbilampiño, ahora que no le veía nadie. Pero el
conductor volvió la cabeza, distraído, y él se guardó la petaca.

Muchas veces, Luisa había estirado su falda sin motivo, sobre
sus piernas desnudas. Muchas veces el hombre de los zapatos 10
relucientes había mirado desde su posición con el rabillo del ojo.
Luego el hombre se serenó y ya no volvió a mirar. Hubo un
momento, el soldado lo observó, en que todos los pasajeros
miraban al campo. Hubo otro momento, el soldado no se pudo
dar cuenta porque estaba mirando al campo, en que los viajeros 15
se observaban con fingida indiferencia. Estuvo a punto de decir
algo la señora vestida de negro al hombre que iba a buscar
empleo, pero no lo dijo. Luisa acercó sus labios a la cabeza de
Concha y le contó algo. Concha no lo entendió y preguntó en
voz muy queda: "¿Qué dices?", haciendo un gesto de extrañeza. 20
Luisa volvió a su serio mutismo.

El chiquillo veía y veía pasar las casas, los árboles delgados,
plantados el año anterior; la tierra parda y seca. Soñaba. Creía
que soñaba. Le hubiera gustado estar de aquel modo toda la vida.
Sin embargo, sabía que aquello tenía su fin y lo apuraba con 25
delectación. En cuanto llegaran al pueblo tendría que bajarse y
acercarse cansinamente al colegio, barato, destartalado, enemigo,
donde le explicarían cualquier cosa que no le interesaba demasiado, pero de la que tendría que dar cuenta poco después. Los
sábados, si la cartilla de las notas exponía su falta de atención y 30
de estudio, se ganaría en su casa algún zapatillazo de la madre
o algún pescozón del padre, que las miraba mientras leía el
periódico y hacía comentarios sobre las quinielas del fútbol. El
niño alentó en el cristal. Luego dibujó sobre el empañamiento.
Después borró el garabato con la manga de su jersey y principió 35
de nuevo.

Concha pensaba en su novio. Pensaba que no era muy bueno
con ella, pero que era un gran hombre, un hombre muy hombre,
un superdotado. De él le gustaba todo, desde cómo bebía el vino
hasta cómo la amenazaba, mientras ella se engallaba y le decía 40

obscenidades. Le gustaba aquel respeto que le tenían los amigos. Le agradaba su manera de dirigirse a los taberneros para pedirles un vermut. Le parecía que su cara de color ceniciento se iluminaba a veces cuando estaba contento o cuando estaba enfurecido, 5 y le desaparecía aquella tristeza humosa u oxidada de algo que siendo joven era ya muy viejo. Pensaba que alguna vez, aunque no la recogiese o aunque la dejara definitivamente, como ya se lo había dicho muchas veces, él la saludaría con alguna nostalgia, con aquella murria misteriosa que ella ya sentía a veces como un 10 sufrimiento. Porque le gustaba sufrir, estaba convencido de ello. Porque lo suyo, lo más suyo—lo sentía en su interior ardiendo en una llama achatada y fuerte—, era sufrir.

Luisa no paró a explicarse por qué odiaba a la señora vestida de negro. Imaginaba que aquella vida tenía demasiadas cosas 15 que ocultar para que se permitiese la mirada que les había lanzado. Odiaba de la señora el traje negro, los bucles, demasiado compuestos; su cara de mujer segura, que no ha tenido ocasión de balancearse sobre la desesperación; su modo, respetuoso y superior a un mismo tiempo, de tratar al hombre de la 20 noche pasada; su bolso, que adivinaba sin mucho dinero, pero con el suficiente para entrar en una tienda y discutir con el tendero sobre cosas caras, haciéndole ver que las podría comprar si quisiese para acabar llevándose las baratas con una solemne, casi litúrgica, seriedad.

25   El soldado se puso colorado de repente. Se imaginó que nada más llegar a Madrid, al bajar del autobús, se acercaba a las mujeres, a la más joven de las dos mujeres de la taberna, y le decía, le decía . . ., le decía . . . Lo pensó detenidamente. Le decía, por ejemplo: ¿Quién le va a invitar a usted, señorita, 30 si gusta? Se le fue pasando el rubor. En cuanto bajaran del autobús se les acercaría, lo había decidido. Sin embargo, sólo pensarlo, le entraba como una corriente eléctrica por las piernas que le ascendía hasta el corazón y lo aceleraba en su palpitar. Lo había decidido; pero tal vez, para no pasar apuro, fuese mejor 35 callarse.

El autobús avanzaba hacia el pueblo. El chiquillo iba identificando y nominando el campo: la casilla del caminero, el sanatorio de . . ., la revuelta donde atropellaron al ciclista, la cuesta donde el tren corría menos que una tortuga. Faltaban seis 40 o siete lugares conocidos: donde había visto aplastado un lagarto,

donde había cogido los arándanos verdes de la diarrea del
verano, donde se encontró la piel de un erizo, que se llevó a su
casa . . . El chiquillo comenzó a canturrear una canción patriótica
que había oído muchas veces. Repitió cansadamente la primera
estrofa.   5

El cobrador había terminado el bocadillo. Con mucha calma
se enjugó las manos en un papel de periódico que se sacó del
bolsillo. Se levantó para cobrar.

El hombre de la colocación en Madrid no pensaba en su
colocación. El hombre de la colocación y de los brillantes zapatos 10
de presunto colocado pensaba que tenía un amigo que paraba
en un bar de la calle de la Aduana, con el que se podía charlar
un buen rato de cosas y beber algunos vasos de vino. El hombre
miró hacia la señora vestida de negro y comenzó a pensar que
era una mujer ridícula. ¿Por qué tenía aquellos aires de mar- 15
quesa? ¿Por qué estrechaba y recogía los labios como si fuera a
escupir o a decir una calumnia? El hombre se sonó largamente en
el blanco pañuelo que llevaba en el bolsillo superior de la
chaqueta, lo dobló cuidadosamente; aspiró su olor a agua de
colonia barata, de la que empleaba después del afeitado. Quiso 20
volverse de espaldas de pronto para mirar a las mujeres y no se
atrevió. La buena fama es ante todo.

La señora vestida de negro examinaba las posibilidadas que
tenían las mujeres que estaban sentadas a sus espaldas de acabar
en un hospital, o en la cárcel, o ¡quién sabe dónde! Pensaba que 25
le debían dar asco, aunque no se lo daban. Sintió obligación de
que le diera asco. ¡Y que hubiera hombres que[5] . . .! Si alguna
vez se enteraba de que su marido . . .; pero su marido, no; su
marido era, entre otras muchas cosas, un caballero.

El autobús entraba ya en el pueblo. El chiquillo se acercó a la 30
puerta. Paternalmente, el cobrador le dio un golpecito en la
cabeza:

—¿Qué, a estudiar?

El niño se sintió molesto.

—Hay que estudiar, chavea, que la vida está muy mala.   35

El chico se indignó.

—A ver si te haces un hombre.

Al chiquillo le hubiera gustado darle una patada en la

---

[5] ¡Y . . . que . . .! And to think that there were men who . . .!

espinilla. ¿Por qué se tenía que meter aquel hombre en sus asuntos?

Frenó el autobús. Se abrieron las puertas, y un pequeño grupo de gente quiso subir a un mismo tiempo. El cobrador recomendó
5 calma. Sonriente, dijo:

—Dejen bajar el estudiante.

Desde la acera el colegial miró con odio al cobrador. El autobús se cerró como un estuche. Arrancó. El chico, lentamente, buscó el camino del colegio.

10 Los primeros viajeros del autobús se sintieron más confortablemente instalados. Los nuevos viajeros hablaban a grito pelado. La señora de negro y el hombre de la colocación comenzaron a hablar de nuevo. Concha y Luisa se dijeron varias cosas importantes. Sentían cómo sus voces se levantaban a medida que
15 se iban acercando a Madrid, donde nada se podía diferenciar, donde se sentían seguras y podían a sus anchas decir y responder lo que les viniera en gana. El soldado pensó en su pueblo, en las dificultades para ir a su pueblo. Un tren, un autobús, un largo camino a pie . . . Colocó la maleta de madera entre sus piernas.

20 Desde Chamartín, Madrid parecía nuevo, recién inventado. La casi solitaria carretera de entrada se extendía con un brillo de papel de estaño sin arrugas delante del autobús. Los árboles de los lados estaban verdes todavía. La mirada pesada del conductor se perdía en la verdeamarillenta barrera de la arboleda
25 del fondo, con la mancha gris de un monumento, abriendo como una boca de cueva en ella. Sobre los edificios lejanos flotaba un vaho de cambiante color a medida que se avanzaba. Se presagiaba el cielo, se veía el cielo en unas como venas de azul bajo la piel de neblina.

30 El autobús viró a la derecha y ascendió hacia Cuatro Caminos. En la calle estaban orilladas, en una larga columna, camionetas de modelos antiguos, destartalados, a las que cargaban de fruta. El autobús jadeó. El conductor bostezó aburridamente. La señora vestida de negro se dirigió al hombre de los zapatos
35 brillantes:

—Y usted, ¿cuándo vuelve?

—En el de las dos menos cuarto.

—Yo me vuelvo antes.

Paró el autobús. Fueron bajando los viajeros. Concha y Luisa
40 se colocaron para bajar inmediatamente detrás de la señora y el

hombre. El soldado, con su maleta de madera, esperaba a que bajasen todos para no tropezar con alguno y darle ocasión a quejarse.

Se encontraron los cinco en la acera. La señora se estaba despidiendo del hombre de la colocación. Luisa y Concha se 5 decían algo en voz baja. De pronto Concha alzó mucho la voz:

—Mira éste, ahora mucho cuento y anoche tan simpático.

La señora lo oyó. La señora comprendió en seguida. La señora se despidió automáticamente, mientras el hombre que quería una colocación en Madrid, una colocación de las que hablaban 10 tanto los compañeros, miraba al soldado como culpándole a él. El soldado, ante aquella mirada acusadora, se encogió, quiso hacerse pequeño, muy pequeño. La señora caminaba ya acera adelante. El hombre la siguió a alguna distancia, procurando acortar sus pasos, no alcanzarla.   15

Concha y Luisa rieron escandalosamente, de tal forma que el vendedor de periódicos se creyó en la obligación de decirles:

—Divertidas, que sois muy divertidas, a ver si lo que queréis . . .

Y murmuró algo seguramente procaz, violento, que ellas no entendieron, pero que adivinaron. Concha se volvió para decirle 20 una cosa molesta a grandes gritos, pero su compañera la arrastró del brazo hacia la boca del Metro.

El soldado las vio descender las escaleras. Las dos mujeres contoneaban mucho las caderas. Pensó que las debía haber dicho algo. Pensó que si no hubieran ellas hablado en voz tan 25 alta y el hombre aquel no le hubiera mirado tan tremendamente él les hubiera podido decir algo.

El soldado recibió un empujón. Escuchó a sus espaldas una voz femenina, agria y tirante:

—¡Eh, tú, que estorbas, so pasmao! [6]   30

Volvió la cabeza y vio a una mujer con un cesto lleno de churros. Cogió la maleta y echó a andar a grandes pasos. Se golpeó en la rodilla con ella, tropezó. Oyó una risa. Sintió que no podía ganar al rubor en rapidez. Sintió que no le ganaría nunca y, por un momento, se le nublaron los ojos. Luego 35 continuó caminando.

---

[6] **so pasmao!** big numbskull!

PREGUNTAS

1. ¿Cómo era el cielo de la mañana?
2. ¿Quién contemplaba el paisaje desde la colina?
3. ¿Qué le había llegado?
4. ¿Cuánto tiempo había vivido dentro del cuartel?
5. ¿Quiénes estaban sentadas cerca de la puerta de la taberna?
6. ¿Qué le dijo al soldado la más joven de las mujeres?
7. ¿Cómo respondió él?
8. ¿Qué pidió el soldado?
9. ¿Qué preguntas le hizo el tabernero al soldado y cómo contestó éste?
10. ¿A qué hora sale el autobús?
11. ¿Por qué no entran las dos mujeres?
12. ¿Quién se acerca?
13. ¿Las convida?
14. ¿Quién convida a quién, por fin?
15. ¿Qué les preguntó el tabernero?
16. ¿Qué iba a hacer en Madrid el hombre que esperaba fuera?
17. ¿Adónde iba el chico que esperaba el autobús?
18. ¿Quiénes bajaron cuando llegó el autobús?
19. ¿Qué gritó uno de los soldados a Sebastián?
20. ¿Por qué le llamaban *Auténtico* a ese soldado?
21. ¿De qué conversan la señora y el señor que esperan fuera de la taberna?
22. ¿Cómo reacciona la señora al ver salir a las dos mujeres?
23. ¿Sobre qué asunto conversan el soldado y el niño?
24. ¿Qué orden siguieron en subir al autobús?
25. ¿Adónde dijo el cobrador que fuera a sentarse el soldado? ¿Por qué?
26. ¿Dónde se sentó el chiquillo?
27. ¿Dónde se habían sentado los demás pasajeros?
28. ¿Por qué había ido el cobrador a la taberna?
29. ¿Qué efecto le producía al niño la marcha del autobús?
30. ¿Por qué sacó el soldado su petaca?
31. ¿Qué deseaba hacer con la petaca y por qué no lo hizo?
32. ¿En qué pensaba el niño mientras iba en el autobús?
33. ¿En qué pensaba Concha?
34. ¿Qué cosas de la señora odiaba Luisa?
35. ¿Qué cosas decidió hacer el soldado en cuanto el autobús llegara a Madrid?
36. ¿Qué sitios identificó el chiquillo mientras el autobús avanzaba hacia el pueblo?
37. ¿En qué pensaba el hombre de la colocación en Madrid?
38. ¿Por qué se sintió molesto el niño?

39. ¿Cómo cambiaron las voces de Concha y Luisa a medida que se iban acercando a Madrid?
40. ¿Cuándo va a volver el hombre de los zapatos brillantes?
41. Cuando la señora se despedía del hombre de la colocación ¿qué dijo Concha en voz alta?
42. ¿Qué pensó el soldado al ver desaparecer a las dos mujeres?

Ana María Matute

MADRID; 1926

Recibió su educación literaria en Madrid y en Barcelona. Su bachillerato es de Barcelona. Después estudió pintura y violín. En 1947 publicó sus primeros cuentos. Su novela *Los Abel* (1948) fue traducida al italiano y al francés. En 1953 recibió el Premio Gijón por su novela corta *Fiesta al Noroeste*. En 1954 obtuvo otro premio con su novela *Pequeño Teatro*. A fines de 1955 publicó *En esta tierra*, la más extensa de sus novelas. Después vinieron dos colecciones de cuentos: *Los niños tontos* (1956) y *El tiempo* (1957).

Como Ana María Matute no publicó sus narraciones en el mismo orden en que las escribió, las fechas que damos arriba no indican el proceso de madurez de su estilo. Se ensayó, al parecer, con *Pequeño Teatro;* y *En esta tierra* fue anterior a *Fiesta al Noroeste*.

En *Pequeño Teatro* hay todavía cierta desarmonía entre el deseo de reproducir la realidad tal como es y el acento personal, imaginativo, de la novelista. *En esta tierra* nos presenta la ciudad de Barcelona durante la guerra civil. La guerra no es un marco, sino el centro mismo del cuadro. Los personajes sufren, y a través de sus sufrimientos vemos los hechos terribles. Sin ser novela de tesis, se advierte la solidaridad de la autora con las clases humildes y su intención reivindicatoria. La descripción es firme, pero no objetiva, pues hay en ella una exaltación, declamatoria a veces, que denuncia el angustioso y renegrido vacío de esos años de brutalidad, estupidez y asco. *Fiesta al Noroeste* nos pinta la vida sombría en una aldea castellana perdida en la provincia de Logroño. Con deliberada sequedad, con blancos y negros de aguafuerte más que con los colores de un cuadro de caballete, sin optimismo, sin paz, narra vidas de caciques y de humildes. En esta narración Ana María Matute logra imponer su estilo personalísimo, deformante. En vez de dejarse moldear por las cosas, las convierte en imágenes de su propia visión. Inventa, más que observa, y sus páginas adquieren así una cualidad arbitraria, caprichosa y, en sus mejores momentos, poética.

Los cuentos de *El tiempo* tienen un sostenido tono de tristeza. Matute nos habla de vidas derrotadas, generalmente oprimidas en el cerco de la familia. Todo es deprimente, pero la prosa es tan sobria, tan digna, tan libre de efectismos melodramáticos que se ve que Ana María Matute pide al lector, no fácil simpatía sentimental, sino comprensión inteligente.

Ha escrito cuentos para niños y sobre niños. Son muy diferentes. El cuento para niños—*El país de la pizarra*, 1954?—es un viaje mágico, como el de Alicia en *Through the Looking-Glass*, lleno de gracia, fantasía, lirismo y buen humor. Los cuentos sobre niños, en cambio, son terriblemente crueles. *Los niños tontos* son en verdad más poemas en prosa que cuentos. Poemas crueles, de una belleza tan extraña que a simple vista nos hieren como pedazos de fealdad. Es que no estamos acostumbrados a ese embellecimiento de las vidas tontas. Estos "cuentos" imaginan el misterioso mundo mental de pequeños personajes que sienten intensamente pero con las luces de la razón apagadas. Nos asomamos, conmovidos u horrorizados, a sus juegos, sus crímenes, sus dolores, alucinaciones y muertes. No son cuentos realistas ni psicológicos. Ana María Matute los cuenta con frialdad, pero es la frialdad de un cristal engañoso: vidas enfrascadas, como en un museo de monstruos. En el modo de meter a las pobres criaturas en esos frascos de cristalina prosa hay, sin embargo, si no ternura, por lo menos simpatía. Es como si la autora nos descubriera que también la tontería transfigura las cosas y las puede poner en una dimensión poética.

Los Niños Tontos

EL TÍOVIVO

El niño que no tenía perras gordas merodeaba por la feria con las manos en los bolsillos, buscando por el suelo. El niño que no tenía perras gordas no quería mirar al tiro al blanco, ni a la noria, ni, sobre todo, al tíovivo de los caballos amarillos, encar-
5 nados y verdes, ensartados en barras de oro. El niño que no tenía perras gordas, cuando miraba con el rabillo del ojo, decía: "Eso es una tontería, que no lleva a ninguna parte. Sólo da vueltas y vueltas, y no lleva a ninguna parte". Un día de lluvia el niño encontró en el suelo una chapa redonda de hojalata; la mejor
10 chapa de la mejor botella de cerveza que viera nunca. La chapa brillaba tanto que el niño la cogió y se fue corriendo al tíovivo, para comprar todas las vueltas. Y aunque llovía y el tíovivo estaba tapado con la lona, en silencio y quieto, subió en un caballo de oro, que tenía grandes alas. Y el tíovivo empezó a dar
15 vueltas, vueltas, y la música se puso a dar gritos por entre la gente, como él no vio nunca. Pero aquel tíovivo era tan grande, tan grande, que nunca terminaba su vuelta, y los rostros de la feria, y los tolditos, y la lluvia, se alejaron de él. "Qué hermoso es no ir a ninguna parte", pensó el niño, que nunca estuvo tan
20 alegre. Cuando el sol secó la tierra mojada, y el hombre levantó la lona, todo el mundo huyó, gritando. Y ningún niño quiso volver a montar en aquel tíovivo.

EL NIÑO QUE NO SABÍA JUGAR

Había un niño que no sabía jugar. La madre le miraba desde
25 la ventana ir y venir por los caminillos de tierra, con las manos quietas, como caídas a los dos lados del cuerpo. Al niño, los

juguetes de colores chillones, la pelota, tan redonda, y los camiones, con sus ruedecillas, no le gustaban. Los miraba, los tocaba, y luego se iba al jardín, a la tierra sin techo, con sus manitas, pálidas y no muy limpias, pendientes junto al cuerpo como dos extrañas campanillas mudas. La madre miraba inquieta al niño, que iba y venía como una sombra entre los ojos. "Si al niño le gustara jugar yo no tendría frío mirándole ir y venir". Pero el padre decía, con alegría: "No sabe jugar, no es un niño corriente. Es un niño que piensa".

Un día la madre se abrigó y siguió al niño, bajo la lluvia, escondiéndose entre los árboles. Cuando el niño llegó al borde del estanque, se agachó, buscó grillitos, gusanos, crías de rana y lombrices. Iba metiéndolos en una caja. Luego, se sentó en el suelo, y uno a uno los sacaba. Con sus uñitas sucias, casi negras, hacía un leve ruidito, ¡crac!, y les sesgaba la cabeza.

EL NIÑO AL QUE SE LE MURIÓ EL AMIGO

Una mañana se levantó y fue a buscar al amigo, al otro lado de la valla. Pero el amigo no estaba, y, cuando volvió, le dijo la madre: "El amigo se murió. Niño, no pienses más en él y busca otros para jugar". El niño se sentó en el quicio de la puerta, con la cara entre las manos y los codos en las rodillas. "Él volverá", pensó. Porque no podía ser que allí estuviesen las canicas, el camión y la pistola de hojalata, y el reloj aquel que ya no andaba, y el amigo no viniese a buscarlos. Vino la noche, con una estrella muy grande, y el niño no quería entrar a cenar. "Entra niño, que llega el frío", dijo la madre. Pero, en lugar de entrar, el niño se levantó del quicio y se fue en busca del amigo, con las canicas, el camión, la pistola de hojalata y el reloj que no andaba. Al llegar a la cerca, la voz del amigo no le llamó, ni le oyó en el árbol, ni en el pozo. Pasó buscándole toda la noche. Y fue una larga noche casi blanca, que le llenó de polvo el traje y los zapatos. Cuando llegó el sol, el niño, que tenía sueño y sed, estiró los brazos, y pensó: "Qué tontos y pequeños son esos juguetes. Y ese reloj que no anda, no sirve para nada". Lo tiró todo al pozo, y volvió a la casa, con mucha hambre. La madre le abrió la puerta, y dijo: "Cuánto ha crecido este niño, Dios mío, cuánto ha crecido." Y le compró un traje de hombre, porque el que llevaba le venía muy corto.

EL NIÑO DE LOS HORNOS

Al niño que hacía hornos con barro y piedras le trajeron un hermano como un conejillo despellejado. Además lloraba.

El niño que hacía hornos vio las espaldas de todos. La espalda del padre. El padre se inclinaba sobre el nuevo y le decía
5 ternezas. El niño de los hornos quiso tocar los ojos del hermano, tan ciegos y brillantes. Pero el padre le pegó en la mano extendida.

A la noche, cuando todos dormían, el niño se levantó con una idea fija. Fue al rincón oscuro de la huerta, cogió ramillas secas
10 y las hacinó en su hornito de barro y piedras. Luego fue a la alcoba, vio el brazo de la madre largo y quieto sobre la sábana. Sacó de allí al hermano y se lo llevó, en silencio. Prendió su hornito querido y metió dentro al conejo despellejado.

MAR

Pobre niño. Tenía las orejas muy grandes, y, cuando se ponía
15 de espaldas a la ventana, se volvían encarnadas. Pobre niño, estaba doblado, amarillo. Vino el hombre que curaba, detrás de sus gafas. "El mar", dijo; "el mar, el mar". Todo el mundo empezó a hacer maletas y a hablar del mar. Tenían una prisa muy grande. El niño se figuró que el mar era como estar dentro
20 de una caracola grandísima, llena de rumores, cánticos, voces que gritaban muy lejos, con un largo eco. Creía que el mar era alto y verde.

Pero cuando llegó al mar, se quedó parado. Su piel, ¡qué extraña era allí!—Madre—dijo, porque sentía vergüenza—,
25 quiero ver hasta dónde me llega el mar.

Él, que creyó el mar alto y verde, lo veía blanco, como el borde de la cerveza, cosquilleándole, frío, la punta de los pies.

—¡Voy a ver hasta dónde me llega el mar!—Y anduvo, anduvo, anduvo. El mar, ¡qué cosa rara!, crecía, se volvía azul,
30 violeta..Le llegó a las rodillas. Luego, a la cintura, al pecho, a los labios, a los ojos. Entonces, le entró en las orejas el eco largo, las voces que llaman lejos. Y en los ojos, todo el color. ¡Ah, sí, por fin, el mar era verdad! Era una grande, inmensa caracola. El mar, verdaderamente, era alto y verde.

35 Pero los de la orilla, no entendían nada de nada. Encima, se

ponían a llorar a gritos, y decían: "¡Qué desgracia! ¡Señor, qué gran desgracia!".

PREGUNTAS

El tiovivo

1. ¿Qué hacía el niño que no tenía perras gordas?
2. ¿Qué opinión tenía el niño del tíovivo?
3. ¿Qué encontró el niño un día de lluvia?
4. ¿Adónde se fue corriendo?
5. ¿Qué quería comprar?
6. ¿Cómo estaba el tíovivo a causa de la lluvia?
7. ¿En qué subió el niño?
8. ¿Qué resultó hermoso para el niño?
9. ¿Qué encontró el hombre cuando levantó la lona?

El niño que no sabía jugar

1. ¿Qué hacía la madre del niño que no sabía jugar?
2. ¿Tenía juguetes el niño?
3. ¿Adónde se iba?
4. ¿Cómo miraba la madre al niño?
5. ¿Qué decía el padre?
6. ¿Qué hizo un día la madre?
7. ¿Qué hizo el niño al llegar al borde del estanque?
8. ¿Qué hizo el niño con los animales que había metido en la caja?

El niño al que se le murió el amigo

1. ¿Qué hizo una mañana el niño?
2. ¿Qué le había pasado al amigo?
3. ¿Dónde se sentó y qué pensó?
4. ¿Por qué no era posible que el amigo no volviese?
5. ¿Qué hizo el niño en vez de entrar a la casa?
6. ¿Cuánto tiempo pasó buscando a su amigo?
7. ¿Qué pensó el niño cuando llegó el sol?
8. ¿Adónde volvió después de tirar los juguetes?
9. ¿Qué cambio notó su madre cuando volvió el niño?

El niño de los hornos

1. ¿Qué le trajeron al niño que hacía hornos?
2. ¿Cómo era el hermanito?
3. ¿Qué quería tocar el niño de los hornos?
4. ¿Qué hizo el niño en la noche?

5. ¿Qué hizo en la huerta?
6. ¿Adónde fue luego?
7. ¿Qué sacó de los brazos de su madre?
8. ¿Qué metió en el horno prendido?

Mar

1. ¿Cómo tenía las orejas el niño?
2. ¿Qué dijo el hombre que curaba?
3. ¿Cómo se figuró el niño que era el mar?
4. Al llegar al mar ¿qué quería hacer?
5. ¿Cómo creyó que era el mar y cómo lo veía?
6. ¿Por qué anduvo el niño en el mar?
7. ¿Qué decían los de orilla?

VOCABULARY

The gender of nouns does not appear in the case of: (a) masculine nouns ending in —e, —ín, —ista, —o, —ón (excluding nouns ending in —azón and —ión which are usually feminine), —l, and —r; and (b) feminines ending in —a, —ad, —azón, —ez, —ión, —ud, and —umbre. Exceptions to the above are always noted. Prepositions used with verbs are given in most cases. Verbs are listed under infinitives. Radical changes in verb conjugations are indicated thus: (ue), (ie, i), etc. A dash means repetition of the key word. Parentheses enclose alternate usage.

The following abbreviations are used: **adj.** adjective; **adv.** adverb; **dial.** dialect; **Eng.** English; **f.** feminine noun; **Fr.** French; **ger.** gerund; **imp.** impersonal; **inf.** infinitive; **Ital.** Italian; **Lat.** Latin; **m.** masculine noun; **pl.** plural; **p. p.** past participle; **pron.** pronounce; **s.** singular; **trans.** translate; **Val.** Valencian.

A

a to, at, after, by, from, of, in; — **que** in order that

abajo below, down, under, underneath; **por una calle** — down the street; **de arriba (a)** — from head to toe (foot), from top to bottom; **más** — farther down; **de** — downstairs; **cuesta** — downhill

abalanzarse (sobre) to hurl oneself upon, to rush at

abandonado abandoned, deserted, out of the way

abandonar to leave, abandon, give up, run away from, desert

abanico fan

abarcar to cover, reach around

abatirse to slump

abierto open, opened, unenclosed

ablandado softened

ablandarse to soften

abobado silly-looking

abogadillo lawyer, shyster lawyer, ambulance chaser

aborto abortion

abrasar to burn, be red hot

abrazado embracing

abrazar to embrace; **—se** to embrace each other

abrazo embrace, hug

abrevadero watering trough

abreviar to shorten, abbreviate

abribocas open-mouthed

abrigarse to put on a coat, bundle up

abrigo coat

abrillantado shiny

abrillantar to make shiny

abrir to open, turn, unfasten; **—se** to open up; — **su negociado** to set up its business, offer a display; **—se camino** to show the way, open the way; **—se paso** to make headway, come to the fore

231

abrocharse to button up
abrumador wearisome, crushing, overwhelming, irresistible
abrumar to overwhelm
absolutamente absolutely
absoluto absolute; **en —** absolutely not
absorber to preoccupy, absorb
absorto absorbed, preoccupied
abstraído absorbed
absurdo m. absurdity, absurd side; adj. absurd
abuela grandmother
abuelo grandfather
abulia lack of will power
abúlico deficient in will power, spineless, supine
abundar to abound, be rich
aburridamente in a bored manner
aburrimiento boredom
aburrir to bore; **—se** to get bored
acabar to finish, settle, complete, stop; **— de +** *inf.* to end by **+** *ger.;* **— por +** *inf.* to end by **+** *ger.*
academia academy, *i. e. center of traditional instruction;* **portal de —** classic portal, classic doorway
acallar to deaden
acampar to camp
acariciado stored up, restrained, held back
acariciar to pat, caress
acartonado dried up
acaso perhaps, maybe
acceso access, entry, interview
accesorio detail, accessory detail
accidente accident; **los —s de su cara** the lines of her face, her features
acecho: al — under cover
aceituna olive
aceitunado olive colored
acelerar(se) to become accelerated, speed up, accelerate, move faster
acentuar to accentuate, stress, emphasize
aceptar to accept
acera sidewalk
acercar to put near; **—se** to approach, go (pass) by
acertar (ie) to hit the mark, be right,

do things right, be successful; **— a +** *inf.* to succeed in **+** *ger.;* **no acertando en nada** nothing seemed to be right, not being able to do anything right
aciago unlucky, fateful
acierto direct hit, bullseye, success; **—s** dexterity, knack
aclarar to clarify; **—se** to clear away
aclimatar to acclimate
acodado bent at the elbow, elbowed
acogedor protective
acoger to receive, welcome
acogido welcomed, received
acometida approaches
acomodado well-to-do, well off
acompañante companion
acompañar to accompany, take care of; **— niños** to babysit; **— al paso** to walk along with
acongojado grieved, afflicted, worried
aconsejable advisable
aconsejar to counsel, advise
acontecer to happen; m. happening, procedure
acontecimiento actual happening, event
acoplarse to join together
acordar (ue) to remind, concede, grant; **—se de** to remember, recall
acortar to slow down
acosar to pursue, vex, harass, becloud
acostar (ue) to put to bed; **—se** to go to bed, lie down, stretch out
acostumbrado accustomed, used, customary, usual
acostumbrarse (a) to get used to, get accustomed to
acreditarse to turn out
acreedor worthy, deserving
acritud sourness, bitterness
actitud attitude
acto: en el — immediately
actual present-day
acuciamiento inner urge to press on
acudir to go, rush out; **— a la cita** to have dates, keep a date
acuerdo: de — con in agreement with, matching

acusador accusing
acusar to accuse, reveal, show
achacar to attribute
achatado flattened, low
adelantado progressive
adelantar to progress, make progress, move ahead, project, present, rush ahead; **—se a** to anticipate, rush ahead, advance, go ahead, go forward
adelante ahead; **en —** in the future; **para más —** at a future date; **acera —** along the sidewalk
ademán *m.* movement, gesture, expression
adentrarse (en) to go in, penetrate
adentro inside, within; **para sus —s** inwardly
aderezado carefully prepared
adherirse (a) (ie, i) to take hold of
adiestrar to train, instruct
adiós goodbye
adivinanza riddle
adivinar to make out, guess, divine, imagine, catch on
admirar to admire; **—se de** to wonder at, be amazed
admisión admission
adoctrinar to indoctrinate, teach
adolescente adolescent, youthful
adoptar to adopt, take
adoptivo adopted, adoptive
adormecido asleep
adormilarse to doze off
adornado adorned
adorno decoration
adosado against, attached to, worn about
adquirir (ie, i) to attain, have, take on
adquisición purchase
adrede on purpose
aduana customs office
aducido brought out
adueñarse to become owner, take over
adulación flattery
advertir (ie, i) to tell, warn, advise, notice, note, make a suggestion
afable affable, friendly
afán *m.* desire
afanado (en) eager (to)

afanarse to labor hard, seek, search out, long for
afanosamente laboriously, eagerly
afanoso eager
afear to disfigure, make ugly
afecto affection
afectuoso friendly, affectionate
afeitado shave
afeite embellishment
aferrar to catch; **—se** to cling
afgano Afghan
aficionado (a) fond of
afín affinity; **el —** one akin
afirmar to maintain, reaffirm
aflorar to come out, crop out
afuera: las —s the outskirts, suburbs
agacharse to bend low, stoop
agarrar to grab, grip; **—se a** to grab hold of, come to grips, have it out
agarrotado bound
agasajo friendly greeting
agazapado crouched
agilidad agility
agitado excited, stirring, moving
agitar to move, shake
aglomeración crowd
aglomerarse to crowd, gather, collect
agobiante oppressive
agolparse to crowd forward
agonizar to die slowly
agotado exhausted, worn out, run down
agradable pleasant
agradar to please
agradecer to thank, be grateful for; **— con lágrimas** to show tearful gratitude for
agradecido grateful
agregar to add; **—se** to join
agresor aggressor
agrícola: una — nostalgia a born farmer's nostalgia
agrio bitter
agruparse to gather
agua water
aguafuerte etching
aguardar to wait, delay, hold off, await
agudicéfalo sharp-pointed shaped, acuticephalism, acuticephalic

agudísimo very sharp, very bitter
agudizado sharp
agudizar to sharpen
agujereado punctured
agujerear to puncture, make a hole
aguzar to sharpen
ahí there; **es —** it's there; **de —** hence
ahincado (en) clinging to, bound by, anchored in
ahogado stifled, muffled, filled with water
ahogar to drown, stifle; **—se** to be silenced, be drowned out, be stifled
ahogo point of stifling, suffocation
ahora now
ahorrar to save, save from
ahuecar to loosen, puff out
airadamente angrily
airado airy
aire air, fresh air, sky, atmosphere; **—s colados** drafts; **al — libre** in the open air; **al —** exposed
aislado isolated
aislar to isolate
ajado faded, worn out
ajar: —sele el cuerpo the wrinkling and shriveling up of her body
ajedrez *m.* chess
ajeno another's
ajetreo bustle
ajustado carefully worked
ajustar to adjust, tighten; **— las paces** to fix things up
ajuste make-up, layout, newspaper arrangement
ala wing
alabar to praise
alambrada barbed wire fence
álamo poplar, poplar tree
alarde display
alargado drawn out, lengthy
alargar to lengthen; **— el paso** to hasten one's step
alba dawn
albañil bricklayer
albedrío will
albérchigo peach
alborotado disturbed, upset
alborozado noisily

alcacer barley field
alcalde mayor
alcance: al — de within reach of
alcanzado overtaken
alcanzar to reach, catch, catch up with; **— a +** *inf.* to reach out to, attain, succeed in **+** *ger.*
alcázar castle, former royal palace in Madrid
alcoba bedroom
aldabón knocker
aldea village
aldeano villager; *adj.* village, small town
aldehuela small town
aldeúca ugly village
aleccionar to train, teach
alegar to maintain
alegrarse to be glad
alegre gay
alegremente gaily, happily
alegría joy
alejarse to go away
alelado stupified
alentar (ie) to inspire, breathe, encourage
alero gable end, gable
alerta alert, attentive
alfiler pin
alfombra rug
algas *f. pl.* algae
algo something, somewhat, rather, some reason, something extra
algodón cotton, softened statement
Algorta *a small town in the Basque country in the vicinity of Bilbao, Spain*
alguno some; **—a que otra** an occasional
alhajado furnished
Alhambra *The medieval palace of the Moorish kings at Granada, Spain*
aliento breath, spirit, atmosphere
alimentado fed
alimentar to feed, nourish
alinearse to line up, be aligned, be placed alongside each other
aliso alder tree
aliviado refreshed
aliviar to relieve; **—se** to relieve oneself, get over a difficulty, get over it

alivio relief
aljofarado pearl-inlaid
alma soul
almacén *m.* store, storehouse, treasure trove
almanaque almanac, calendar
almendro almond tree
alpargatero shoemaker, *i. e. maker of alpargatas, Spanish rope sandals*
alquilar to rent
alrededor nearby; — **de** around; **a mí** — around me; **de** — surrounding; — **suyo** around him; —**es** vicinity
altar altar, priest at the altar; — **mayor** high altar
alterar to change
alto high, loud, tall, upper; *m.* hill; ¡—! Halt!; **pasar por** — to omit; **por** — unnoticed; **en** — above; **mirando a lo** — looking skyward; **lo más** — the top; **lo** — high point, top, above
altura hill, height; **a la** — **de** up to; **de** — erect, high, upper, perpendicular
aldudido one referred to; **darse por** — to consider oneself included
aluego *dial.*-**luego**
alumbramiento well, childbirth
alumbrar to light up, illuminate
alusión reference
alzar to pick up, lift, raise; — **el vuelo** to take flight
allá there; **aquí y** — here and there; **no ser muy** — not to be very good
allegar to approach
allí there; — **mismo** right there
ama nurse; — **de cría** children's nurse
amable lovable, friendly
amaestrar to tame
amainar to lessen
amanecer to dawn; *m.* dawn
amar to love
amaricado effeminate
amarillento yellowish, yellowed
amarillo yellow, tan
ámbar amber
ambiente atmosphere, air, environment
ambos both
amenazador threatening

amenazar to threaten
ameno pleasant
amigote pal
amistad friendship; —**es** friends
amistoso friendly
amo boss
amontonarse to pile up
amor love, lover; —**es** love, love affair; — **de lágrimas** tearful love
amoratado blue with cold, livid
amortiguado deadened, muffled
amparado covered over
amplificar to expand
amplio large
amplísimo very broad
ampollar blisterlike; **cereza** — Queen Anne cherry
amueblado furnished
amusgar to squint; — **los ojos** to squint
anacoluto anacoluthon, *deviation from normal grammatical sequence in a sentence in order to express strong emotion*
anacrónico anachronistic
analizar to look at searchingly
análogo analogous, similar; **otra** —**a** another just like it
anaquel shelf
anárquico anarchist
anca haunch
anciana old woman
anciano old man
anchas: a sus — freely, at will
ancho broad, wide
andado: se vuelve sobre lo — things are said again and again
Andalucía, *a region of southern Spain*
andamio scaffold
andar to walk, go, go about; — + *ger.* to be + *ger.;* ¡**Andando!** Let's get going!; — **por el mundo** to be up and about; — **a la buena de Dios** to wander freely and aimlessly; **anda** go ahead; —**se por las ramas** to wander all over, beat around the bush
andén *m.* platform, loading platform
andino Andean
anecdótico anecdotal
anegado overflowing

anejo: — **a** that goes with
angelote angel, large angel, statue of an angel
angosto narrow
ángulo angle, corner
angustia anguish
angustiado anxious, sorrowful
angustiosa anguished sufferer
angustiosamente anxiously
angustioso anguished
anhelado longed for, desired
anhelante eager, longing, anxious
anhelar to long anxiously, long for
anhelo desire
anidar to nest, nestle, dwell
ánima soul
animalejo little animal
animar to cheer up; —**se** to brighten, become alive
ánimo mind, spirit; —**s** people
anochecer *m.* evening; to grow dark
anodino anodyne ,soothing, unexciting, dull
anónimo anonymous note
anotado annotated
ansia anxiety, longing, ambition, desire; **con** — anxiously
ansiar to long for, hope for
ansioso anxious
antaño before; **como** — as they used to
ante before, among, in the presence of, with, face to face with, in front of, toward, considering
antecámara antechamber, waiting room
anterior before, previous
antes before, formerly; — **de** before; — **bien** rather; — **de que** before
antesala anteroom, waiting room, wait, time spent in waiting
anticipar to anticipate
anticuado old fashioned
antigüedad antiquity
antiguo old, ancient, former; **de** — from a long time ago
anuncio ad, neon sign; —**s por palabras** classified ads
antro cave
anunciar to announce

anzuelo hook
añadir to add
añico bit; **hecho** —**s** smashed to bits
año year; **de sus mismos** —**s** of her own age
añorar to long for
apacible peaceful, pleasant
apaciblemente calmly
apaciguar to calm
apagado dull, silenced, dulled, extinguished
apagar to put out, silence, die out, disappear; —**se** to die out
apagón blackout; — **de luz** light failure
aparador sideboard, cupboard
aparecer to be, turn out to be, appear, turn up
aparentar to feign, pretend
apariencia appearance
apartado off to one side; — **de** apart from
apartar to scatter, turn aside, go away, take away, drive away; —**se** to turn aside, push aside, turn away from; —**se de** to leave, go away from
aparte apart, to one side; **quedarse** — to stay⸴ behind; — **de** apart from, beyond
apático apathetic, lacking in feeling
apearse to get off
apelar to appeal
apenas scarcely, hardly, only, barely; — **si** scarcely
apercibirse to perceive
aperitivo appetizer, stimulating
apero implement
apetito appetite
aplastado run over, flattened, crushed
aplastar to crush
apoderarse (**de**) to overcome, seize
apodo nickname
apólogo apologue
aporrear to pummel, knead
aportado brought in
aposento room
apostarse (**ue**) to post oneself, station oneself
apoyado leaning
apoyar to rest; —**se** to lean (on), to

support
apoyatura adornment, characteristic
apreciación evaluation
apreciar to appreciate
apremiante urging, pressing, inciting
aprendiz *m.* apprentice
aprensión apprehension, fear, suspicion
aprestarse to speed up, go faster
apresuradamente hurriedly, quickly
apresurado hastening, in a hurry, rapidly, hastily
apresurarse to hasten
apretado closely pressed, firmly closed, close together
apretar (**ie**) to shake, press; —**se** to tighten, crowd around; — **los dientes** to grit one's teeth; — **el paso** to hurry
apretujeo hug, squeezing
aprisa quickly, hurriedly
aprobación approval
aprovechado used
aprovechar to take advantage of, make use of
aproximar to approach, get (draw) near; —**se** to approach
apuesto graceful
apuntación note
apunte note
apurar to use up, take in, drink in
apuro haste, trouble, difficulty
aquejar to bother, affect, trouble
aquel, aquello, aquella, aquellos, aquellas that, those
aquí here; — **y allá** here and there; — **señora Venegas** This is Mrs. Venegas
aquiescencia acquiescence, consent, acceptance of a fact
árabe Arabic
arado plow
Aranda *a city in Old Castile located on the Duero river*
arándano cranberry
arandino *native or inhabitant of Aranda*
arañar to scratch, sweep
arbitrista *m.* special pleader
árbol tree
arboleda trees, grove
arbolillo young tree, sapling

arborestal woodsy
arca chest
arcaizante archaic; **caída** — old fashioned turn of phrase
arco: — **iris** rainbow
archiculto excessively refined
archivo archive
arder to burn
ardiente burning
ardor heat, ardor
arduo arduous
arena sand
arenal sand bank
Argamasilla *a town in the province of Ciudad Real, south central Spain*
argumental plot-like
argumento plot, story
arma arm; **plaza de —s** Place d'Armes, drill plaza, public square
armado mounted, set up
armadura frame
armario wardrobe, clothes press, closet
armonía harmony
armonizar to harmonize
aroma *m.* aroma, smell, odor
arquitecto architect
arquitectura architecture; —**s** constructions
arracimado de loaded down with
arrancar to call forth, begin, start, tear out, tear off
arranque fit, sudden inspiration, beginning, starting point
arrastrar to drag; —**se** to be spread out
arrear to drive animals, gallop
arrebato rapid, decisive movement; attack
arrebol glow
arrebujado bundled up
arreciar to get worse
arreglado: estar — to be in a fine fix
arreglo arrangement, equipment; —**s** settlement; **no tener** — to be beyond repair
arreglar to arrange, reform, settle, fix up, make amends; —**se** to get ready, fix oneself up, explain, clear up
arrellanarse to sit back, sit at ease, nestle against something, cuddle up

arremolinarse to cuddle up, huddle together

arrepentido *m.* penitent; *adj.* repentant, sorry

arriba up, upstairs, above, upwards; **colina —** uphill; **de — abajo** from head to toe; **de — a abajo** from top to bottom

arribar to arrive, reach

arriero muleteer

arriesgado risky

arrimado closely pressed together, supporting each other, next to, close to

arrimar to put near, bring near

arrodillado kneeling

arrogancia arrogance

arrojar to throw, send forth, show, give off; **—se** to throw oneself

arruga wrinkle

arrugar to be crumpled up

arrullo lullaby

artesiano artesian

articular to communicate, stimulate

artilugio method, system

artillero artillery man, dynamiter

artístico artistic

artúrico Arthurian

as *m.* ace, star, top performer

asa handle; **la rosquilla de su —** the handle

asaltar to attack, assault

asamblea assembly

asarse to roast

ascendente ascending

ascender to ascend, climb up, come up

ascensor elevator

asco nausea, loathing; **dar —** to cause loathing; **un — de cerveza** a bad beer hangover

ascua hot coal, spark

asegurar to assure

asentado placed

asentimiento assent

asentir (ie, i) to assent

asesinato assassination

asesino assassin

asfixiante stifling, smothering

asfixiarse to be nearly suffocated

así thus, like this, this way, that way; **aun —** even then; **— de grande es este vasco** this is how great this Basque is; **— y todo** however, even then

asiento seat

asignación expense money

asimismo likewise

asir to grip; **asió sus manos a** he held his hands close, he gripped closely

asistir to attend, help

asno jackass

asociarse to join; **— al duelo** to share the grief

asomar to appear; **— la cabeza** to appear; **—se** to appear, make an appearance, approach, look at, come into sight, go out of the house, enter, take up

asombrado astonished, surprised; **de tan —a** carried away by her surprise

asombrar to astound; **—se** to be astonished

asombro astonishment, surprise

asombroso astonishing, surprising

asomo suggestion

aspecto appearance

áspero rough

aspiración aspiration, ambition

aspirar to aspire, seek to be, inhale, breathe in

asta horn

asténico asthenic, physically weak

astro star

astuto astute, sly, crafty

asunto matter, affair

asustado frightened

asustante frightening

asustar to frighten; **—se** to become frightened

atar to tie, tie up

atajar to interrupt, break in

atajo short cut, approach

ataviarse to fix oneself up

atavío dress

atención attention, attentiveness

atender (ie) to attend

atentado crime

atento attentive

atenuado attenuated, weakened, lessened

atenuar to lessen

aterrado horrified, terrified

atestado packed

ático attic

atlético athletic; **un salto —** a mighty leap

atmósfera air

atónito astonished, surprised

atontado foolishly

atormentar to torment

atraer to attract, ensnare

atragantarse to choke

atraído attracted, drawn

atrás behind, back; **más —** farther back; **hacia —** backwards; **hacerse —** to step aside

atrasado old, out of date

atravesado perverse

atravesar (ie) to cross, live through, pass through, go through

atreverse (a) to dare; **— con** to take a chance on

atrevido daring

atrio atrium, paved terrace before a church

atrocidad atrocity

atropellar to run down, run over

atuendo ostentation, embellishment

aturdido confused, dizzy, dazed

aturdirse to make a frightful din

audaz daring

auditorio audience

auge high point, vogue, flowering

aullar to howl

aullido howl

aumentar to increase

aumento increase, raise; **lente de —** magnifying glass

aún, aun still, even, yet, **aun así** even then; **más aún** still more

aurora dawn; **— boreal** aurora borealis, northern lights

ausencia absence

ausentarse to absent oneself, wander far away

ausente *m.* absent one, departed one; *adj.* absent; **como —** absentmindedly

autenticidad originality

auténtico original, authentic, one and only

autobús *m.* bus

autodefinirse to define oneself, describe oneself

automatismo automatic reaction

autónomo autonomous

autor assassin, perpetrator of a crime, author

autoridad authority, importance, police, authorities

avance advance

avanzado advanced

avanzar to advance, move forward, move

avaro avaricious, miserly; *m.* miser

avenida avenue

avenido: mal —s quarreling

aventajar to be better, be superior

aventura adventure

aventurar to venture

avergonzar (ue) to shame; **—se** to be ashamed, be embarrassed

averiado damaged, poor, rotten

averiguación investigation; **en — de** to find out

averiguar to find out

aversión aversion

avestruz *m.* ostrich

avezado accustomed

avieso winding, crooked, out of the way

avinacharse to take on a wine-like hue

avisar to notify

aviso warning

avispado clever

avivado revived, quickened, heightened

avivarse to be enlivened, become sprightly

ay: ¡— del que...! Woe to him who . . .

ayer yesterday

ayudar to help

ayunar to fast

Ayuntamiento Municipal Building, Town Hall

azada hoe

azadón hoe

azadonazo hoe stroke

azar luck, chance
azogado quicksilver backing, overlay
azorado upset, frightened
azorar to upset, frighten; **—se** to become restless
azucarado sweet, sugar-coated
azul blue, blueness, blue sky
azulado bluish; **negro —** blue-black
azumbre *m.* small glass
azuzado noisy, buzzing
azuzar to incite

B

babas *f. pl.* drivel, spit, drooling
bache rut
bachillerato high-school course (studies)
bailar to dance
bajar to lower, come (go) down; **—se** to stoop, bend over, descend, get out
bajo lower, under, low; **por lo —** under her breath
bajón: dar un — to take a backward (downward) step
bala bullet
balada ballad
balancearse to sway, swing, hesitate, waver
balbucear to stammer
balbuceo stammering
balbucir to stammer
balcón balcony
balde: de — in ease and comfort, without effort
baldosín tile
balón football
bancal garden plot
banco bench
banda band
bandada flock
bandeja tray
bandurria small guitar
banqueta seat
bañar to bathe; **—se** to go swimming
baño bath, bathroom; **darse un —** to take a bath; **traje de —** bathing suit

Baracaldo, *a town and district in the Basque country of north central Spain*
barajar to turn over in one's mind, toy with
barato cheap
barba(s) whiskers, beard
barbaridad: una — de a lot of
bárbaro barbarian, lout; *adj.* rude, clumsy, stupid
barbecho fallow field
barbilampiño beardless
barbilla chin
barca vessel
barco boat
bargueño highly decorated chest
baronesa baroness
barra bar
barracón miners' barracks
barreno blasting
barrer to sweep away
barrera barrier
barriada neighborhood
barriguita belly
barrio district, neighborhood; **cine de —** neighborhood movie
barriquita little keg, cask
barrizal mudhole
barrizoso muddy
barro splattered mud, slime, dry saliva
barroco baroque, excessively adorned, ornamented
barruntar to guess, size (it) up
basamento footing, foundation
bascas *f. pl.* nausea, swooning
bastar to be enough; **¡Basta!** that's enough!
basto crude, rough, coarse
bastón cane
batalla battle
batir to beat
bayo bay
beatitud blessedness, beatitude
bedel attendant, custodian
befa taunt
belleza beauty
bendecir to bless
bendición blessing
bendito blessed, saintly; *m.* simpleton, poor little fellow

beneficiarse (**de**) to make use of profit by, profit from
beneficio profits, interest, benefits
benevolencia benevolence, good will
benévolo kindly
bengala sparkler, dazzler
berlina carriage
besar to kiss
beso kiss; **era una de —s robados** it was a time of stolen kisses
bestia animal, horse
besuquear to kiss
bíceps *m.* muscles
bidimensional two — dimensional
bien well, very; **no —** scarcely; **tener a —** to please to; **Oh, —** Oh, I see; **de —** well-meaning, decent; **más —** rather
bienestar well being
bifurcar (**se**) to split
bigote moustache
bigotito: del— with the little moustache
bilbaíno native of Bilbao, Bilbaoan
billete bill, ticket, stub
bisoñé *m.* wig
bisturí *m.* scalpel
bizco cross-eyed
bizcocho cake
blanco white, moonlit, bright; *m.* target
blandamente softly
blando soft
blanquear to show white
blanquísimo very white
boba silly fool
bobina reel, camera reel
bobo stupid; **— de él** how stupid he was
boca mouth, entrance; **— del lobo** jaws of the wolf, *i. e.* jaws of a trap
bocadillo tidbit, sandwich
boceto sketch
bocina horn, air horn
bochornoso sultry
boda(**s**) wedding
boga vogue
bohemia Bohemian behavior
boina beret, Basque cap
bola ball

bolero bolero, *a dance so called and its music*
bolita little ball, little wad
bolsa pocket
bolsilla small pocket
bolsillo pocket
bolso purse
bomba pump, bomb
bombero fireman
bombilla light bulb
bondad kindness
bondadoso kindly
bonito pretty, good looking; *m.* bonito (*a kind of fish*)
borda rail, ship's rail
bordado embroidery
borde edge, foam, head; **al — de** close to; **a — de** on
bordeado (**de**) lined, bordered (by)
bordo: a — de on, on board
boreal: aurora — aurora borealis, northern lights
borracho drunk, drunken
borrado erased, taken away
borrador rough draft
borrar to erase, rub off (away); **goma de —** eraser
borriquero donkey-like, *i. e.* slow, plodding
borroso blurred
bota boot
botellazo blow with a bottle
botica drugstore
boticario druggist
botija water jar
botijo water jar, water cooler
botón button
botoncito little button
bóveda vault, arch
boxeo boxing
brasa ash
bravío wild
brazo arm; **al —** on his arm; **del — de** arm in arm with
brecha breach, slot, hole
brega struggle
bregar to work hard
bretón Breton, *an inhabitant of Brittany in Northwestern France*
breve short, brief

brillante shiny, shining, flashing,
sparkling
brillantez brilliance
brillar to shine
brillo shine, brilliance, resplendence;
hacer —s to shine brilliantly
brincar to leap, jump, jump up and
down
brío (s) vigor
brisa breeze
brizna blade of grass
brocha brush
broma joke; **casa de —** fun house,
nuthouse, crazy house; **la — suelta**
the anonymous joker
bromista joker
bronco hoarse
brotar to come into being, bubble
forth, come forth; *m.* shining forth
brumoso misty
bruñir to shine
brusco brusque, sudden, quick, rapid
brutalidad brutalness
bruto brute; *adj.* stupid; **de —** brutal
bucle curl, ringlet
buche baby donkey, donkey colt
bueno good, all right
buey *m.* ox; **ojo de — ** porthole
bufanda scarf
bufido snort, puff
buhardilla attic
buhonero peddler
bulto importance, shape, form
bullicioso noisy
bullir to stir
bullón lump
burbuja bubble
burgués middle class, bourgeois
burguesía bourgeoisie, middle class
burla joke
burlar to joke; **—se de** to make fun of
burlón mocking
busca search; **en — de** going to meet
buscado put on, feigned
buscar to look for, seek, seek out, head
for, find; **a medio —** half searched
buscona streetwalker, prostitute
busto torso
butaca seat

C

cabal exact, intelligent; **hallarse en
sus —es** to be all there, be sane, be in
possession of all one's faculties
caballeresco chivalrous
caballería cavalry
caballero gentleman, civilian, nobleman
caballete easel; **cuadro de —** oil
painting
caballo horse; **a —** mounted
cabeceo nod
cabellera hair
cabello (s) hair
caber to be natural, be room for; **—
duda** to be doubtful; **No cabía duda**
There was no doubt about it
cabeza head, mind
cabezada nod; **dar una —** to nod
cabo end; **al fin y al —** after all
cabra goat
cabriolé cabriolet, *a type of carriage*
cacharro bowl
cacique political boss
cachazudo calm(ly), phlegmatic(ally)
cachorril playful
cada each; **— cual** each one; **— vez
más** more and more; **más + adj. —
vez** more and more + *adj.*
cadena chain
cadera hip
caer to fall, fit; **dejar — ** to drop; **— en
la cuenta** to realize
café *m.* cup of coffee, café
caída fall, falling off, hanging; **— de la
tarde** late afternoon; **— arcaizante**
old fashioned turn of phrase
caído downcast
caja case, box
cajera cashier
cajón box, drawer
calabaza squash; **dar —s** to turn down,
give the gate to, refuse
calamar squid
calar (en) to deal with; **—se** to pull
down
calculado planned
calcular to calculate, estimate
cálculo idea, calculation, guess, estimate

caleidoscopio kaleidoscope
calentar (ie) to warm, bask; —se to get warm
calentura fever
caliente warm
calificar to classify, rate, evaluate
calma calm
calmar to calm; —se to become(grow) calm
calor heat, warm, warmth; hacer — to be warm, be hot; tener — to be warm
calumnia insult
calva bald spot, clearing
calvo bald
calzado footwear, shoes; —s con wearing
callado silent, quiet
callar(se) to be quiet; m. silence
calleja narrow street
callejeo street wandering
callejón street, alley, side street
callejoncillo alley way
callejuela alley
calloso callous
cama bed
cámara chamber, room, camera
camarada m. comrade; —s de trabajo fellow workers
camarero waiter
camarote stateroom
camastro bunk
cambiante changeable, flickering, changing
cambiar to change, exchange; —se de mano to change from one hand to another; — impresiones to talk the matter over
cambio change, trade, exchange; en — on the other hand
Cambizos an imaginary district in a large Spanish city; la verbena de — the Cambizos fiesta
camilla stretcher
caminar to move on; el — verbal the rapid talk
caminata walk, hike
caminero road builder, road tender
caminillo path
camino road; — de bound for, on the

way to; — adelante walking along; iniciar — to set out
camión truck
camioneta pickup truck
camisa shirt
camisón gown
campana bell
campanilla bell
campanillazo ring(ing) of a door bell
campechano frank, hearty, cheerful
campesina farm woman
campesino farmer; adj. farm, country, rustic
campo field, countryside
camposanto cemetery
can m. dog
cancela grating, iron gate
canción song, tune
candente red hot, controversial
canecillo little dog
canica marble
caniche dog
canoa canoe
cansadamente tiresomely
cansado tired, weary, exhausted
cansancio exhaustion; cara de — looking tired
cansar to tire; —se to tire, grow tired
cansinamente in a worn-out manner
canso (dial.) = cansado
cantar to sing, sing out
cántico song, hymn, choral song
cantina canteen
cantinela constant refrain
canto song, croaking, chant, stone
canturrear to hum
caño spout
cañón barrel (of a gun)
cañoneo bombardment, artillery fire
capa class, level
capataz m. boss, foreman
capaz capable, worthy
capicúa lucky number, palindrome (i.e. a number that reads the same backwards and forwards, e. g.: 54645)
capilla chapel
capital m. fortune, capital; f. capital city

capitulillo section
capota hood
capote cape
capotón coat
capricho fancy, whim, impulse
captar to gather (up), capture
cara face, expression; **con — de un poco disgusto** with an expression of some displeasure; **— de cansancio** looking tired
caracola shell
caracolear to wheel about
carácter characteristic, character
caracterizar to characterize
carbonería charcoal vender's shop
carbonero charcoal vender, coalman
carburo carbide
carcajada guffaw
cárcel *f.* prison
carcomido decayed, rotted
Careto *name of a bull. It means an animal having a forehead marked with a white stripe or spot*
carga load, shipment, burden
cargado (**de**) loaded, loaded down with
cargador loader, rammer, hammer
cargante boring, tiresome, disgusting
cargar to load, charge; **— con** to support
cargo charge; **tener a su —** to have in charge
caricia caress; **—s** petting
caries *f. pl.* cavities
cariño affection
cariñosamente affectionately
cariñoso affectionate(ly), loving
Carlomagno Charlemagne
Carnaval Mardi Gras, carnival
carnicería butchering
caro expensive
Carolingio Carolingian
carpeta file, folder, briefcase
carraspear to clear one's throat
carrera career, running, running (dashing) about
carrero driver
carretera highway
carretón baggage truck

carrillo cheek; **chupado de —s** with sunken cheeks
carro cart, wagon
carrocería body, truck body
carruaje carriage
carta card, letter
cartabón drawing triangle
cartel sign
cartela label
cartelita label
cartera wallet, bag, briefcase; **— de escolar** school bag
carterita coin purse
cartilla card; **— de las notas** report card
cartón cardboard, piece of cardboard
casa house, home; **de —** home; **como en su —** completely at ease; **— central** home office
casar to marry; **—se** to get married
cascabel bell, footstool
casco helmet, hoof
caserío house, country house
casero homemade, familiar
casi almost
casilla hut
casita cottage
caso case; **en todo —** at all events; **a — hecho** purposely
castaño chestnut
castellano Spanish
castigo punishment
castizo traditional
catedrático professor
cauce river bed, direction, treatment
causa cause, reason
causar to cause, inspire
cautelosamente cautiously
cautivar to capture, charm, captivate
cauto cautious, wary
cavar to dig
cavernoso lean
cavilación: —es gossip
cazurramente slyly
cazurro sullen
cebar to feed
cebolla onion
ceder to cede, give in, surrender, change one's mind

cédula identification card
cegar (ie) to blind
ceguera blindness
celebrar to applaud, celebrate, hold;
—**se** to take place
celuloide celluloid
cementerio cemetery
cemento concrete
cena supper
cenar to eat supper
cencerro tinkling
cenicero ashtray
ceniciento ash, ashen
censura judgment
centenar hundred
céntimo cent
centinela sentinel, sentry, guard
central: casa — home office
ceñido surrounded, restrained, closely
surrounded
ceñir (i) to surround
ceño: fruncir el — to frown
ceñudo scowling
cerca fence, hedge
cercano near, recent, nearby
cerciorarse to make sure, solidify, find
out for sure
cerdito little pig
cerdo hog, pig
cerebro brain
cereza cherry; — **ampollar** Queen
Anne cherry
cerezo cherry tree
cerilla match
cero zero
cerrado tight, hermetic, absolute,
enclosed; **olor a** — musty odor
cerradura lock
cerraja lock
cerrar (ie) to close, go to press, block,
fall
cerro hill, peak, mountain
certero well informed, skillful
certeza certainty
cerveza beer
cesar (de) to stop, cease
cesta basket, lunch basket
cestita little basket
cesto basket

cetrino melancholy
ciclista cyclist
ciclo cycle
cíclope giant
ciego blind
cielo sky
cien one hundred; — **por** — one
hundred percent
ciencia science, knowledge; **hombre
de** — scientist
cierto sure, certain, inevitable, a
certain; **lo** — **es que** the fact is that;
por — to be sure, that's for sure
cigarrillo cigarette
cima summit, height
cimbrear to sway
cinco five
cine movie theater, movies
cinismo cynicism
cinta ribbon; — **kilometral** measuring
tape
cintillo ring
cintura waist
ciprés *m.* cypress
círculo circle
circunloquio circumlocutions, roundabout phraseology
circunstancia circumstance, fact,
attendant circumstance, limiting
fact(or)
circunspección respect, awe, circum-
spection
cirio large candle
cita date; **acudir a la** — to have dates,
keep a date
citar to cite, fix the bull, *i. e.* to get him
in position; —**se** to agree to meet
ciudad city; — **universitaria** campus
of the University of Madrid
ciudadela citadel
clamoroso clamoring
claro clear, light, clear man, to be sure,
of course; **en** — carousing; **el** — the
clear person
clasicista classicist
clavado nailed; —**s en** pressed; **los
ojos** —**s** her eyes staring
clavar to stick in
clave *f.* code

claxón klaxon, *a mechanical horn*
clérigo cleric
clienta client
clientela clientele, customers
clima *m.* climate
clínico clinical
cobarde coward
cobijo shelter
cobrador collector, conductor
cobrar to collect, take on, assume;
— **un extraño rencor** to take a
strange dislike
cocido cooked, baked; *m.* stew (*made of
meat and vegetables*)
cocina kitchen
cocinar to cook; *m.* cooking
cocinera cook
coche carriage, automobile
cochecito small carriage
cochera garage
cochero coachman
codo elbow, angle, corner; **darse con
el —** to nudge
coetáneo contemporary
cofia cowl
cofre chest
coger to pick (up); take, catch
cohete sky rocket
cohibido inhibited
coincidir to coincide in thoughts and
actions, work together, pull together,
cooperate, work in harmony
cojín cushion
cola tail
colaboración contribution, article
colado: aires —s drafts
colar (**ue**) to circulate
coleccionar to collect, gather
colegial schoolboy
colegio school
coleto jacket, gullet; **tragárselo para
su —** to keep it to oneself
colgado hanging
colgante dangling
colgar (**ue**) to hang
cólico colic
colilla butt
colina hill
colmado filled

colmena beehive
colocación job, laying
colocado placed; **presunto —** self-
confident jobseeker
colocar to place
colonia group, division, subdivision,
area, housing area, cologne
color color; — **tabaco** tobacco colored
colorado ruddy, healthy-looking, red
colorear to color
colorete rouge; **darse —** to put rouge on
colorido coloring
columbrado see, discerned
columna column, army column
columnata colonnade, rows of columns
columpiarse to swing
collar necklace
comadre *f.* gossip
combatir to beat, thump
comedia play, comedy
comedimiento self-restraint
comedor dining room
comedorcito small dining room
comentador gossipy
comentar to comment on
comentario news item, news story,
discussion, explanation
comer to eat; **comiendo es cómo se
las hace una** eating creates an
appetite
comerciar (**en**) to deal in, sell
comercio trade
cometido function, duty
comicio ballot box; **—s** elections
comida meal, food, meals
comienzo beginning
comisión committee
comisionista manufacturer's agent
como as, if, as if, since, inasmuch as,
about, approximately, like, something
like; **¿Cómo?** What? How?
cómoda dresser, bureau, chest of drawers
cómodo comfortable
compadecer to pity, feel sorry for
compañera wife
compañero friend, pal, companion
compañía company, friend; — **de
Jesús** Society of Jesus, *i. e.* the Jesuits
comparecer to appear

compás: a — in time
compasión(es) pity
competencia competence
competente competent, able
complacer to please; **—se** to enjoy, take pleasure
complejo complex
completamente completely
componente member
componer to compose, set up, rearrange, fix up
compostura arrangement
compra shopping, purchasing, buying, purchase
comprender to understand, include
comprimido tablet, pill
comprobación verification, finding out
comprobar (ue) to prove, sense, note
comprometedor compromising, unlucky
comprometer(se) to compromise
comprometido involved, concerned, compromised
compromiso obligation, trouble
compuesto composed, quieted down, perfect
común common, commonly known; **tener de —** to share, have in common
comunicación line
comunicar to advise, be talking
con with; **— que** so, as a result, consequently
concernir (ie) to concern
conciencia consciousness, awareness
concluir to end, conclude; **vino a —** he decided
concentrarse to concentrate
concurrir to come together, congregate
concha seashell, celluloid pane
condenarse to be condemned
condescendiente condescending
conducir to take, drive
conductor driver
conectado turned on, on
conejillo bunny
confección: corte y — dressmaking
conferencia lecture
conferenciante lecturer
confesar (ie) to confess

confesión confession
confesonario confessional
confesor confessor
confiadamente confidently
confiado trusting
confianza confidence
confiar (en) to trust, make trustful
configurarse to take shape
confín: del — limiting, surrounding
confinado contained, confined
conformarse to accept, be content
conforme as
conformidad conformity
confundir to confuse
confusión: —es confusion
confuso confused, mixed up; **lo —** what was confused
congelarse to freeze
congraciar to flatter, win
conjetura conjecture, supposition
conjeturar to conjecture, imagine
conjunto arrangement, whole, unit, décor
conmiseración pity; **tener —** to feel sorry for
conmovedor moving
conmover (ue) to move; disturb; **—se** to be moved
conmovido moved, disturbed
conocer to know, meet
conocido acquaintance, known
conque well
conquistar to conquer
consagrado dedicated, successful, traditional, established; **los —s por cierta popularidad** the ones who had attained a certain fame
consciente conscious
consecuencia conclusion, inference
conseguir (i) to attain, get, obtain
consejo council; **—s** advice; **Real —** Royal Council
consentir (ie, i) to permit, consent
conserjería reception desk, outer office
considerar to look at
consignar to put down, state, give, relate, note, make note of
consigo with himself; **— mismo** with himself

consistir to consist
constancia steadiness
constituir to make up
construcción building
construido constructed, built
construir to construct, build
consuelo consolation, comfort
consumar to finish
consumidor consumer
consumir to consume, spend
consumo consumption, needs
contagio contagious disease
contagioso contagious
contar (**ue**) to tell (about), relate, tell of, count, be important
contemplador eye witness
contemplar to look at, see, gaze at, watch; *m.* seeing
contener to contain, restrain, hold back, stop, prevent
contenido content
contestar to answer, respond
contienda argument, difference
continente bearing, mien
continuación: a — in the following pages, then, following
continuador follower
continuo continuous, constant
contonear(se) to sway, move, swing
contorno contour
contra against
contrabando: amores de — illicit love
contracción contraction, movement
contraer to contract
contrariado upset
contrariedad disappointment, annoyance
contrapunto counterpoint
contrario: de lo — if not
contrastar to contrast
convencer to convince
convencimiento conviction
convenido agreed on
convenir to be right, be fitting, suit, be nice for, come in handy
conversar to talk
convertirse (**ie, i**) to become
convidar to invite, date, stimulate
conyugal conjugal, married

copa top, glass, drink; **sombrero de —** top hat
copiar to copy
copudo thick-topped, bushy
coqueta flirtatious; *f.* flirt
coquetear to flirt
coquetería coquetry, little white lie, flirting
coraje anger, spirit; **hacer —** to show spirit, draw strength from weakness
corazón heart
corazonada foreboding, anticipation
corbata tie, necktie
cordelería bonds
cordera lamb
corderito little lamb
cordillerano mountain
cordón cordon, line
cordoncito string
coreado accompanied
corneta bugle, horn
coro choir
corona crown
correctamente politely
corredor corridor, passageway, hall
correo mail
correr to run, run about, circulate, flow, flow by, go about, pass; draw (*a curtain*); **— menos** to go slower; **— más y más** to run faster and faster; **— mucho** to go fast; **—se la gran juerga** to paint the town red
correrías *f. pl.* trips
correspondencia correspondence
corresponder to suit, correspond to, befit
corrida: — de toros bullfight
corrido embarassed, ashamed
corriente running, flowing, usual, normal; *f.* current
corro: en — gathered around
corroborar to bear out
corsé *m.* corset
cortado cut off, tailored
cortarse to end
corte *m.* cut, slice, cut, *i.e. the vein of a mine where actual mining is done;* **— transversal** cross section; **— y confección** dressmaking; *f.* court

cortedad timidity, bashfulness; **— de vista** nearsightedness

cortejar to date, go with

cortés courteous

cortesano courtier

cortesía courtesy; **con toda —** with great courtesy, very courteously

corteza crust

cortina curtain

cortinilla side curtain

corva calf of the leg

cosa thing; **gran —** very much; **un cualquier —** a good for nothing, a no account, a zero; **—s de chicos** kid stuff

coser to sew; **— por las casas** to sew at people's houses

cosquillas: hacerse — to tickle one another

cosquillear to tickle

costa coast, cost, expense; **a — de** at the cost of

costado side

costal sack

costar (ue) to cost, be an effort; **—le a uno + inf.** to be hard (be an effort) to + inf.

costear to pay for

costoso costly

costra crust

costumbre custom, habit; **falta de —** unaccustomed; **como de —** as usual

Costumbrismo A literary movement interested in depicting manners and customs. Use the Spanish term without attempting a translation

costumbrista: escena — sketch of manners

cotidiano daily, homely, common, humdrum

cotización esteem

crac crack

cráneo skull

craso thick

Creacionismo Creationism, a literary movement in poetry begun after World War I by the Chilean, Vicente Huidobro, who believed that, rather than imitate Nature, the poet should follow the same processes and create poems as Nature creates trees.

creador creative

crear to create

crecer to grow up, grow, increase

creciente increasing, growing

crecimiento growth

creencia belief

credo belief, credo

creer to believe; **—se en la obligación de** to believe oneself duty-bound to

crepitar m. crackling

crepúsculo twilight

cresta crest, rooster's crest

cretona cretonne curtain; **claridad de —s** bright with cretonne curtains

cri the sound of a cricket

cría child; **— de rana** tiny frog

criada maid

criar to grow, raise; **— malvas** to push up the daisies

criatura child

crimen m. crime

crío child, baby

crisis f. stage; **— de la edad** a stage in growing up

cristal glass, crystal, lens, pane of glass

cristalizado crystallized, crystalline

Cristo Christ

criterio criterion, standard

crítico critical; m. critic

croar to croak

cromo print

cronológico chronological

cruce crossing

crucificar to crucify

crucifijo crucifix

cruelísimo very cruel

cruento cruel

crujidor creaking

crujir to creak; m. creaking

cruz f. cross, sign of the cross

Cruzada Crusade

cruzar to cross, go, pass, exchange; **—se con** to meet

cuadra stable

cuadrado square

cuadrilla gang

cuadro picture, table, representation,

chart, sketch, outline, framework;
— de costumbres sketch of manners
and customs; — de caballete easel-
type painting, oil painting ·
cuajado full, dripping
cuajar to take on definite form, jell;
—se de to be peopled with, be full of
cual as; tal — just as; tal o — such and
such a(n); cada — each one
cualidad good quality
cualquier(a) some, any, anyone,
everyone; cualquier día one of these
days; un cualquier cosa a good for
nothing, a no account, a zero; un día
cualquiera an ordinary day, any old
day; cualquier cosa some old(dumb)
thing, anything, just a street girl,
just a pickup
cuando when, during
cuanto how much, how great; en — a
as for, with respect to; en — as soon
as; — antes as soon as possible;
unos —s a few; —s all who
cuartel barracks
cuartilla sheet of paper
cuarto fourth, room; — trasero garret
cuarzo quartz
cuatrero rustler
cuatro four
Cubismo Cubism, a literary movement
that was current before World War I.
Cubist writers took their inspiration from
painters like Braque, Picasso, Derain,
et al., whose works represented space in an
intellectual and geometrical fashion. Writers like Appollinaire also tried to represent
the totality of an object (i. e. seen from all
perspectives at the same time) no matter
how incoherent it seemed to a reader
cubismo cubism, blocks
cubo pail, bucket
cubrir to cover
cucharón basin, receptacle, large spoon,
ladle
cuchichear to whisper
cuchillo knife
cuchitril pigpen, sloppy room
cuelga; de — as a gift
cuello neck, collar

cuenco basin, cup
cuenta bill, account, bead; darse — to
realize; a fin de —s after all was said
and done; por su — on his own; caer
en la — to realize, to see the whole
thing
cuentecillo tale, short story
cuentista short story writer
cuentístico short story
cuento story, tale; mucho — so high hat
cuero leather
cuerpo body; a — without a coat
cuervo crow
cuesta slope, hill, upgrade; — abajo
downhill; en — uphill
cuestión problem; — de poco a matter
of no importance
cueva cave
cuévano basket
cuidado care, well cared for, well
groomed, care being taken; al — de
in charge of; tener — to be careful;
con — carefully; llevar — to be
careful
cuidadosamente carefully
cuidar to care for, take care of, take
pains; —se de to avoid
culpable blameworthy ,to blame
culpar to blame
cultivos m. pl. crops
culto cultured
cultura culture
cumbre peak, mountain top
cumpleaños m. birthday
cumplido complete; m. courtesy
cumplir to fulfil, carry out, pay (a
visit) make, come through, show up
cuna cradle
cundir to produce
cuneta drain, ditch, gutter
cuñada sister-in-law
cuñado brother-in-law
cúpula cupola
cupulilla vault, dome, cupola
curandera herb curer
curar to cure, take care of
curioso strange, funny, curious,
inquisitive; m. passerby
cursarse to be issued

cursi in bad taste, out of style, old fashioned
curso course, school year
curtido weather - beaten
curtirse to become weather - beaten
curva curve
cúspide *f.* peak
custrío *dial.* caked
cuyo whose

CH

chabacanería shoddiness, bungling
champán *m.* champagne
chanza joke
chapa cap, top
chaparro dwarf oak
chapotear to splash, paddle
chapucero rough, clumsy, hastily improvised
chaqueta jacket
charca pond
charco pool, puddle, pond
charla conversation, speech
charlar to converse, chat
charrasca pin oak tree
chato dull, base, low, ordinary, drab
chatura lowness, baseness
chaval kid
chavea *m.* kid
che hey
chica girl, darling
chico boy, kid, darling, guy, child
chillar to scream, cry out, call out
chillido cry, scream
chillón harsh, showy, tawdry, bright, loud-colored
chimenea chimney, smokestack
ch'inche thumbtack
chiquilla little girl; un encanto de — a charming, little girl
chiquillo kid, boy
chiquitilla tiny
chiquitina little girl
chirimía flageolet
chisst *an exclamation used to quiet someone like our hush or shh.*
chiste joke

chocar to strike, shock; — con to bump into
chocho charmed, entranced, ga-ga
chófer chauffeur
chonta parakeet
choperal black poplar grove
choque bumping together, bump, collision
chorrear to spout
chorro fountain
chufa chufa, *an onion-like vegetable*
chupado sucked; — de carillos with sunken cheeks
chupar to suck, puff, draw
churro fritter

D

Dadaísmo Dadaism, *a movement in the arts born of the disillusionment felt by creative artists in the closing years of World War I. In writing it was nihilistic, illogical, incoherent, and it sought to mock culture and civilization with infantile and meaningless prose and verse.*
dados *m. pl.* dice
dama lady
daño damage; hacer — to harm, be harmful, hurt
dar to give, strike, hit, get, cause, register; — salida to mention; — un salto to make a leap; — lástima to arouse pity; — con to come upon, hit upon; —le a uno to matter to one; —le ganas a uno to feel like; — un paseo to take a walk; — a la palanca to work the lever, move the lever; —se to put on; —se un baño to take a bath; —se cuenta to realize; —le lo mismo to be all the same to one; —al traste to ruin; —le sofoco to suffocate; — voces to shout; —se con el codo to nudge; — calabazas to turn down, refuse, give the gate; — frío to be chilling; —selas de to pretend
datos *m. pl.* data, details
de of, from, as; — entre from

debajo down below, underneath
deber to owe, have to, must, ought, should; *m.* duty
debido due, proper
debilidad weakness
debilitamiento weakening effect
década decade
decaimiento weakness
decente decent
decepción disappointment
decidido determined, (all) decided
decidir(se) to decide
decir to say, tell; *m.* expression, way of saying or expressing something; **al —** **de** according to, to quote; **¿Diga?** Hello; **querer —** to mean
decisión decision; **con —** with determination
declinar to draw to a close
decrepitud decrepitude
dédalo maze, entanglement, labyrinth
dedicado dedicated, devoted
dedicar to dedicate; **—la al teatro** to allow her to become en actress
dedo finger, tip, end; **— meñique** little finger
defectillo little defect
defecto defect, shortcoming
definición definition, explanation
definitivo definitive
deformante deforming, disfiguring
deformar to break
dejadez carelessness, slovenliness, lack of exactness, disinterestedness
dejar to leave, allow, permit, lend, advance; **—se de tonterías** to stop being foolish; **—se llevar** to allow oneself to be carried away; **— de +** *inf.* to stop + *ger.*, to give up, abandon
dejo effect
delante in front; **por —** ahead; **por — de** in front of
delantero front
delatar to indicate
delectación delight
deleitar to delight, please
deletrear to write out
delgado slender, thin, skinny

delicadamente delicately
delicado delicate, thin
delicioso delightful
delincuente criminal, delinquent
deliquio faintness, swoon, weak confusion
delirante delirious
delito crime
demagogia demagoguery; **hacer —** to carry on cheap politics
demanda request, petition, demand; **en — de** demanding
demarcar to outline
demás remaining, other; **por lo —** furthermore, moreover; **por —** quite, perfectly
demasía excess; **en —** excessively
demasiado too, too much, very
demonio devil; **el — del auto** that devilish car
demora delay
demostrar (**ue**) to show, demonstrate
denotar to show, exhibit
denso dense, thick
dentro (**de**) within, in, inside; **por —** from within
denunciar to show, reveal
dependencia estate
depender (**de**) to depend on; **depende de las ganas** it depends on how I feel
depilación hair removal; **— eléctrica** excess hair removed electrically
deporte sport
deportista sportsman
depósito tank, reservoir
deprimente depressing
deprimido depressed
deprisa fast
derecha right; **a la —** to the right, on the right
derecho right, privilege, law
derivación development
derivar to derive
derramar to shed
derredor: en — all around
derribado knocked down, toppled over
derribar to tear down, destroy
derrota rout

derrotado defeated

derrumbado broken down, worn down

derrumbarse to tumble(topple) down

desagradable unpleasant

desagregarse to separate, disintegrate, disappear

desagüe drainage

desahogarse to give vent to feelings, let off steam, unburden oneself

desalentado discouraged

desaliño carelessness

desalojado dislodged

desamparado unprotected

desanimado listless

desamparo lack of protection, feeling of anguish

desánimo discouragement

desaparecer to disappear

desarraigar(se) **(de)** to withdraw, tear onself away from

desarrollar(se) to develop, unfold

desarrollo development

desasimiento weariness

desastre disaster

desatarse to become untied, clear up

desaventurado unfortunate

desayuno breakfast

desazonadamente disagreeably

desazonante disgusting

desazonar to upset, disturb, vex

desbandada disordered retreat

desbocado wild, runaway

desbordante uncontained, overflowing

descabellado crackbrained, preposterous, unbalanced

descalabro setback, reversal

descalzar to take off shoes

descalzo barefooted

descansar to be relieved; **—se** to rest

descanso rest, intermission, night's rest; **sin —** without stopping

descendencia descent

descender **(ie)** to get down, get off

descenso descent, decline, inferior production; **en —** descending

descolorido faded, pale

descollar **(ue)** to stand out, be prominent

descomponer to upset, disarrange, disturb; **—se** to break down into

descomposición decomposition

desconcertante disturbing, disconcerting

desconcertado uneasy, disconcerted

desconcertar **(ie)** to be disconcerting

desconcierto confusion

desconfiado distrustful

desconfianza lack of confidence, distrust

desconforme non-conformist

desconocer not to know

desconocido unknown, stranger

descontado: eso — we've agreed on that

descorrer to run back

describir to describe

descruzar to uncross

descubrimiento discovery

descubrir to discover, see; **—se** to take off one's hat, appear

descuidado careless

descuidar to be careless about

descuido carelessness, lack of preoccupation

desdeñar to disdain, scorn

desdeñosamente disdainfully

desdeñoso disdainful, scornful

desear to want, wish, desire

desechado abandoned

desechar to give up, abandon

desembarcar to unload, disembark

desempaquetar to unwrap

desencadenarse to break out

desencanto disillusionment

desencuentro a meeting that did not take place, near miss

desenfadadamente without embarassment, unconcernedly

desenfrenado runaway

desengaño disappointment

desenlace conclusion, end, denouement

desenraizarse to tear oneself from

desentrañar to unravel, disembowel, penetrate, separate, isolate

desenvolverse **(ue)** to take place

desenvolvimiento development

desenvueltamente openly

desenvuelto free, open, untrammelled
deseo desire
desesperación desperation, hopelessness
desesperado despairing, desperate
desesperanzado having given up hope
desesperarse to despair
desfallecer to faint, swoon
desfiladero pathway
desfilar to parade
desfile parade
desgaire affected carelessness
desgarbado slovenly
desgarrador heartrending, disarming
desgarrar to tear
desgaste wearing away, deterioration
desgracia misfortune, tragedy, unhappiness, bad luck
desgraciada poor girl, wretch, bag
desgraciado unhappy, unfortunate
deshabitado unoccupied, uninhabited
deshacer to tear, mutilate; — **el camino** to retrace one's steps, disfigure; —**se** to fade away, disappear
deshilacharse to unravel
desierto deserted, desert, plain
designio plan, scheme
desigual unequal, uneven, rough
desintegrar(se) to disintegrate, break up
desistir de to give up
desleír (i) to dilute; —**se** to dissolve, disappear, fade away
deslizarse to run, flow along
deslumbrado dazzled
deslumbrante dazzling
desmadejarse to grow weak
desmañado clumsy
desmayo dismay, discouragement
desmedrado undernourished
desmesurado excessive
desnucarse to break one's neck
desnudar to strip; —**se** to strip, undress; **a medio** — half undressed
desnudo bare, unadorned, naked, desolation
desolación affliction, grief, disappointment, disgust
desolado desolate, ruined, disconsolate, sad
desollado butchered and flayed

desorden m. disorder
despacio slowly
despachante clerk
despachar to sell, take up a matter, complete a job
despacho study, office
desparramado scattered
despavorido frightened
despedida farewell; **como por** — as if saying goodbye
despedir (i) to give off; —**se de** to say farewell to, to say goodbye
despegado detached
despejado free
despejo smartness, cleverness
despellejado skinned
despeñarse to hurl oneself from a precipice
despertador alarm, alarm clock
despertar (ie) to awaken, wake up
despierto awake
desplegado displayed
desplegar (ie) to display; —**se** to spread out
desplomarse to fall down, double up, sink to the ground
despoblarse to disappear
despojarse (de) to get rid of, shed
despreciativo scornful, contemptuous
desprenderse (de) to rid oneself of, escape from
despreocupado unconventional
desproporcionado out of proportion
despuntar to begin to appear; — **el día** to dawn
destacar(se) to stand out, come forth, be noticeable
destartalado ramshackle, run-down
destejido unraveling, broken
destello sparkle, flash
destemplado out of tune, out of routine
desteñido faded
desterrar(se) (ie) to banish, go into exile
destierro banishment, exile
destinado intended, destined
destino post, destiny
destripar to rip open

destrozado bruised, flattened
desvaído dull
desvalidez helplessness
desvalido unprotected
desvanecer to undo, drive away; **—se** to disappear
desviarse to turn aside
desventaja disadvantage
desvivirse to long for, suffer through, constant longing
detallar to relate
detalle detail
detener to detain, arrest, stop; **—se** to stop, detain oneself, stay, remain
detenidamente painstakingly, carefully
detenido careful
detenimiento care, thoroughness
determinado certain
determinista deterministic
detonación shot, pistol shot, gunshot
detonar to sound out
detrás in the back, in the back seat; **hacia —** backwards; **— de** behind; **por — de** behind
deudo relative
deudor debtor
devolver (**ue**) to return, reflect, send back, mirror
devorar to eat up
día *m.* day, **de — en —** from day to day; **tener** (**un**) **mal —** to have a bad day, get out of the wrong side of the bed
diablo devil
diáfano clear
dialogar (**con**) to talk with
diálogo dialogue
diapositiva slide projected on the screen
diario daily
dibujar to draw, sketch
dichoso happy
diente tooth, hook; **azucarado al —** sweet to the taste
diferencia difference; **a — de** in contrast with
diferenciar to differentiate, distinguish
difícil difficult, strange
difuminar to make hazy, make imprecise, blur the outline of

difundir to diffuse, spread
difunto late
difuso diffuse, drawn-out, colorless
digestión digestion
digital digitalis, foxglove
dignificar to dignify, ennoble
digno worthy
dilatado drawn out, extensive, long, lengthy; **lo —** the length
diligencia stagecoach
dilucidar to clarify
diluir to dilute, weaken, drag out; **—se** to melt
diminuto small
dinero money
Dios *m.* God; **— mío** *an exclamation with a variety of English equivalents, such as:* Gosh, (By)Golly, Good Heavens, Dear God, Dear Lord, *depending on context. Not a sacrilege*
director editor
dirigirse (**a**) to go to, set out for, turn to, speak to, head for
dirimir to carry on, be engaged in
discípulo pupil
disco dial
disconformidad nonconformism, nonconformity
discreción discretion, good taste
discreto discreet
disculpa excuse; **en —** as an excuse
discurrir to flow along smoothly
discurso speech
discusión argument
discutir to discuss, argue
disecado dried, scattered, broken
diseccionar to dissect
diseminado scattered, spread out
diseminarse to break up
disforme shapeless
disfrutar to take pleasure, enjoy
disgregar(se) to break up, disperse, melt, disappear
disgusto disgust **a —s** with un-pleasantness; **con cara de un poco —** with an expression of some displeasure
disimulado hidden, disguised
disimular to hide, hide one's feelings, cover, cover up, pretend

disimulo dissimulation, slyness; **tos de — cough** of disapproval
disipar to rub out, erase
disminuir to diminish, lessen
disminución diminution, reduction in number and in importance
disolvente subversive, anti-traditionalist
disolver (ue) to dissolve; **—se** to break up, lose oneself
disparado like a shot
disparar to shoot off, shoot
disparatado crazy, looney
disparate stupid act *or* remark
disparo shot
dispensar (de) to spare, relieve
dispersar(se) to scatter, vanish, dissipate
disperso dispersed, scattered, imprecise, hazy
displicente unpleasant, disagreeable
disponer to arrange; **—se** to get ready, prepare oneself, **—se a** to set out to
dispuesto ready, disposed, arranged, planned
disputa argument
disputar to dispute
distinguir to distinguish, make out; **—se** to be different, be distinguished
distinto different
distracción amusement
distraer to asume, distract
distraído absent minded
disuadir to change another's mind, dissuade
divertido amused, comic
divertir (ie, i) to divert, amuse
dividir to divide, cut through
divisar to see, make out
divulgar to make known
doblado folded, bent over
doblar to fold; **—se** to bend
doce twelve; **las —** twelve o'clock
dócil docile
doctorarse to receive the doctorate
documentado documented, provided documentary testimony
documental documentary, newsreel
documentar to describe (*in a documentary fashion*)

documento documentation
doler (ue) to grieve, pain, hurt; **—se** to complain; **—le el estómago** to have a pain in the stomach
dolor grief, sorrow, pain
doloroso painful
domado broken in
domador tamer, attractive
doméstico domesticated
domicilio home; **se sirve a —** home delivery
dominar to dominate, master, control
domingo Sunday; **de —** Sunday
don *m.* gift
donaire witty joke
doncella maid
donde where, at (to) the home of
doña *an honorific title used with baptismal names similarly to* Lady *in English*
dorado golden, gilt, gilded
dormir (ue) to sleep; **—se** to go to sleep, take a nap
dormitar to doze
dotes *f. pl.* gifts, endowments, talents
duda doubt; **la gran —** the mighty doubt
dudar to hesitate, wonder
duelo grief, sorrow
dueño owner
duermevela *m.* dozing
dulce sweet, gentle
dulcemente gently, softly, sweetly
dulzura sweetness, gentleness; **con —** gently
duplicado doubled
durante during
durar to last
dureza hardness, difficulty
durísimo very hard
duro hard, tough

E

e and
eco echo
economía economy, economics
económico economic

económicosocial socio-economic
economista economist
ecuación equation
echado thrown
echar to emit, send forth, put forth, chase away, drive away, throw; —**se** to throw oneself, lift, throw; —**se a** + *inf.* to begin to + *inf.;* —**se sobre** to fall against; — **a** + *inf.* to begin to + *inf.;* — **maldiciones** to curse; — **un trago** to take a drink
edad age
editorial publishing house; **casa** — publisher, publishing house
educación upbringing, training
efectismo effect
efectivo in fact, true, real
efecto effect; **en** — in fact, as a matter of fact; **por** — **de** through the effect of
efusión shedding
egipcia Egyptian
egipcio Egyptian
egocentrismo egocentrism
egoísta selfish, egoist
ejecutar to carry out
ejemplar model, exemplary
ejemplaridad exemplarity
ejemplo example, exemplary tale; — **moral** moral tale
ejercicio exercise
ejército army
el the; **el que** the one that, the fact that; **el de** the one of (with); **el de todas las noches** the same as usual; **él** he, him
elaborar to work out
elección choice
elegante elegant, well dressed, striking
elemento element (*of a radiator*)
eliminar to eliminate
elucubración speculation
ella she, her, it; **¡a ella!** She (her) of all people!
ello it
emancipar to free, liberate
embarazar to hinder, impede
embarazoso embarrassing
embarcación ship

embarcar to embark, ship off, go aboard, put in a difficult position, put on the spot; —**se** to embark, ship out
embargar to seize, take possession
embargo: sin — nevertheless
embate impact, dashing against the shore
embeberse (de) to be enraptured by, be awed by
embellecedor beautifying
emboscado person who hides behind something, escape artist
emboscarse to lie in ambush, take refuge behind something
embotado dulled
embozo cover, fold in the bed clothing at the head of the bed
embriaguez drunkenness, intoxication
embutir to stuff
emerger to emerge
emitir to emit, give forth
emoción emotion
empañado cloudy
empañamiento clouded space
empañar to dim, sully, blur
empapado soaked
empapelar to paper
empapizar to stuff
empaque packing, stuffing
empavesado dressed, with banners flying
empeñarse to insist
empeño insistence, determination; **tener** — to be determined, be insistent
empequeñecido dwarfed
empezar (ie) to begin
empinado lofty
emplazado turned, placed
empleo job
emprender to undertake; — **el regreso** to start back, set out for home; —**la con** to take it out on; —**la marcha** to set out on a journey, depart
empresa undertaking, investment, company
empresario promoter, owner
empujar to push
empujón push, shove

empulgado louse-ridden
empuñadura knob, handle, grip
empurpurar to redden
enajenarse to be transported, be enraptured
enaltecer to extol
enamorarse to fall in love
enana dwarf
enano dwarf
enarbolar to raise (*on high*)
enardecido burned up, inflamed
enarenado sandy
encabritarse to rear
encadenarse to follow one after the other, be linked together
encajarse to fit into each other
encaje lace
encantado pleased, satisfied, delighted
encanto charm; **un — de chiquilla** a charming girl
encañonado aimed at, sighted
encararse con to look at
encargado one in charge, boss
encargar to hire for, contract for; **—se de** to take charge of
encargo assignment, job
encarnado red
encarnizado determined, pitiless, unbending
encarnizarse to play cruel tricks
enceguecer to blind
encendedor cigarette lighter
encender (**ie**) to light, light up, turn on; **—se** to become illuminated
encendido ruddy, lit, lighted
encerado blackboard
encerrado locked up
encima above, moreover, in addition to, on, upon; **por — de** over; **— de** on top of
encina oak; **tiza de — ** burnt oak, charred oak
enclenque sickly, weak
encogerse to shrink, withdraw; **— de hombros** to shrug one's shoulders
encogido withdrawn, bent over
encogimiento reserve, modesty
encontrar (**ue**) to find, meet, come across; **—se** to be

encontronazo collision, bump; **darse —s** to bump into one another
encorvado bent over
encrespado bristling
encuentro mixup, meeting
enchufillo extra income job, angle, tie-up
enchurretar to bring water to, cause to water
endeble weak, frail
endurecer to harden
enemigo enemy; *adj.* unfriendly
enervado exhausted, worn out
enfadado angry
enfermedad illness, disease
enfermo sick
enfocar to focus; *m.* focussing
enfrascado in bottles, in jars
enfrentado placed opposite each other
enfrente opposite; **la casa de — ** the house across the street
enfurecido angry, sore
engallarse to get tough, pop off
enganchar to hitch up
engañar to deceive
engaño error, mistake, self deception; **las distancias eran puro — ** distances were completely misleading
engañoso deceiving
engendrar to create, father
engranaje gear, meshing gear
engreído conceited
engullir to devour, gulp down, wolf down
enigma *m.* problem, enigma
enjugarse to wipe
enjuto lean, skinny
enlabiar to wheedle, cajole, flatter
enloquecer to go mad
enlutado dressed in mourning
enmarañarse to swarm
enmohecerse to grow rusty, stiffen, mildew
ennoblecido ennobled
enojar to annoy, anger
enojo anger
enojoso boring, tiresome, tedious
enorme huge, enormous
enredar to confuse; **—se** to become

tangled
enrevesado entangled, mixed up
enriquecido enriched
enrojecer to redden, grow red, blush
enrollar to roll up
enroscado wrapped around
ensamble meeting point, point of union
ensañarse to get angry, be merciless
ensartado (**en**) strung out, spitted, pierced
ensayista essayist
ensayo essay; **de —** trial
enseñanza instructions; **Inspector de — Primaria** Superviser of Elementary Education
enseñar to show
ensimismado absorbed, absorbed in thought
ensombrecer to shade; **—se** to darken
ente being
entender (**ie**) to understand; **—se** to reach an agreement
entenebrecerse to grow dark
enterado (**de**) aware, acquainted with
enterar to learn about
enternecer to touch, move
enternecidamente tenderly
entero all, entire(ly), whole, the whole thing
enterrado buried
enterrar (**ie**) to bury
entierro funeral procession
entonar to intone, sing
entonces then; **por —** at that time
entornado half closed
entornar to leave ajar, half close
entorpecimiento interference, disturbance
entorpecer to obstruct, interfere with
entrada entrance
entrañable bosom
entrañas f. pl. innards, bowels, insides, interior
entrar to bring in, enter; **le entró intención** he got the desire
entre between, amidst, before, through, among, in, within; **de —** from
entreabierto half-opened
entreabrir to half open

entrecejo brow; **fruncir el —** to frown
entrecortado hesitating
entrecruzado interwoven
entrecruzarse to interweave, cross back and forth
entrega self-delivery, surrender
entregar to hand, give over, hand over
entremezclado mixed up, confused
entresijo hidden corner
entretener to make less boring; **—se** to amuse oneself
entretenido entertained
entretenimiento pastime, entertainment, hobby
entreverar to intermingle
entrevista interview
entrevisto half opened; **apenas —s** scarcely visible
entristecer to sadden
entristecido sad, saddened
entumecido numb
enturbiar to becloud, make murky
entusiasmado enthusiastic, enthused
entusiasmar to enthuse; **—se** to be enthusiastic
entusiástico enthusiastic
envejecer to make old, age, grow old
enviado envoy
enviar to send
envidia envy; **dar —** to make envious
enviudar to become a widow
envolver (**ue**) to surround, envelop
envuelto covered, wrapped, enveloped, inward looking, introverted
epidemia epidemic
equilibrado balanced
equilibrio balance, equality, justice
equitativo just, fair
equivocado mistaken
equivocarse to be mistaken
erguido erect, soaring, proud, turned up
erguirse to rise
erial uncultivated field
erigido erected, constructed
erizo hedgehog
ermita hermitage
erótico erotic
erudito erudite, learned
esbelto slender

esbozo sketch
escabeche: en — pickled
escabroso rude, rough
escalera staircase, ladder, perch
escalerilla staircase
escalinata staircase
escalofrío chill
escalón step
escalonado formed in echelons, arranged
escamotear to hold back, juggle artfully
escándalo scandal
escandalosamente scandalously, loudly, raucously
escaño settee, bench (*with a back*)
escapar to run away; **—se** to escape, run away
escaparate show window, store window
escapatoria: hacer — to run away
escaramuza skirmish
escarcela pouch
escarcha frost
escarmiento edification, warning, lesson
escaso small, scarce
escena scene
escenario scene
escéptico skeptical
escindir(se) to split, be divided
esclarecer to clear up, clarify
escoba broom
escoger to choose
escogido selected; **de las escogidas** some of the finest
escolar text, schoolboy; **cartera de —** school bag
escolta escort
escombro castoff, rubbish
esconderse to hide, be concealed
escondido hidden; **a —as** on the sly, behind her back
escondrijo hideout
escrito ordained, bit of writing, document
escritor writer
escuadrón squadron
escrutar to look closely at, peer into
escuchar to listen to, hear

escueto solitary, bare, unadorned
escupir to spit
escurridizo slippery
esfera face
esforzarse (**ue**) (**en**) to make an effort to
esfuerzo effort; **hacer —s para no +** *inf.* to try hard not to + *inf.*
esmerarse to take great pains
esmero care; **con —** painstakingly
eso that; **— sí** of course, naturally, above all, especially
espacio space, space form, time, while
espadaña belfry
espalda back, shoulder; **a la — de** behind; **a sus —s** behind them; **volverse de —s** to turn around
espantar to frighten, terrify
espantoso frightening
esparcir to send forth, spread, scatter; **—se** to spread
espasmo spasm
especialista specialist
especie *f.* sort, type, character
espectador spectator, viewer
espectral ghost-like
especulación speculation, speculative thought, speculative thinking
espejear to act as a mirror
espejo mirror; **como a —** face to face; **al —** in the mirror
espera waiting, wait; **en la — de** awaiting
esperanza hope
esperar to await, hope, wait, expect
espesado thickened; **el respeto como — a** thick cloak of respect
espeso thick
espesura thicket
espetar to spring on someone, speak abruptly
espiga spike, ear
espinazo back, backbone
espinilla shin
espíritu spirit
espiritual high-minded, spiritual
espiritualista spiritualistic
espiritualizado spiritualized
esplender to shine, glitter

espléndido splendid
esplendor radiance
espoleado spurred on
espolvoreado sprinkled, powdered
esponja sponge
esposo husband
espuerta basket
espumeante foamy
espumilla frosty crust
espurrearse to permit to circulate;
— **el frío** allowing the cool air to refresh them
esqueleto skeleton
esquema *m.* outline
esquemático in outline, schematic
esquilón bell
esquina corner
esquinazo: dar — to give the slip
esquivar to avoid
establecer to negotiate, fix
establecido previously drawn up
establecimiento store, shop, institution
estado state
estallar to break out, explode
estallido explosion
estampa impression, printing press
estampar to impress
estancia ranch, room
estanco cigar store
estanque pool
estantería shelf, shelves
estaño tin; **papel de —** tin foil
estar to be, look, seem, appear;
¡**Cómo estaré!** How terrible I must look!, What a sight I must be!, How awful I must be!, I must be a mess!;
— **al** + *inf.* to be on the point of + *ger.*
estéril sterile
esterilizar to sterilize
esterilla floormat
estertor death rattle
esteta *m.* aesthete
estéticamente esthetically
Esteticismo Aestheticism, *a late nineteenth century literary movement whose basic idea was that art was superior to life. Literature should, therefore, scorn ordi-*

nary reality and concern itself only with pure and absolute beauty. Oscar Wilde in England and Ramón del Valle Inclán in Spain were typical authors of this group
esteticista Aestheticist, *a writer who believes in the literary precepts of the movement called Aestheticism*
estetizante aesthete, fellow traveler, sympathizer
estiércol manure, fertilizer
estilizar to stylize, type, symbolize
estilo style; **por el —** of that type, of the type
estirado elongated
estiramiento stretch
estirar to stretch, stretch out
estirpe *f.* lineage, family
estival midsummer
estoque rapier
estorbar to disturb, be in the way
estornino starling
estornudar to sneeze
estrado platform
estrago ruin, ravage; **hacer —s** to make conquests, lay them low, knock 'em dead
estrambótico outlandish
estrangular to stifle
estrato stratum, layer
estrechamente closely held
estrechar to press
estrecho narrow, confining
estrella star
estremecer to shake, make tremble;
—se to tremble
estremecimiento shudder
estrenado worn for the first time
estreno unveiling, first performance, opening
estrépito noise; **con —** noisily
estrepitoso noisy
estría strand
estribo step, running board, *a step at the foot of the barrier used for leaping over the wall. A bullfighter can sit on this step to rest a moment*
estridente strident
estridor screeching
estropear to spoil

estructura structure, creation, fabrication
estruendo noise, din, racket
estruendoso noisy
estrujar to crush, squeeze, wrench
estuche box, jewel case
estudio study; **poner a los —s** to send to school; **Altos —s Arabes** Advanced Arabic Studies
estupefacto stupefied
estupendo unusual, outlandish; really something, a knockout, a goodlooker, a real babe, swell, fine
estúpido stupid
etapa stop
ética ethics
éticamente ethically
ético ethical
eutrapelia playful joking, inoffensive pastime, joking remark
evitación prevention
evitar to avoid; **—se** to avoid
evocación picture, thought. memory
evocar to call forth, evoke
evolucionar to drill
exacerbar to exaggerate, heighten
exactitud exactness
exagerado exaggerated, outlandish
exaltar to excite
examen *m.* examination
exasperado exasperated
exceder to go beyond, excede
excepción exception, unusualness
excesivo excessive
exceso excess
excitación excitement
excitar to incite, excite, stir up
excrecencia excrescence, eruption
excusa pardon, excuse; **pedir —s** to ask pardon
excusar to excuse; **— el trabajo** to spare oneself work
exégesis *f.* exegesis, commentary
exención exemption
exhalar to exhale
exigente demanding
exigir to require
exilio exile
existencia existence, life

éxito success; **tener —** to be successful
expectación expectancy, excitement
expectativa possibility, expectancy
expedición journey, trip
expediente file of papers, dossier
experimentar to experience, feel
explicable explainable
explicación explanation
explicar to explain
exploración exploration, look around
exponer to expound, show, reveal
exposición exhibition
expresivamente expressively
ex profeso (Lat.) especially
extender (**ie**) to hand; **—se** to lose oneself, unbend, loosen up, take, occupy
extendido spread
extensión extent
extenso long
extenuado worn out, exhausted, completely worn out
exterior : **el Ministro del —** Minister of Foreign Affairs
exterminador exterminating
externo external
extranjero foreigner; *adj.* foreign
extrañamente strangely
extrañar to be surprised at, surprise; **no es de —** it is not surprising
extrañeza surprise, strangeness
extraño strange, stranger
extraordinario special; **lo —** unusual happenings, unusual experiences
Extremadura *a province of Spain located in the southwest near the Portuguese border*
extremo extent, end; **en —** extremely
extremoso extreme, extremist, characterized by extremes; **los más —s** ahead, worst off

F

fábrica factory
fabricar to create, fabricate, manufacture
faca knife
facción feature

facilidad service
facilón easy to persuade *or* to seduce, docile, easy to get
facultad faculty
facha appearance, look
fachada facade, front of a building, front, side, face
faena work, task, household task, faena, *a division in a bullfight*
falda skirt
falsedad falseness
falta lack; **a — de** lacking, for the lack of
faltar to miss, be lacking; **no faltaba más** by all means; **le faltaba conocer** did not experience; **no nos falta de qué** we have plenty
fallar to fail
fallido useless, unproductive, fruitless
fama fame, reputation
familiar family, familiar
familiarizarse to become familiar
famoso famous
fantasía fancy
fantasmagorizar to speculate, phantasmagorize
farfullar to mutter
farmacéutico pharmaceutical, drug
faro headlight
farol lantern, street light
farolillo streetlight
farragoso confused, beclouded, excessively bright
fascinado fascinated, charmed
fastidiar to annoy
fatalidad fate, fatalism
fatiga exhaustion
fatigado worn out, exhausted
fatigoso tiring, boring
fatuo stupid
favor favor; **por —** please
fealdad ugliness
fecundidad fertility
fecha date
felicidad happiness
felicísimo very happy
feliz happy
femenil feminine, womanish
fenómeno phenomenon, rarity, strange, uncommon thing

feo ugly
féretro coffin
feria fair
fervoroso fanatical, fervent
festivo light, gay, festive
fétido foul, fetid
fez *m.* fez
fiarse to be trusting
fibra fiber, backbone, get up and go
fiebre *f.* fever
fiel faithful, true
fiera wild animal
fiesta celebration
figura figure, person, individual
figurarse to imagine
figurilla little figure
figurita little figure; **una — de nada** a tiny little girl — next to nothing at all
fijamente fixedly, closely
fijar to fix, notice closely; **—se en** to take notice of, take a fancy to, pay attention to; **fíjate** look!
fijo fixed
fila row, file, line
filibustero pirate
filológico philological, linguistic
filtrar to filter
fin *m.* end, purpose; **—es de** the end of; **por —** finally; **al — y al cabo** after all; **en —** in short; **a —es de** at the end of
final end, back
financiero financial; **Instituto —** Institute of Finance
finca farm
fineza nobility, nicety
finito very fine
finitud finiteness
fino fino, slender, lithe
firmamento sky
firme firm ground, hard pan, hard clay; *adj.* firm
físico physical
flaco weak, boney, skinny
flamante bright, resplendent, brand-new, fresh
flamear to flame, flash
flanco flank, side
flauta flute (*with three openings*)

flecha arrow
flexible soft
flojo weak, loose; **me viene ya —** just hangs on me
flora flora
florero flower container, bowl, vase
floresta woods, grove
flota fleet
flotar to float
fluctuante fluctuating, wavy
fluir to flow; *m.* flow
flujo flux, flow
foco focus, view
fogón fireplace
fogonazo fiery flash
folio folio, sheet of paper
follaje foliage
folleto pamphlet
fondo backdrop, background, bottom, back, waste heap, dump; **—s** dregs, castoffs; **en el —** basically; **al —** in the background
forastero stranger
Forinche *An affectionate nickname for the model T Ford, equivalent to our* tin lizzie, henry, *et al. of long ago*
forjado created
forma form; **sin —** shapeless, shape
formación drill formation
forro lining
fortaleza strength
forzoso required, necessary
fosforescencia phosphorescence, glow
foto *f.* photo
fotografía photograph
fracasar to fail
fracaso failure
fragancia fragrance
fragante, fragrant, smelling
frágil flimsy, frail, thin
fragor crash, din, clamor
fraile friar
franquear to pass through
frase *f.* sentence; **— hecha** cliché, trite expression
frenar to put the brakes on, stop
frenéticamente frenziedly
freno brake, restraint, bridle
frente *m.* front; **— a** faced with, in front

of; **de —** head on, straight ahead; **al — de** in front of; *;f.* forehead
fresa strawberry
fresal *m.* strawberry bed
fresco cool, fresh
frescura coolness
Fresneda: Nuestra Señora de la — Our Lady of the Ash Grove
frialdad coolness; **con —** cooly, with coldness
frieras *f. pl.* chilblains
frío cold; **dar —** to be chilling; **tener —** to be cold, have a chill
friolento cold
frívolo frivolous
fronda foliage
frondoso luxuriant
frotarse to rub
fruición enjoyment
fruncir: — el ceño to frown; **— el entrecejo** to frown
fruta fruit
frutal fruit tree, fruit
frutecer *m.* harvest time, fruition time
fruto result, fruit
fuego fire, light; **de —** fiery, flaming
fuente *f.* spring, well, fountain, source
fuera outside, hanging out; **— de** outside of; **— de próposito** unnecessary; **— de sí** beside himself with rage; **cose fuera** she is sewing away from home
fuerte strong, loud
fuertemente tightly
fuerza force, power, strength; **—s** strength; **a — de** by dint of
fuga flight, escape
fugaz fleeting, rapid(ly)
fugitivo wandering
fulgor ray, light
fulgurar to flash
fumar to smoke
función performance, display; **—es de lágrimas** tearful displays
funcionamiento function
funcionar to function, work
funcionario government official
fundamento basis, backing, origin, background

fundar to back up, bolster, found
fundirse to fuse
fúnebre gloomy, funereal
furgoneta station wagon, light truck
furia ardor, passion; **con —** passionately
furioso angry, furious, disgruntled
furor anger, mad desire
furtivo furtive, cautious, sly
fútbol football (i. e. soccer) game
fusil gun
Futurismo Futurism. *Between 1905 and 1919 this literary movement, initiated by the Italian author, Marinetti, broke with literary tradition, proposing free verse and twisted syntax. It dealt with speed, violence. and machines as favorite themes*

G

gabán *m.* overcoat
gabardina gabardine
gafas *f. pl.* glasses, spectacles; **— de juguete** play glasses, toy glasses
gala: de — dress, in dress uniform
galantear to court, pay attention to
galantería compliment
galeón galleon
galera galley
galería gallery, porch, balcony
galgo greyhound
galón braid
gallardía gracefulness
gallina coward, chicken
gallinero hencoop
gallito fighting cock
galopar to gallop
gamuza chamois
gana desire; **tener —s de** + *inf.* to feel like; **venir en —** to come into one's head, strike one as appropriate; **darle — a uno** to feel like; **depende de las —s** it depends on how I feel; **quedarle —s para** to have an interest *or* a taste for
ganado cattle, livestock
ganapán coarse laborer
ganar to win, win over, overcome, dominate, go to, take possession of;

—se to get
ganchudo hooked
gangoso nasalized
ganso goose
garabato sketch
garbanzal *m.* a field of chickpeas
garbanzo chickpea; **de un — saca un garbanzal** from one chickpea she gets a whole patch
garganta throat
garita sentry box
garra claw; **de raza y de —** real, true, honest to goodness
gasa gauze
gastar to spend; **—se** to spend
gasto expense
gatita kitten
gato cat
gaviota gull, seagull
gemelos *m. pl.* twins, field glasses, sleeve buttons, cuff links
generalidad generality
género food, genre
genio genius
gente (**s**) *f.* people
geómetra *m.* geometrist
geometría geometry
geométrico geometric, geometrically
gerente manager
gestión effort, action, undertaking, attempt
gesto gesture, expression, movement
gigante gigantic, giant
gilí silly
Gioconda, La *another name for* Mona Lisa, *Leonardo da Vinci's famous portrait*
girar to turn, spin, grind on
giro expression, turn, whirling
gitano gypsy
gloria glow, glory
gobierno government; **— Civil** Provincial Governor's Office
goce pleasure, enjoyment
golfillo street urchin
golpe blow, tap, punch; **de —** suddenly, with a bang; **de un —** suddenly, quickly
golpear to slap, strike, hit; **—se** to hit oneself

golpecito tap
goma rubber; — **de borrar** eraser
gordezuelo rather fat
gordo fat, heavy, coarse
gorra cap
gota drop, bead; **a —s** in drops
gotear to drip
gozar to enjoy
gozne hinge, joint
gozo joy
gozoso enjoyable
grabado carved, engraved
gracia grace, favor, charm, attraction, royal favor, sally, wisecrack; **—s** thanks; **dar —s** to thank
graciosamente gracefully, queerly, comically
graciosísimo very amusing
gracioso funny, amusing, witty
grada step
grado stage, degree
grajo jackdaw
gramola: la — alta the loudspeaker music
granada shell
grande large; **igual de —** the same size
grandeza greatness
granizada hail
grano grain
granuja stupid lout, scoundrel
grasa grease, fat
grasiento greasy
graso fat
grato pleasant
grava gravel
grave serious
gravitar to rest, press, hang
gravoso burdensome, annoying, onerous, vexatious
graznar to croak
grecorromano Graeco-Roman
greguería *a short expression involving a striking image or a new relationship between things that helps us to appreciate more deeply the inner nature of things. Ramón Gómez de la Serna is the creator of this style of expression in Spain*
grifo faucet
grillo cricket

grillito cricket
gris grey, easy to please
grisáceo greyish
gritar to shout
gritería shouting
griterío squealing
grito shout, yell, cry; **a — pelado** at the top of their voices; **a —s** shouting, crying aloud, shrieking
grosería insult
grosso *Ital.:* **a — modo** in general
grosura hugeness
grueso heavy, rough, coarse, large, thick; *m.* main body
guano fertilizer
guapo good-looking, *m.* tough, bully
guarda caretaker
guardar to keep; **—se** to watch out, observe, put away, be careful; **—se de** to be careful not to
guardarropa checkroom
guardia guard; *m.* policeman
guardilla attic roof, eave
guarecerse to take over, hide
gubernativo governmental
guerra war
guerrera uniform coat, blouse
guía guidance; **— de teléfonos** telephone book, telephone directory
guiar to guide, steer
guija gravel
guijarro pebble
guiñar to wink, blink
guiño wink
Guipúzcoa *a province in the Basque area of north central Spain*
guirnalda garland
guisante pea
guiso dish
gusano worm; **— de luz** firefly
gustar (**de**) to experience, enjoy, taste; **—le a uno** to like, be pleasing to one
gusto pleasure, taste; **da —** it's a pleasure; **a — mío** to my own personal taste

H

haber to have; **— de** + *inf.* to be to + *inf.*, to be forced to, to have to, be necessary; **No hay ni una.** There's not a single one who isn't. **¿Quién he de ser?** Who else could I be?

hábil clever

habitación room

hábito habit, clothing

habituar to get used to, become habituated

habla speech

hablar to speak, talk, appeal

hacer to make, do, be (*imp.*) *in expressions referring to weather and temperature:* **hace sol** the sun is shining; **—se** to become; **— polvo** to raise dust; **— daño** to harm; **— pie** to touch bottom; **—se a un lado** to step aside; **—se a la idea** to become used to the idea; **— las maletas** to pack bags; **—sele** + *adj.* to appear to, (seem to, strike, impress) one as + *adj.*

hacia toward

hacienda farm

hacinar to stack, pile

hagiográfico hagiographic, dealing with lives of saints

halagar to flatter

halago flattery, cajolery, compliment

hallar to find; **—se** to be; **—se en sus cabales** to be all there, be sane, be in possession of all one's faculties

hallazgo discovery, find

hambre *f.* hunger, longing, yearning, starvation

hambriento hungry, famished

hampa underworld

harapiento ragged

harina flour

harto de tired of, fed up with

hasta even, until, up to the point of; **— a** to the point of; **— que** not until

hastío disgust

haz *m.* shaft

hazaña deed

hebilla buckle

hechizado bewitched; **El —**, *Charles II, of the Hapsburg dynasty, was called the Bewitched. He ruled Spain from 1665 to 1700*

hecho fact, event, report, story, made, done

hedor odor, stench

helada freeze

helado cold, ice cream

helar(se) (**ie**) to freeze

heliotropo heliotrope

heloisada story of Heloise. *Heloise and Abelard were celebrated lovers of the Middle Ages. They did not marry because Abelard was a priest.*

henchido full

hender (**ie**) to break through, pass through

heno hay

heredero heir

herir (**ie, i**) to wound, hurt, strike

hermana sister

hermanillo little brother

hermetismo airtight seal

hermoso beautiful

hermosura beauty

herramienta tool, knife

hervidero multitude

hiato interval

hidalguía nobility

hielo ice, icy chill

hierba grass, weed, moss

hierro iron, steel

higuera fig tree, fig

hila irrigation ditch

hilar to pain, grieve

hilillo little thread (vein), streamlet, rivulet

hilo stream, thread

hilvanarse to play over, appear

hinchado heavy, laden, swollen

hinchar to swell

hipérbaton hyperbaton, *a stylistic device consisting in the transposition of grammatically dependent words, e. g.:* the hills among *for* among the hills.

hiperestesiar to express in terms of pain or physical sensations

hipnotizado bewitched, hypnotized

hipo sob

historia story

historiador historian

hogaño long ago, old times

hogar home

hoguera bonfire
hoja sheet of paper, paper, door
hojalata tin
hola hello, hi
holgado loose, large, spacious
holganzas pleasure
hombrá *dial. for* **hombrada** bender, binge, typical male trick
hombrecillo little man
hombro shoulder; **al — ** on his(her) shoulder
hondo profound, deep, low; **todo lo — que pudo** as deeply as he could; **cielo — ** intensely blue sky
hondura depth, profundity
honrado honest
hora hour, the time; **a toda — ** always
horizonte horizon, direction
hormiguear to swarm
horno oven, bakery
horripilante horrifying
horrorizado horrified
hortaliza vegetable, vegetables
hortelano farmer; **en — ** as a farmer
hortensia hydrangea
hospitalario hospitable
hostal inn
hotel house, cottage, villa
hotelito villa, standardized house
hoy today
hueco hole, opening, hollow, entrance way, doorway, vacuum, emptiness; **verse en — ** to be speechless
huella trace, impression, mark
huérfano orphan
huerta garden, farm; **La — ,** *name given to the truck garden district near Valencia*
huertana farm woman, woman from the Valencian **huerta**
hueso bone
huesudo boney
huida flight, swift, departure
huir to flee, run away, go away
hule oil cloth
humanidad humanity
humeante steaming
humedecer (**se**) to water
humedecido wet
húmedo humid, damp

humilde humble
humillar to humiliate
humillo steamy mist
humo smoke
**humor: estar de mal — ** to be in a bad mood
humorismo trick
humoso smoky
hundido sunken, smashed in
hundir to sink; **—se** to go down into, disappear
hurgar to search, look
huronear to inspect closely, ferret out
**hurtadillas: a — ** on the sly
hurtado stolen
husmear to sniff

I

ida departure; **las —s y venidas** the comings and goings
ideíca crazy idea
idéntico identical
idilio idyll
idioma *m.* language
iglesia church
ignorante fool
ignorar not to know, not to be aware of
igual same, equal, another one like it, in the same way; **— de grande** the same size; **— que** just like, as well as; **—que si** just as if
ilusión dream; **hacerse —es** to be carried away by dreams
Ilustración Enlightenment
ilustrado illustrated
ilustrador sketcher, illustrator
ilustre illustrious, famous
imagen *f.* image, figure of speech; **—es** imagery
imaginar to imagine
imbécil dumb, dumb cluck, dope, dumbbell
imberbe beardless
impacientarse to grow impatient
impar odd, unique, uneven
impasible impassive, unnoticing, dull
impávido daring, intrepid

impedir (i) to prevent
impermeabilidad impenetrability
impermeable raincoat; *adj.* impervious
ímpetu *m.* impulse, resolution
implantación adoption
implorador imploring, begging
imponente imposing
imponer to impose; **—se** to impose on oneself
importar to matter
importuno annoying
impreciso undefined, imprecise
impregnar (**de**) to impregnate (with); **un —se rebelde** an undefinable scent
imprenta press, printshop; **dar a la — ** to publish
imprescindible essential
impresión impression; **cambiar —es** to talk the matter over
impresionante impressive, serve, terrible
impresionar to impress
impreso in print, printed
imprevisible unforeseeable
imprevisto unforeseen
improrrogable inexorable, relentless, unyielding
improvisador improvising
improvisar to make up, improvise on the spur of the moment
improviso: de — suddenly
imprudencia imprudence, lack of prudence
impulso impulse, friendly impulse
inauguración occupation
inaugurar to set up, occupy, live in
incansablemente tirelessly
incapaz incapable, unable to do the job, insufficient
incendio fire
incesante endless
incienso incense
incipiente incipient, blooming, budding
incitación inspiration, incitement, invitation; **—es** fragrance, blooming
inclinación bow
inclinado (**sobre**) bent (over)
inclinar to lay, bend; **—se** to bend down

incluso even
incógnito unknown
incómodo uncomfortable
incomprensible ununderstandable
inconfundible unmistakeable
inconsciente unconscious
incontable uncountable, innumerable
incontinencia lack of control, incontinence
inconveniente unpleasant; *m.* difficulty
incorporarse to stand up; **— a** to be included in
increíble incredible, unbelievable
incrustarse to imbed oneself
incumbir to involve, concern
indecente indecent
indeciso undecided
indefenso helpless
Indias Indies, New World
indiferente indifferent, uninterested
indignado angry
indignar to make angry; **—se** to become indignant
indigno unworthy
indio Indian
individuo individual
inductora cause
indudablemente undoubtedly
inédito unused, new, untouched
inefable unutterable
inercia inertia
inesperadamente unexpectedly
inesperado unexpected; **lo —** unexpected quarters
inexplicable unexplainable
inexpresivo inexpressive, colorless
Infante Prince
infantil childish
infatigable continual, steady, caseless
infección infection
infeliz *m.* poor fellow worker
inferior lower
infernal hellish, infernal
infestar to infest
inflamado inflamed
inflexión references, accent, tone
influencia influence; **—s** influence, special favor

influido influenced
influir (en) to influence
información information; **—es** articles, news items
informe shapeless
infundir to inspire; **—se en** to fuse with
ingenio ingenuity, wits
ingenioso ingenious, bright
ingenuamente innocently
ingenuo innocent; *m.* innocent person
ingerirse (ie, i) to enter
inglés English
ingrato unpleasant
ingrávido weightless
ingurgitarse to swallow up
inhumano inhuman
iniciación beginning
inicial initial, first
iniciar to begin
injusto unjust
inmenso huge, large, immense
inmóvil motionless
inmovilizado unable to move
inmutable unchanging
innecesario unnecessary
innominable nameless
innúmero numberless, countless
inocencia bit of childishness
inopia: en la — in a daze, wool-gathering, completely out (gone)
inquietante disturbing
inquietar to upset, disturb, trouble; **—se** to become disturbed
inquieto disturbed, restless
inquietud restlessness; **tener —es** to be restless, have a searching mind, have a longing to learn the answers to things
inquisidor: — General Inquisitor General
insatisfacción discontent
insatisfactorio unsatisfactory
insensatez nonsense, madness
inservible useless, unusable
insinuar to hint, suggest
insistencia insistence; **con —** insistently
insistente insistent
insistido insistent
insolencia insolence
insolente insolent, insultingly good

insólito unaccustomed
insomnio insomnia
insoportable unbearable
inspeccionar to inspect, look over
inspector: —de Enseñanza Primaria Superviser of Elementary Education
instalar to install, bring, put
instancia: y con muy grandes —s insisting very much
instantáneo immediate, quick, sudden
instintivo instinctive
instituto institute; **— financiero** Institute of Finance
instante instant; **al —** immediately; **por —s** by the moment; **a cada —** every minute
insulso insipid
insultar to insult, provoke
insustancial shallow
íntegro complete
intelectual intellectual
intelectualismo intellectualism
intemperie *f.* inclement weather, bad weather
intención intent, intention, desire
intenso intense, heavy
intentar to try to, seek to, attempt to, bring forth
intento intent, attempt
intercalado intercalated
interés interest; **—es** interest
interminable endless
interesante interesting, attractive
interesar to interest, be of interest
interlocutor interlocutor, speaker
interminable endless
internarse to enter
interpelado the one interrogated
interpretación interpretation, translation
interrogar to interrogate, question, delve into
interrumpir to interrupt
intervención query, remark
intervenir to intercede, intervene; **— cerca de** to intercede with
intimidad intimacy
íntimo intimate
intranquilidad uneasiness; **era todo**

—es he was completely ill at ease
intransigente irreconcilable person
introducir to put in, run
intruso intruder
inútilmente uselessly, in vain
inválido invalid
invencible unconquerable
invención artistic creation, creation
inventado invented, created
inventar to invent
inventariar to list, make a list of
invento invention
invierno winter
invitar (a) to invite (to), be inviting
  for, inspire
invocar to cite, make use of
involuntario involuntary
inyección injection
ir to go, be; **—** + *ger.* to be + *ger.;*
  — precedido de to be preceded by;
  —se to go by, pass, go away; **—se de
  la lengua** to let one's tongue carry
  one away; **ni le va ni le viene en
  todo esto** he has nothing to do with
  all this; **Vaya un...** What a...
ira anger
iris *m.:* **arco —** rainbow
irónico sarcastic, ironical
irradiante de glowing with
irradiar to give off, irradiate
irreal unreal
irresponsable not a responsible person
irritación irritation, annoyance
irritante irritating
irritar to irritate, annoy
isoscélico isoscelean
italianizante Italianized
izquierda left, left side, left hand;
  a la — to the left, on the left
izquierdista leftist
izquierdo left

J

jacinto hyacinth
jadeante panting, heaving
jadear to puff, breathe heavily
jaleo difficulty, puff, strenuous effort
jamón ham

jardín garden
jardinera basket carriage; **— de yunta**
  team drawn basket carriage
jardinero gardener, caretaker
jaspe jasper; **brillante como un —**
  sparkling like a diamond
jaspeado mottled look
jaula cage
jazmín jazmine
jefe chief
jerarquía hierarchy, category
jersey *m.* sweater
jijear to whoop it up
jilguero linnet
jinete rider
jirón bit, piece, small amount
jornada day, work day
jornal wages
jorobado humpbacked; *m.* hunchback
joven young man, youth; *adj.* young
jovencillo youngster
jovencita young lady, girl
júbilo rejoicing
judío Jewish, Jew
juego game, set, interplay, pun, court;
  —s de contrucción building sets
juerga spree
jugada play
jugar to play; **—se la vida** to risk one's
  life
juglar minstrel, ballad singer
jugoso rich, excellent, juicy, meaty
juguete plaything, toy; **casa de —s**
  playhouse; **gafas de —** play glasses,
  toy glasses
jugueteo playfulness
juguetón playful
juicio forecast; **a mi —** in my judgement
julio July
junto: — a next to, near, in addition to;
  —s together
jurar to swear
justillo blouse
justo just, correct
juventud youth

K

kilo kilogram, *2.2 pounds*

kilómetro kilometer, *.62 of a mile*
kirsch *a cordial so named distilled from cherries*

L

la, the, her, to her, it — **Elvira** Elvira
laberinto labyrinth, maze
labio lip
labor *f.* job; **las —es duras** the hard work
labrador farmer
labrado engraved
labrantío plowed ground, cultivated ground
labranza farm, farmwork, field
labriego farmer
lacio straight
ladearse to move to one side
ladera hillside
lado side; **de —** from the side; **al — de** beside, next to; **tenerla al —** to have her with us; **de un — para otro** back and forth; **a su —** beside him(her); **por todos —s** everywhere
ladrar to bark; *m.* barking
ladrido bark
lagarto lizard
lágrima tear; **de —s** tearful, weeping
lamentación complaint
lamentar to regret; **—se de** to lament
lámina picture
lámpara lamp, lantern
lana wool
lancinante piercing
languidecer to languish, waste away; *m.* languidness, lack of a taste for life
languidez languidness
lanzar to raise, utter, heave, place, put in, stick in, put out, send forth, give; **—se** to rush up, take part, dash
largamente at length, for a long time
largo long; **a lo — de** along, in the course of, throughout, through
las the, them, to them; **— Arenas** *small town in the Basque area of North Central Spain*
lástima pity

lata tin can, tin
latido beat, pulse beat
latín Latin word
latir to beat, pulsate, tick, throb, palpitate
lavabo washbasin
lavandera washer woman
laxitud lassitude, languor, weariness
lazo bond
le him, her, to him, to her, it, to it
lector reader
lectura reading
lechoso milky
lechuza owl
legajo docket, file, bundle of official papers
legañoso blear-eyed
legendario legendary
legua league, *approximately three miles*
lejanía distance
lejano distant, far away(off)
lejos: a lo — in the distance, far off,
lenguaje language
lente *f.* glass, lens; **— de aumento** magnifying glass
lento slow
les them, to them
letra letter
levantamiento uprising
levantar to lift, raise, sell out, pick up, get up, awaken; **—se** to get up, wake up, rise, be built
leve light, slight
levita coat, frock coat
leyenda legend
liar to roll
libertad liberty
librarse to escape, get away
libre free, uncovered, empty; **al aire —** in the open air
librería bookstore; **éxito de —** publishing success
libro book
licenciado licentiate, *a Spanish university degree roughly equivalent to our Master of Arts*
licor liquor
ligado bound, tied, related
ligar to link, tie together

ligereza lack of seriousness, lightness, agility, nimbleness
ligero light, rapid, quick
Lillo: como decía — as the fellow said
limitar to limit, confine, restrict; **— con** to border on, end with; **—se** to limit oneself, resign oneself to
límite limit, bound, edge
limpieza cleaning up
limpio clean, free
linde edge
línea line, figure
liño row, line
lío bundle
liquidarse to melt
lirismo lyricism
liso smooth
literario literary
litúrgico liturgical, religious
liviano light, easy
lo it, him; **— +** adj. **+** element, aspect, or side; **a — +** noun in the manner of a + noun
local store, establishment
localidad seat; **— libre** empty seat
loco mad; m. madman; **volverse —** to go crazy
locuaz talkative
locura madness; **de —** mad, insane
logrado successful
lograr to succeed in, get, attain
logro attainment, success
lombriz f. earthworm
lomo back
lona canvas
longitud length
lontananza distance
loro parrot
los the, them; **— que** those who
losa flagstone
lozano luxuriant
lucero bright star
luciente shiny
lucir to appear
luctuoso mournful, sad
lucha fight, struggle
luchar to fight
luego then, afterwards, later; **— de** after; **desde —** of course

lugar place, town; **tener —** to take place; **— común** commonplace, cliché
lugareño villager
lúgubremente mournfully
lujoso luxurious
lumbre fire
luminoso brilliant, luminous
luna moon
lustrado shined, shiny
lustre light, ray of light, sparkle, flickering
lustroso shiny
luto mourning
luz f. lamp, light, daylight, sunshine; **dar a —** to give birth to a baby, have a baby

LL

llaga wound; **—s** injury
llama flame
llamada call, ring
llamado called, entitled
llamador knocker
llamar to call, ring
llameante flaming
llamear to shine
llano easy
llanura plain
llave f. key
llegada arrival
llegado: recién — recent arrival, newcomer
llegar to arrive, reach, approach, come on; **— a +** inf. to reach the point of . . . ing
llenar to fill
lleno full
llevar to carry, lift up, wear; **dejarse —** to allow oneself to be carried away; **— a término** to carry out; **—se** to carry away(off); **— puesta** to have on; **— andado** to have walked; **— cuidado** to be careful; **— +** ger. to be + ger.
llorar to cry, cry (weep) over; m. weeping

llorón weeping
llovizna drizzle
lluvia rain

M

macabro ugly, hideous
macetero flowerpot stand; **— del rincón** corner what-not, bric-a-brac shelf
macizo massive
macuto sack, knapsack
madera wood, wooden plank, lumber
madreselva honeysuckle
madrugada early morning, daybreak
madurecido ripened, full
madurez maturity, maturation
maduro ripe, mature
maestra schoolteacher
maestro master; *adj.* master; **obra —a** masterpiece
magia magic, wizardry
mágico magic
magisterio teaching (profession); **estudiar el —** to study to be a teacher
magistralmente in a masterly manner
magnate influential person
majaderías *f. pl.* foolishness, tomfoolery
majestad majesty
majestuoso majestic
mal *m.* sickness, illness, ailment; *adj.* evil, bad, sick; **estar —** to look bad
malagorero ill-omened, evil-omened
maldad evil nature
maldecir to curse
maldición curse; **echar —es** to curse; **la — bíblica** the biblical curse, *cast upon Adam and his descendants by God:* "In the sweat of thy face shalt thou eat bread, till thou return unto the ground." Genesis III, 19
maldito plug-ugly, brute, bully
malentendido misunderstanding
maleta bag, suitcase; **hacer las —s** to pack bags
malgastar to waste
maliciosamente knowingly

Malinas Malines, *a city in Belgium famous for its lace manufacture*
malo sick, ill
malva mallow; **criar —s** to push up daisies
mambo mambo, *a dance so named and its music*
mampara screen, fire screen
manantial spring
manar to bubble forth, flow forth
manaza whack, clap
mancera plow handle
mancha spot, stain, shape, object, patch
manchar to stain
mandamiento commandment
mandar to order, send
mandil apron
manejar to handle
manera manner; **de — tal** in such a way
manga sleeve
mango handle
maniobra manoeuvring, procedure, manoeuvre, tactics, duties
manifestar (**ie**) to explain, tell
manivela crank
mano *f.* hand; **de la —** hand in hand with; **cambiarse de —** to change from one hand to another
mansedumbre gentleness
manso gentle; *m.* gentle person
mantel tablecloth
mantener to maintain, keep
mantilla shawl
manuscrito manuscript
Manzanares *the river that flows through Madrid; a town located south of Madrid in the province of Ciudad Real*
manzano apple tree
maña cleverness, skill
mañana tomorrow
mapa *m.* map
máquina machine; **— de retratar** camera
maquinal mechanical
maquinalmente mechanically
maquinaria machinery
mar sea
maraña jungle, tangle

maravilla marvel, unusual thing
maravillado astounded
maravilloso marvelous
marcar to tell, indicate, dial
marco frame
marcha speed, progress, departure, movement, marching, journey; **sobre la —** suddenly; **emprender la —** to depart; **a toda —** at full speed
marchar to go; **—se** to leave, go away
marchitarse to wither away, dry up
marchito withered, faded
marea tide; **alta —** high tide
margen *m.* margin; **al — de** along with
marido husband
marinero sailor
mariposa butterfly
mármol marble
marquesa marquise; **aires de —** high and mighty air
marrón brown
mas but
más more; **— bien** rather; **es — más** more than that; **correr — y —** to run faster and faster; **— frío** colder; **— que** more than, worse than
masa mass, shape, bread dough, roll of dough
mascado chewed up; **papel —** papier mâché; **blanca como papel —** *trans.* white as a sheet
máscara mask
mascullar to mumble
masónicamente in Masonic style
mastín mastiff
mata switch, curl, plant, shrub
Matadero slaughter house
matadura harness sore
matanza supply of butchered meat
matar to kill
materia matter, material things, materialism, subject, theme
material material, equipment, food and ammunition
maternidad mother and child, Virgin and Christchild
matinal morning
matorral thicket
matraca wooden rattle, noisemaker

matricular to register, get licensed
matrimonio marriage
mayor *m.* adult; *adj.* major, larger, important, older, elderly, greater, greatest; **persona —** adult; **altar —** high altar
mayoría majority
mecánico mechanical
mecer to rock
mecha fuse
media stocking
mediante by means of
medicina medicine
médico doctor; **el capitán —** the captain in the Medical Corps; **— titular** town doctor, *the general practitioner appointed by the town council*
medida measurement, amount; **a — que** as; **venir a la —** to fit(suit) perfectly
medio middle; *m.* environment; **a —as** halfway; **—s** means; **a — hacer** incomplete, half; **en — de** in the midst of
mediodía *m.* south, noon, high point
medir (**i**) to measure
meditar to meditate, think
mejilla cheek, pink cheek
mejor better, rather; **— fundada** well-founded; **a lo —** maybe, perhaps; **es —** the best thing would be
mejorado improved
mejorar to improve
melena flowing hair
melón melon
memoria memory, memoir
memorial petition, request
mencionar to mention
mendigo beggar
menear to wag
menester necessary; **haber —** to need
menesteroso needy person
Mengano *an imaginary name like Mr. Such and Such*
menguar to diminish
menor smallest
menos less; **Eso era lo de —** That was the least important thing; **a lo —** at least; **— mal** not bad, that was o. k.

menospreciado scorned, disdained
mensaje message
mentado aforementioned
mentar (ie) to mention, refer to
mente *f.* mind
mentido: lo — false, falsehood
mentir (ie, i) to lie
mentira lie; **parecer —** to seem impossible(untrue)
menudamente repeatedly, minutely
menudo tiny, slight, small, short, minor; **—a** petite
Menut *Val.* Shorty, Tiny
meñique: dedo — little finger
mercado market
merced *f.* favor grace; **vuestra —** you
merendar(ie) to picnic, eat a snack, eat
merendero snack bar, restaurant, lunch room
merienda lunch, snack
mérito merit; **en —s** through merits of
merodear to wander, maraud
mes month
mesa table, desk
mesilla table
metálico metallic, mechanical
meteórico meteoric, starlit
meter to put; **—se en** to enter; **—se** to get into; **—se con** to conflict with
metido en inside, occupied with
método method
metro subway, meter
mezcla mixture
mezclado en mixed up in
mezclar to mix
miaja crumb, small thing
miedo fear
miembro leg, limb
mientras while; **— tanto** meanwhile
mil thousand
milagro miracle
Milicia militia; **— Tradicional** Citizens' Militia, *a fictitious organization similar to our National Guard*
mimbre reed
mimo compliment, flattering remark
mina mine
minero miner, mining

miniaturista miniature painter.
mínima lowest recorded temperature
mínimo lowest, minimal
ministro minister
minoría minority
minucia minutia, unimportant point(thing)
minuciosidad minuteness, detail
minúsculo tiny
miope short-sighted, myopic
mirada look, glance
miramiento careful respect, consideration
mirar to look, look at; *m.* look; **— para** to look at; **Mira** See here
mirlo blackbird
misa mass
miseria misery, annoyance
mismo same, itself, himself, very; **lo — que** just like; **allí —** right there
misoneísmo distrust, dread *or* dislike of novelty
misterio mystery
mocedal: —es youth, youthful days
mocetón big, strapping fellow
mocita young girl
moda fashion; **de —** stylish; **pasado de —** out of style
modernísimo ultra modern
modernista *m.* modernist
modesto modest
modo way, manner
mohín grimace, gesture
moho mildew
mojado wet
mojarse to get wet
molde pattern, mold
moldear to mold, be formed
moler (ue) to grind
molestar to bother, molest
molesto bothered, upset, annoyed
molinillo mill, grinder
molino mill
momento moment; **de —** for the moment; **un —** momentarily; **al —** immediately
moneda coin
monito little monkey
monja nun

monje monk
mono cute
monótono monotonous
monstruo monster
montaña mountain
montar to mount; **—se** to climb; **— a caballo** to ride horseback, ride; **— en** to get into
monte mountain, woods
montón pile
mora blackberry
morada purple
moralizador moralizing
moralizante moralizing
morder (ue) to bite, gnaw, strike, bite into
moreno dark, brunette
morir (ue, u) to die; **—se** to die; **—sele** to lose by death
moroso slow, delayed
morral hick
mortal deadly
mortificante mortifying, humiliating
mortificar to mortify, embarrass
mosca fly
moscardón hornet
moscardoneante hornet-like
mostrador counter
mostrar (ue) to show; **—se** to appear
mote nickname
motivación motive
motivo scene, thought
mover (ue) to move, shake, be set in motion; **—se** to move, move about; **— su voluntad** to win his support
móvil moving
movimiento movement, bustle
moza young girl, lass
mozo young man, boy, lad, porter; *adj.* youthful
mozuelo callow youth
muchacha girl, maid
muchachez boyhood
muchacho boy, kid
muchedumbre multitude, crowd
mucho much, a great deal
mudar to change
mudo silent, mute
mueble piece of furniture; **—s** furniture

mueca grimace, wry face; **hacer una — to make a wry face**
muerte *f.* death
muerto dead, died
muestra demonstration, proof, sample
mugriento dirty
mujer *f.* woman, wife
mula mule
muleta muleta, *a red flag used by bullfighters*
multa fine
multitud crowd, multitude
mundillo small world
mundo world; **todo el —** everybody
municipal policeman
muñeca doll
muñeco figurine, doll
muralista mural painter
murmurar to whisper, gossip
muro wall
murria despondency, sad longing, blues, sullenness
museo museum
musgoso moldy, mossy, moss-covered
músico musician
musitar to hum
muslo thigh
mustio sad
mutilar to mutilate
mutismo silence

N

nacer to be born
nacimiento birth, new arrival; **dar —** to give rise to, bring into being
nada nothing, nothing at all, anything, something, well; **— de eso** not at all; **— más llegar** as soon as he arrived; **— más tomada la decisión** no sooner had he made the decision; **más que —** more than anything else
nadie nobody; **como —** more than anybody
nalgas *f. pl.* buttocks, posterior, rump, hips
Napoleón: a lo — in the Napoleonic manner
naranja orange

naranjo orange tree
nariz f. nose; **narices** nostrils
narrador narrator, teller, storyteller
narrar to narrate
natal native
natividad birth, birth of a child
nato born
natural m. native; adj. natural, native
naturaleza nature
Naturalismo Naturalism, a late nineteenth and early twentieth century style of writing in which Man is depicted as a product of his environment in the same manner as Nature's laws produce and govern the physical and biological world. Emile Zola was the outstanding French naturalistic writer. His novels were conceived as scientific experiments in which certain psychological and social theses were advanced and tested.
náufraga shipwrecked person; adj. sure, convinced, deeply certain
naufragio shipwreck
nauseabundo sickening
navaja knife
nave f. nave
navío ship
neblina haze
necesidad need
necesitado needy person
necesitar to need
necrología death notice
negar (ie) to deny
negativa refusal
negociación negotiation, deal, arrangement
negociado business, display stand
negociante businessman
negocio business, affair
negritas f. pl. bold face type
negro black; — **azulado** blue black
nena child, little girl
nervioso nervous
nerviosismo nervousness
nevar (ie) to snow
nexo bond, tie, relationship
ni neither, nor, not even; — **que** not even if
nido nest

niebla fog
nieto grandchild
nimio minute; **lo más** — the most tedious fact
ninguno no, none, any
niñez childhood
niño child
niquelado nickelplated, nickled surface
níspero medlar, medlar tree
nobilísimo very noble
noche f. night
nochecita bad night
nocturno nightly
nodriza nurse
nogal walnut, walnut tree
nombrar to name; **—se** to be named
nombre name; **poner de** — to name
nómina list
nominar to name, give names to
noria well, small Ferris wheel
norma norm, standard
nostalgia homesickness, longing
nota note, grade
notar to notice, note
noticia notice, news, note, news item
noticiario news service, newsreel
novecentista nineteenth century
novedad novelty
novedoso novel, new
novela short story (XVII cent.), novel
novelar to write a short story
novelín novelette
novelística novel writing field
novellieri Ital. short-story writers
noventa ninety; **— y ochista** ninety-eighter, member of the Generation of 1898
novia sweetheart, fiancee
novillero junior bullfighter
novio sweetheart, boy friend
nubarrada cloud bank
nubarrón cloud
nube f. cloud
nubecilla little cloud
nublarse to grow cloudy, grow misty
nuca nape of the neck
nudo knot, lump
nudoso knotty, gnarled

nuevamente again
nueve nine; **las — y media** nine thirty
nuevecito brand new
nuevo new; **de —** again
número number
nunca never, ever; **— visto** never seen before
nupcial wedding

Ñ

ñoño delicate

O

obececer to obey
objetivo camera lens
objeto object; **almacén de —s de música** music store
oblicuo oblique, slanting
obligar to oblige, force
obra work
obrador worker, workman, workshop
obrar to act
obscenidad obscenity, oath, filthy remark; **decir —es** to swear, curse
obsceno obscene
obscurecer to grow dark
obsesión obsession
obstante: no — however, nevertheless
obstinación obstinacy
obstinado obstinately, obstinate, unyielding
obtener to get, obtain
ocaso sunset
occidental western, occidental
ocioso useless, needless, idle, excessive
ocre ochre, yellow
ocultar(se) to hide
oculto hidden
ocupación job
ocupante occupant
ocupar to take up, occupy
ocurrencia witticism; **¡qué —!** what a foolish idea!
ocurrido: lo — what had happened
ocurrir to occur, happen; **—sele a uno** to occur to one, think of
odiar to hate

oficialesco bureaucratic, legalistic
oficina office
oficio profession, job; **Santo —** Holy Office, the Inquisition
oficiosidad courtesy
ofrecer to offer; **—se** to offer one's services
ofrecimiento offer
ofrenda offering; **en —** as an offering
oído ear; *p. p.* heard; **lo —** things heard, what was heard
oír to hear, listen; **oye** listen
ojeo stare, glance
ojera circle under the eye
ojillo little eye, tiny eye
ojo eye, pistol sight; **— de buey** porthole; **echar el —** to set one's heart on
ola wave
oleada wave
oleoso oily
oler (ue) to smell
olfatear to scent, smell
oliente: bien — very fragrant
oliváceo olive-shaped
olivo olive tree
olor odor, smell, fragrance; **— a cerrado** a closed up smell
oloroso fragrant
olvidado forgotten, left behind
olvidar to forget; **—se de** to forget
olvido forgetfulness
ombligo belly button, navel
omitir to omit
onda wave
ondulado rhythmic, with a wave-like motion
ondulante waving, undulant
ondular to sway
onza ounce
opacidad opaqueness
opaco opaque, dull
opalino opalescent, opaline
opíparo sumptuous, abundant
oponer to resist (with)
oportuno proper, fitting
oposición opposition; **—es** *a set of competitive exams which entitle one to a post as professor in a university; trans.* qualifying exams

opulento wealthy

oquedad hollow, cavity, vast empty space

oracionero praying

orador speaker

orden *f.* order, orders; *m.* order, arrangement

ordenanza *m.* orderly

ordenar to order

ordinario ordinary; **de —** usual

oreja ear

orgía orgy

orgullo pride

orgulloso pride, proud, haughty, arrogant

orientar to guide; **—se** to orient oneself; **—se hacia** to set out for

originarse to begin

orilla bank, shore, seashore; **a —s de** along the bank of

orillado parked

orillar to edge, border, trim; **orillándola de oscuro** making her voice fade away

orín *m.* **—es** urine

orla border, fringe

orlado framed

oro gold

orquesta orchestra

oruga caterpillar

orujo cheap grade brandy

osado daring

oscilar to move back and forth; change constantly

oscurecido obscured

oscuridad darkness; **—es** darkness

oscuro dark; **lo —** the darkness; **a —as** in the dark; **el —** the obscure person

otoño autumn, fall

otorgar to grant, give, attribute

otro other, another; **al — día** the next day

ovación ovation, burst of applause

oxidado rusty

P

pabellón pavilion, house, building

pacato mild, meek

pacífico peaceful

pacto pact

padecer to suffer

padre father

página page

paisaje landscape; **— minero** mining activity

paja straw

pajarera large bird cage

pajarito small bird

pájaro bird

paje page, pageboy

pala shovel

palacio palace

palanca lever, handle

palidecer to grow pale; *m.* growing pale

palidez paleness

pálido pale

palillo small stick, toothpick, drumstick

paliza drubbing, beating

palma palm

palmada handclap; clapping

palmadita slap

palmario obvious

palo stick, handle, mast

palomino young pigeon

palomo dove

palpitante tangible, vibrating, throbbing

palpitar to twinkle; *m.* beat

palurdo hick, boor, rustic

pan *m.* bread, loaf

pana corduroy

panadero baker

pánico panic

panorama survey

panorámica general view

pantalón pants, pair of pants

pantalla screen

panteón mausoleum

panza belly

paño cloth; **—s menores** underclothes

pañuelo kerchief, handkerchief

papada gullet

papel peper; **— mascado** papier maché; **blanca como — mascado** *trans.* white as a sheet; **— de estaño** tinfoil

paquete package

par pair, equal, even number

para for, by, in order to

parabrisas *m.* windshield

parada stop

parado stopped, standing, parked; **—s los pies** feet close together

paralelo a beside

paralítico paralytic, sufferer from paralysis

paralizar to paralyze

parangón comparison

parar to stop, frequent; **—se** to stop; **— a** + *inf.* to take time to, stop to; **— su atención** to pay attention to, heed

pararrayos *m.* lightning rod

pardillo gray linnet

pardo dark gray, gray, brownish gray

parecer to seem; **al —** seemingly

parecido alike, similar; **algo —** something like that; *m.* resemblance, similarity

pared *f.* wall

pareja couple

pariente relative

parir to bear, give birth

parpadeo winking

párpado eyelid

parque park

párrafo paragraph

parroquia parish church

parroquiano customer

parsimonia moderation

parte *f.* part, side, share; **ninguna —** nowhere; **por otra —** moreover; *m.* communiqué, radio communiqué; **dar —** to inform

participar to participate

particular particular, unusual

partida departure, game, match

partir to leave, cut, cut open, depart, divide; **—se la cabeza** to split one's head; **—se** to wrack one's brain, knock oneself out

parto birth

pasada: de — por on the way through; **mala —** dirty trick, unfortunate trick

pasaje passage

pasado past, last; **— de moda** out of style; **—s los años** in due time, with the passage of time; **— el tiempo** with the passing of time; **lo — ... —** what's passed is behind us

pasar to pass, go, enter, go inside, turn, suffer; **— por alto** to omit; **— lo suyo** to have a bad time of it; **— malos ratos** to go through bad (tough) times

pase pass; **los —s de sesión** the separate shows

pasear to promenade, walk, run over

paseo promenade, procession, avenue, boulevard; **dar(se) un —** to take a walk

pasillo corridor, hall, passageway

pasión feeling

pasmao (*colloquial for* **pasmado**) numb-skull, dumbbell, dope

pasmo surprise

paso step, stride, beat, measure, passing, progress, forward movement, passage, way, gait, difficulty; **acelerar el —** to hurry along; **dar —s** to take steps

pasta dough, doughy mass

pasto enjoyment

pastura pasture

pata leg

patada kick

pataleo kicking

patata potato

patatal potato field

patente visible, apparent, clear

patibulario criminal

patilla bow

patio courtyard

pato duck

patológico pathological

patria native land

patrocinio protection, sponsorship, influence, auspices

Patrona Patron Saint, Patron Saint's day

paulatino slow

pausadamente slowly

pausado slow moving

pavía clingstone peach

pavo turkey

payaso clown

paz *f.* peace; **paces** peace

¡pchs! *an exclamation of disgust or indifference usually written* Pshaw! *in English*

pecado sin, sinful

pecador sinner

pecuniariamente in a pecuniary way, with money

pecho breast, chest; **sacar —** to swell one's chest

pedazo piece; **hacerse —s** to break to pieces

pedestre pedestrian, ordinary

pedir (i) to beg, pray for, request, ask for; **— excusas** to ask for pardon, pardon oneself

pedorreta backfire snort

pedregoso stony

pegado a next to, beside, close to

pegar to strike, hit; **—se** to have a fight, to cling to

pegajoso sticky

peinado hairdo

pejiguera trouble

pejugal land

pelado bare; **a grito —** at the top of their voices

película film

peligro danger

pelillo small amount, slight indication of

pelo hair; **sin — de** without a sign of

pelota jai alai, ball

peluquita little wig

pelusa fuzz

pelusilla fuzz

pellejo hide, skin

pena suffering, sorrow, grief; **dar —** to cause suffering, give sorrow, be sorry for, make unhappy; **valer la —** to be worthwhile

penacho plume

pendenciero quarrelsome

pendiente earring

pendulante hanging down

péndulo pendulum

penetrante penetrating

penetrar to enter

península peninsula, the Iberian

peninsula, i. e. Spain and Portugal

penosísimo arduous, very hard

penoso difficult, painful

pensamiento thought

pensar (ie) to think, intend, think of, plan

pensativo pensive, thoughtful(ly)

pensión boarding house

pensionista boarder, boarding house patron

penúltimo second last

penumbra half shadow

peña rock

peñasco rock, boulder

peón peon, *a member of a bullfighter's cuadrilla or team*

peor worse; **— fundadas** poorly substantiated

pequeño small, little

pera pear, rubber bulb (*of a horn*); **—s Williams** Williams pears

peral pear tree

percal percale

percance unfortunate event

percatarse (de) to think

percibir to perceive, hear

perchero clothes rack, hall tree

percherón Percheron horse

perder (ie) to lose; **—se** to disappear

pérdida loss; **no tiene —** there is no chance of getting lost

perdido lost, far away

perdiz *f.* partridge

perdonar to pardon, forgive, omit

perduración immortality

peregrino wandering, traveling, perfect

pereza laziness, indolence

perezoso lazy

pérfida perfidious

perfilado developed

perfilar to trace, outline; **—se** to stand out, develop

perfumado perfumed, scented

perfume perfume, scent, smell

periferia periphery, extreme outer edge

periódico newspaper

periodismo journalism

periodista *m.* journalist

periodístico journalistic

peripecia incident, episode, adventure; **—s** trials and tribulations

perla pearl

permanecer to remain

permanencia stay

permiso permission, leave, liberty; **de —** on leave

permitir to permit, enable, allow; **—se** to take the liberty of

perplejidad problem

perra dog, bitch; **su — suerte** his lousy luck; **— gorda** *a coin worth* 10 céntimos, *trans,* penny; **hijo de —** s. o. b.

perrera jug, cooler, jail

perrillo little dog

perro dog

persecución chase, pursuit

perseguidor pursuer

perseguir (i) to chase, pursue, harass

persiana shade, blind, Venetian blind

persona person; **— mayor** adult

personaje character

personal personnel, people

personita little person

perspectiva outlook, prospect, development, vantage point, view, point of view

pertinaz obstinate

perturbado madman, maniac

pervertido garbled

pesa weight, clock weight; **reloj de —s** grandfather's clock

pesadilla nightmare

pesadillesco nightmarish

pesado heavy, offensive, dull

pesadumbre sorrow, heaviness

pesar to weigh; **a — de** in spite of

pescador fisherman; *adj.* fishing

pescante driver's seat

pescar to fish, catch

pescozón slap on the neck, slap, cuff

pesebre manger, feedstall

peso weight; **sin —** weightless

pesquera fishing

pestaña eyelash

pestañeo blinking, swaying

petaca tobacco pouch, cigarette case

petición petition

petróleo oil, coal oil, kerosene

pez *m.* fish

piadosamente pityingly

picachón pick

picar to pick, itch

picaresco off color, roguish, picaresque

picaza magpie

picotero rippling

pichón young pigeon

pie foot; **hacer —** to touch the bottom

piedad pity

piedra stone; **primera —** cornerstone

piel *f.* skin, leather

pierna leg

pieza room, piece

píldora pill; **en —s** in pill form

pillar to catch

pinar pine grove

pincel brush

pinchar to stifle, oppress, pierce, wound

pinche kitchen boy

pino pine

pintado painted, soot covered

pintarrajeado heavily painted

pintoresco picturesque

pintura paint

pirata *m.* pirate

pirotecnia pyrotechnics, fireworks

pisada footstep, step, hoofbeat

pisar to set foot on

piso floor, ground, apartment

pista dance floor

pistola pistol, revolver

pistolero gunman

pitillo cigarette

pito whistle

pizarra blackboard

placer to please; *m.* pleasure

plana page

planear to plan

plano plan, map, photograph

plantar to plant

plantear to raise

plantilla data (*for a problem*)

plañidero plaintive

plasmar to mold, shape, form

plata silver

plataforma platform

plateado silvery
plática conversation, chat
plato plate
playa beach
plaza public square, bull ring; **día de —** market day; **— de Armas** Place d'Armes, public square, drill plaza; **sacar —** to get a post(job)
plazo time extension
plazoleta paved terrace
pleito difference, quarrel
plenamente fully
plenipotenciario plenipotentiary
plenitud highest point, fullest development
pleno full; **en — rostro** right in the face
pliegue tuck, fold, crease, movement of the lips; **dar un — a** to put a tuck in
plomizo lead gray
plomo lead
pluma pen, feather
plumoncillo: — de verdura feathery green
población town
pobre poor
poco a little, somewhat; **a — after a** short while; **— antes** shortly before; **— explicables** unexplainable; **— común** uncommon; **— atractiva** unattractive
podar to trim
poder (ue) to be able, can; **como podía** as best it could; *m.* possession
poderosísimo very powerful
poderoso powerful; **—s** those in power
podredumbre decay, rottenness
poema *m.* poem
policialmente in policeman style, in the manner of a policeman
policromo many-colored
política policy, politics
político politician
polvo dust; **hacer —** to raise dust
pomelo grapefruit
pomo grip, handle
pómulo cheek
ponderar to contemplate, think, ponder, weigh

poner to put, place, put on, affix, give, lay; **—se** to be adopted, become, get; **—se en pie** to stand up; **—se a +** *inf.* to begin to **+** *inf.*, to set about
poquedad smallness
poquitín little bit, little
poquito bit, little bit, small, tiny; **— a —** a little at a time
por for, by, along, through, on account of, because of, out of, to judge by; **— si** in case; **— hacer** still to be done; **— lo que** on account of which
porciúncula bit, fragment
pormenor detail
porrazo slam
portada cover
portal door, doorway, portal, portico, archway; **—es** doorway, threshold
portazo slamming door
portera maid, janitress
portero porter, gatekeeper, doorman, janitor, switchboard operator
portezuéla door
pórtico portal
portón vestibule door
Portugalete *a town in the Basque area of North Central Spain near the industrial city of Bilbao*
porvenir future
posada inn, hotel, place to stay
poseer to possess, have
posibilidad possibility
poste post
posterior last
postre dessert; **el — de la vida** the twilight of life
postulante postulant, favor seeker
postura posture, position
potaje stew
potrilla colt, filly
potro colt
poyo hollow, entryway
pozo well, hollow
practicar to practice, use, employ
prado meadow
precaución precaution; **con — carefully**
preceder to precede
precedido preceded; **ir — de** to be preceded by

precio price
preciosismo refinement
Preciosismo Preciosity, *a style of writing that seeks to avoid the usual and the commonplace by refinement of expression. Tender, delicate and dainty objects, e. g. a swan, a lily, etc. are described with excessive care and attention. Gabriel Miró wrote occasionally in this manner*
preciosista *m.* refined stylist
precioso cute
precipitación haste, hastily improvised colloquial expression
precipitado rapid
precipitarse to rush
preciso necessary
predominar to predominate, win out
preferir (ie, i) to prefer
pregunta question
preguntar to question; **—se** to question oneself, wonder
preludiarse to approach, draw near
prenda article of clothing, garment
prendarse de to fall for
prender to light; **—se** to fix, pin
prendido absorbed; **llevar —a una flor** to wear a flower
prensa press
preocupación concern, preoccupation
preocupado disturbed
preocupar to preoccupy, make one wonder, make one concerned, concern; **—se** to think about, pay attention
presa dam
presagiarse to be suggested, be foretold
presagio suggestion, announcement, forerunner
presencia presence
presenciar to see, view, be present at, witness
presentar to present, give; **—sele a uno** to see clearly; **—se** to introduce oneself
presente present; **lo —** the present; **al —** at the moment
presentido expected
presidente master of ceremonies,

presiding officer, chairman
préstamo loan
prestar to lend; **— servicio** to serve; **— atención** to pay attention
presteza alacrity, speed; **con —** rapidly
prestidigitación sleight of hand
presumido conceited
presumir to presume, anticipate
presunto presumed; **— colocado** self-confident jobseeker
presuroso rapid, sudden
pretender to seek preferment, present a petition or a request, try, attempt, pretend, make a pretense
pretendiente pretender, favor seeker
pretensión hope, desire, request, petition
prevalecer (sobre) to prevail (over), come to the fore
prieto very dark, pitch black
primacía primacy, first importance
primavera Spring
primerizo initial
primo cousin; **— carnal** first cousin
primor thing of beauty
principal: lo — the main part
príncipe prince
principiar to begin
principio principle, beginning; **al —** in the beginning, at first; **de —s de** at the beginning of
pringado greasy
prisa hurry; **darse —** to hurry; **de —** rapidly; **tener una — muy grande** to be in a very big hurry
prisionero prisoner
prismáticos *m. pl.* field glasses
privilegio privilege, special privilege
probar (ue) to prove; **— a** to try to, test, try out
probidad probity; **con —** conscientiously
procaz insolent, bold, fresh
proceder (de) to come (from)
procedimiento procedure
proclamar to announce, proclaim
procurar to provide, try, seek to
prodigio marvellous food

pródigo generous
producirse to take place
profano unreligious
profesor, teacher, tutor
profesora teacher
profundísimo very deep
profundizado deeply studied
profundo deep
prohibir to prohibit
prolijidad tedious detail
prolongado prolonged
prolongarse to extend, turn into, become
promesa promise
prometer to promise
promiscuado freely mixed
promoción group, class
prontitud suddenness
pronto ready, soon, quickly; **tan —** at times; **de —** quickly, suddenly
pronunciación pronounced tendency toward
pronunciar to pronounce, deliver, give
propalar to spread
propiedad property
propina tip, gratuity
propinar to give
propio himself, own
proponer (se) to propose to, set oneself the task of
proporción proportion
proporcionar to give
propósito purpose, intention; **fuera de — unnecessary; a — de** in connection with
propuesto proposed, planned
prosa prose; **prosa-prosa** true prose
proseguir to continue, go on
protagonista protagonist, leading character, hero, participant
protegido protected
protestar to protest
proveerse to provide, furnish
provenir to come
provincia province; **en —s** in the sticks
provinciano provincial, small-town, farmerish, amateur
provocar to cause, provoke, stimulate, create

proximidad proximity, vicinity; **en su — nearby
próximo next, nearby, coming, approaching
proyección projecting, showing of a film, show
proyectar to draw plans, cast, project, show
proyectil shell
proyecto project, plan, house plan
prudente prudent; **lo —** prudence, good taste, proportion
prueba proof
púa pick
publicar to publish
publicista publicist
pudrirse to rot
pueblerino farmerish, small-townish, rustic
pueblo town, village
puente bridge
puerco pig
pueril childish, puerile
puerta door
pues then
puesto post, position, place, job; **— que** since, inasmuch as
pulcro elegant
pujante vigorous
pulir to polish, shine
pulsación pulse beat
pulsado: tiene bien —a esa prosa has learned to appreciate intimately that prose
pulsera: reloj de — wrist watch
punta point, tip, end; **en —** pointed
puntillas: de — on tiptoe
punto point; **— de reunión** meeting place; **a — de** on the point of; **a — fijo** exactly; **al —** immediately; **de —** knitted; **—s inéditos** unused places, new holes; **—s suspensivos** leaders
puntualizar to detail, state
punzado sharp pain
punzante striking, penetrating
puñado handful
puño fist, handle
pupila pupil of the eye
pupilo pupil

pureza purity
purgatorio purgatory
puro pure
purpúreo purple

Q

que that, who, then; **Es que** Well, you
see, so, *or omit in Eng.;* **¿Es que ...**
Is it true that ...? *or omit in Eng.;*
¿Qué? What?. Which?; **¡Qué!**
What! What a!; **¿Que no te
quiero?** So I don't love you, eh?
quebrado broken, fractured
quebradura gap, fissure
quebranto loss
quebrar (ie) to break; **—se** to snap
off, break off
quedar to remain, be; **—se** to stay, be;
— en puros huesos to be nothing
but skin and bones; **—se con** to
keep, retain, take, get, receive; **—se
atrás** to be left behind; **—se sin** to be
left without
quedo quiet
quejarse to complain
quejumbre plaint, plaintive cry
quejumbroso complaining
quemadura burn, burning sensation
quemar to burn, be burning hot; **—se**
to burn
querer to want to, seek to, try, love; **—
decir** to mean
querida dear, darling
querido darling, beloved
quicio frame
quien who, he who, the one who
quieto quiet, calm, **¡ —s!** Hold it!
quijada jaw
quilla keel
quima branch
quimera chimera, vision, hallucination,
fancy
quince fifteen
quincenal every two weeks
quinielas: las — del fútbol football
pool, i. e. *bets won or lost on the basis of
team scores*

quinqué *m.* lamp
quintal quintal, *a hundred pounds*
quinto fifth
quitar to remove, take off; take away;
—se de encima to get rid of, shake
off
quizá perhaps; **—s** perhaps

R

rabia rage, anger
rabiar to go mad, curse, get mad, get
angry; **— como perros** to work like
dogs
rabillo: el — del ojo the corner of
the eye
rabo tail
radiante radiant
radio *f.* radio, loudspeaker
ráfaga flash of light; **barbas en —**
windblown whiskers, protruding
whiskers
raído frayed, wornout
raíz *f.* root
raja slice
ralo thin, sparse
rama branch; **andarse por las —s**
to wander all over, beat around the
bush
ramilla twig
ramita little branch, upward movement
of the corner of the mouth as in the
beginning of a smile, slight smile
rampa slope
rana frog; **cría de —** tiny frog
rapaz *m.* boy, kid
rápido rapid, speedy, swift
raquítico feeble, flimsy, skinny
rareza rarity
rasgo trait, characteristic
raro strange, rare
ras: a — de flush with, even with, at the
same level as; **rás-rás-rás** zip-zip-zip
rascarse to scratch oneself
rasgar to tear, pierce, break
rasgo characteristic, trait
raso clean, smooth
raspar to scrape, rub

rastrillo rake
rastro trail
rastrojera stubble field
rato while; — **perdido** spare moment;
  de — en — from time to time; **pasar
  malos —s** to go through bad times
ratón mouse
raudo rapidly, sudden, brief
raya stripe; **a —s** striped
rayo ray, lightning
raza race; **de — y de garra** true, real,
  honest to goodness
razonar to reason
reaccionar to react
reacio difficult
realizar to carry out; — **la vendeja**
  to sell produce
real royal, true, real
realidad reality
Realismo Realism. *In the second half of
  the nineteenth century some writers like
  Benito Perez Galdós began to describe
  aspects of life and society that had not been
  found in literature before or had not been
  treated seriously. This treatment of the
  ordinary aspects of life is called Realism*
realista realistic
realizar to carry out
reanudar to renew, take up again
reavivar to revive
rebajado low
rebaño flock
rebelde rebellious, difficult to classify,
  undefinable
rebotar to rebound
rebozado breaded
rebrillar to shine resplendently
rebrillo shine, brilliance
rebrotar to sprout, show sucker growth
rebultado heavy set
rebullicio crawling sensation
rebuscado affected, forced, recherché
recado message, word
recargado de loaded down with,
  abundant in
recibimientos *m. pl.* hospitality
recibir to receive
recién recently; — **casados** newlyweds;
  — **comprado** brand new

reciente recent, recently acquired, new
recio rough
reclamar to reclaim; **que la reclamaba siempre** who was always
  urging her to do so
recobrar to recover, regain, take on
recodo turn
recoger to pick up, take, gather, catch,
  catch up
recogido sheltered, gathered, collected
recomendable worthy of consideration
recompensar to reward, make up for
reconciliar to reconcile
reconocer to recognize, admit
reconocimiento recognition, survey,
  reconnaissance, inspection, look
  around
reconquistar to reconquer
recopilación collection
recordar (**ue**) to recall, remember
recorrer to go through, live through,
  walk around, walk over, tramp over,
  go, visit extensively; *m.* journey
  through, progress through, penetrating
recorrido traveled over
recortar to cut, outline
recostarse (**ue**) **en** to lean against
recrearse to take pleasure in, enjoy
recreo amusement
recriminar to accuse
rectificar to straighten
rectificación rectification, straightening
recubrir to cover, settle over; **—se** to
  be covered anew
recuerdo souvenir, memory, recol-
  lection; **—s** memory
recuperar to recover
recurrir (**a**) to resort to, turn to, adopt
recurso device, stratagem, procedure
rechazar to refuse, reject
rechinante squeaking, grating,
  creaking
rechinar to creak, insist upon
red *f.* net, entanglement
redacción editing, editorial room
redistribución redistribution
redoblar to redouble
redonda: a la — around, roundabout

redondear(se) to round out, become rounded out

redondel bull ring, ring

redondón circle, circular ridge

reducido reduced, limited, small

reducir(se) to reduce in size, make smaller, grow smaller; **—se a** to be a matter of

redundar to spread

reencuentro meeting

referir (**ie, i**) (**a**) to tell; **—se** to refer, tell, deal with

reflejado reflected

reflejar to reflect; **—se** to be reflected, be shown

reflejo reflection, reflex

reflexionar to reflect, think

reflujo ebb tide; **zozobra en — an** anxiety that ebbed and flowed

reformista reformer; *adj.* reforming

refractarse to be refracted

refrenar to draw in, draw back, hold back

refrescar to cool, refresh

refugio refuge, protection

refunfuñar to grumble

regalar to give

regalo gift

regatas *f. pl.* regatta

regatear to quibble over price, bargain

regato pond, marshland caused by a brook

regazo lap

régimen regime

Regionalismo Regionalism, *a type of Realism, seeks to represent customs and landscapes of a given region. Nineteenth and early twentieth century authors like Pereda and Blasco Ibáñez are typical regionalist writers*

regionalista regionalist, writer of regional literature

regir (**i**) to rule

registrado recorded, registered

regocijadamente joyfully

regocijo joy; **—s** rejoicing

regodear(se) to take delight, enjoy

regreso return; **emprender el —** to start back

reinar to reign

reineta: manzana — Queen apple, *a large, yellow, juicy apple grown in Northern Spain*

reír (**i**) to laugh; **—se** (**de**) to laugh (at)

reja grate, grillwork

rejuvenecido rejuvenated

relación account, story, report

relacionar to relate; **—se con** to be related to

relámpago flash, lightning

relato story, tale

releer to re-read, read again

releje wheel track, rut

relevo replacement

relieve: dar —s a to bring out, emphasize, create

relinchido howl, yell

relincho yell

reloj *m.* clock, watch; **— de alta caja** grandfather's clock; **— de pesas** grandfather's clock; **— de pulsera** wristwatch

reluciente shiny

relumbre *m.* flash, sparkle, glitter, bright and shiny object

remansarse to stop flowing, eddy, slow down

rematado set off, topped, finished off

remate end

remedio improvement, counter measure, remedy, recourse, way out, possibility; **no tener más —** not to be able to avoid(help); **sin —** helpless, helplessly

rememorar to remember, recall

remirar to look at again

remitido sent

remitir to send

remolino vortex, maelstrom, dizzy whirl, doodling, doodle

remoquete nickname

remordimientos *m. pl.* remorse; **con — remorseful**

remoto remote; **lo —** what was in the distant past

remover (**ue**) to turn over; **—se** to move about

renacer to be born again, be reborn

Renacimiento Renaissance
rencor rancor, dislike
rendido worn out, exhausted
rendija crack
rendir (**i**) to make
renglón line
renovado renewed
renovar (**ue**) to renew, restore
renta income, wealth
renunciar to renounce, give up, deny
reñir (**i**) to scold
reparación addition, repair
reparar to notice
repartir to divide; —**se** to pass around among themselves, divide up
repasar to review
repente: de — suddenly
repentinamente suddenly
repentino sudden
repertorio collection, repertory
repetidamente several times, repeatedly
repetido repeated
repetir (**i**) to repeat, take a second helping; —**se** to repeat to oneself, be repeated
repleto full
replicar to reply, reflect
reponer to answer; —**se** to get well
reportaje article, story, news reel
reposar to be at rest, lie, repose, lead a quiet life
reposo rest
reprender to scold
representante representative
representar to represent, be a representative for, sell; —**se** to imagine
reprimenda reprimand; —**s** scolding
reprimido held back
reprimirse to repress oneself
reprochar to reproach
reproche reproach
reproducir to reproduce, copy
repuesto recovered
repugnar to disgust
requerimiento urging
resaltar to stand out
resarcido relieved

resbalar to pass over, run off, slip, slip into difficulties, skid, get into deep waters, get entangled
reseco dry, brittle
reseñar to review
reserva reserve
reservar to reserve, limit
residencia headquarters
residir to reside
residual left over, residual
resignado resigned
resistir to resist, stand, put up with, suffer, bear; —**se** to resist
resolver (**ue**) to solve, resolve; —**se** to be solved, turn into, come out
resollar (**ue**) to pant, breathe
resonante resounding
resonar (**ue**) to resound, echo
respaldo back
respecto (**de, a**) about, with respect to, concerning
respeto respect, admiration
respetuosamente respectfully
respetuoso respectful
respiradero lungs, breathing area
respirar to breathe, breathe deeply
resplandeciente shining, resplendent
resplandor sparkle, flash, brilliant handiwork
responder to answer, correspond, reflect
respuesta answer; **darse** — to answer satisfactorily for oneself
restablecer to restore, reestablish
restante remaining
resto rest
restregar (**ie**): —**se** to wipe; —**se los ojos** to wash one's eyes
restregón rough rubbing, rough shoving
resucitado risen, Christ risen
resuelto determined
resultado result, outcome
resultar to turn out, be, turn out to be
resumen *m.* resumé, summary
resumir to sum up
resurgir to come forth again
retablo retable, altarpiece
retemblar (**ie**) to tremble, shake
retener, detain

retirado out of the way, lonely
retirar to draw out; **—se** to retire, leave
retocar to retouch
retorcido twisted
retórica rhetoric
retorno return
retozar to play about, be frolicsome, play pranks, be prankish; **—se** to play pranks on, tease, pester
retozo prank, teasing, pestering
retraído withdrawn
retraso slowing down
retratar to take a picture; **máquina de — camera**
retrato portrait
retroceder to back up, retreat, go backward
reunido gathered together
reunión gathering, meeting, session
reunir to possess; **—se** to get together
revelado revealed, unveiled, uncovered
reventar (**ie**) to break out, burst forth, explode
reverencia bow
revés: al — on the contrary; **del —** on the other side
revestir (**i**) to adorn, cloak
revisión medical exam
revista review, magazine
revolver (**ue**) to revolve, turn, twist; **—se** to turn over and over
revuelta bend, turn
revuelto topsy turvy
rey *m.* king
rezagado in the rear
rezar to pray
ribera shore, seashore
ribete trimming, embellishment, trait, characteristic
rico rich, wealthy, delicious, tasty
ridículo ridiculous; *m.* ridicule
riesgo risk
rígido stiff, rigid, straight
rigor rigor, firmness, detail
riguroso strict
rincón corner
rinconcillo corner
riña quarrel, argument
riñón kidney; **sobre los —es** at his belt

río river, riverside
RIP *Requiescat in Pace* (Lat.) Rest in Peace, *a common tombstone inscription in Spain as well as in the United States*
riqueza wealth; **—s** treasures
risa laughter
risotada laugh; **—s** laughter
risueño smiling
rítmico rhythmical
ritmo rhythm
rito rite
rivalidad rivalry
rizarse to ripple
robado stolen
robar to steal, pilfer
roble oak
roca rock
rocín nag, hack horse
rocío dew
rodar (**ue**) to roll along, roll, roll about; *m.* rolling
rodeado de surrounded by
rodear to surround
rodeo subterfuge, evasion; **sin —s** without beating around the bush
rodilla knee
rogar (**ue**) to beg, request
rojizo reddish
rojo red; **de —** dressed in red
romántico Romantic, *a writer of the Romantic period, i. e. early nineteenth century*
romanticote romantic
Romanticismo Romanticism, *a philosophy of art, life, and history which came into prominence in the late eighteenth century and lasted until the middle of the nineteenth century. It stands for an exalted sentimentalism, of the most irrational type. It produced a literature free of restraints and of the authority of the Classics. The romantic hero is usually unappreciated and uncomprehended*
romería picnic, pilgrimage, religious pilgrimage
rompeolas *m.* sea wall
romper to break; **— a** to break out; **—le la cara** to sock in the kisser(puss), punch in the jaw

ronda roadway
ronzal halter
roña scab
ropa clothing; **—s** clothes
ropero wardrobe
ropilla jacket
rosa rose
rosal rosebush
rosario rosary
rosquilla; la — de su asa the handle
rostro countenance, face
roto broken, cut up, torn
rotura breakage
rubio blonde, light brown, golden, light
rubor embarassment
ruborizarse to blush
ruboroso blushing
rudo rough
rueda wheel
ruedecilla little wheel
ruedo: sacar a — to bring up for all
to hear
ruego prayer
ruidito little noise
ruido noise
ruidosamente noisily
ruiseñor nightingale
rumbo goal, direction
rumiar to meditate
rumor noise, rumor, delicate sound,
expressiveness
rumorear to gossip, be noised about
runrunear to purr, hum, run quietly
rutinario routine
rusticidad rusticity, backwardness

S

sábana bedsheet
saber to know, taste, understand, find
out, learn
sabido well known, understood
sablazo extortion, demand, sword slash
sable sabre
sabor taste
saboteador sabotager
sabrosamente pleasantly
sacado bulging, stuck out, puffed out,
protruding

sacar to draw forth, take out, get out,
deduce, send forth, give out; **—se de
la cabeza** to make up; **— una
fotografía** to take a snapshot; **—
plaza** to get a post(job)
sacerdote priest
saciar to satisfy
sacramento sacrament
sacrificar to sacrifice; **—se** to sacrifice
oneself
sacrilegio sacrilege
sacudida tremor
sacudir (se) to swing, shake, rock
sagrado sacred
sainete burlesque skit, farce
sala living room
salario salary, wage
salida departure, way out, escape, exit;
a la — de at the edge of; **dar —** to
mention, give free rein to
salido clearly outlined
salir to leave
salivarse to spit upon
salón room
salpicadura splash
saltamontes *m.* grasshopper
saltar to jump, jump down, jump forth,
jump up, leap forth; **—se** to overcome
salto jump, start, leap, turn, tendency;
dar un — atlético to make a mighty
leap; **dar un —** to leap
saltón protruding
salud health
saludar to wave goodbye, greet; **—se**
to greet each other
salvado saved
salvaje wild
salvarse (de) to escape from
Samotracia Samothrace; **Victoria de
—,** *the famous statue, Winged Victory of
Samothrace, by an unknown sculptor of
ancient Greece*
sanatorio sanatorium
sanguinolento bloody
sano healthy
santo holy; *m.* saint's day
sapo toad
saquito lunch bag
sardina sardine

sarmiento root
sastre tailor
satisfechísimo very happy
satisfecho contented
saya underskirt, petticoat
seco dry
secretaría secretariat
secretero: con voz —a in a low whisper
secreto secret
secuaz successive, continuous; *m.* follower, partisan
secundar to help
sed *f.* thirst
seda silk
sedante peaceful, soothing
sede *f.* seat
seguida: en — immediately
seguido: tres hijas —as three daughters in succession
seguir to remain, continue; **— +** *ger.* to continue, go on, keep on + *ger.*
según according to, as; **— que** according to whether
seguridad security, self assurance, surety, certainty, sense of security; **tener —** to be sure
seguro sure, firm, to be sure, of course, naturally
seleccionar to select, choose, pick out
sello stamp
semblanza profile
sembrado cultivated field
sembrar (ie) to plant, grow
semejante similar, such a; *m.* fellow human being
semejar to seem
semicerrado half closed
semicircundar to half surround
semidesnudo half bare, half naked
sencillez simplicity
sencillísimo very simple
sencillo simple
senda trail
sendero path
seno breast, bosom; **el — del hogar es triple** the heart of the home is tripled in warmth
sensibilidad sensitivity
sensible sensitive

sensorial sensory; **percepción no —** extrasensory perception
sentado seated, sitting
sentar (ie) to suit; **—se** to sit down
sentenciar to settle
sentido sense, meaning; **— y significación** sense and meaning
sentimiento feeling, sentiment; **novela corta de —s** short story dealing with sentiments, psychological short story
sentir (ie, i) to regret, sense, feel, hear; **—se** to feel
seña sign, signal
señal *f.* sign, mark, identification mark
señalar to point out
señor gentleman, lord; **un sonido muy — a** first class sound; *do not translate before another title*
señora Mrs., madam; **Nuestra — de la Fresneda** Our Lady of the Ash Grove
señoría lordship
señoril masterly, lordly, aristocratic
señorito playboy
separar to take away, separate
sepultura grave
sequedad dryness
sequía drought
ser to be, happen, take place; *m.* being
serenarse to become calm, grow calm, calm down
sereno nightwatchman; *adj.* sereno, peaceful
serie *f.* ranks
seriecita very serious
seriedad seriousness
serio serious
serpear to wind
serpentinas *f. pl.* serpentine streamers
serranía mountains
servicio service; **prestar —** to serve; **a su —** to work for her
servidumbre servitude, help, servants
servir (i) to serve, help, assist, work; **—se** to help oneself to
sesgar to snip off
sesión: los pases de — the separate shows
seudónimo pen name, nom de plume

sí yes, that's right, to be sure; oneself, itself, themselves; **a — propio** on oneself; *an emphatic element usually translated as* do, does, sure(ly), etc.: *e. g.* **sí tienen nombre** they do have names, **sí que te dejo** I surely will leave you; **a — mismo** to himself
si if, whether
siempre always; **de —** usual, same old; **— que** whenever
sien *f.* brow, temple
sierra mountain
siesta afternoon nap
siglo century, age
significación significance; **sentido y — sense and meaning
significado meaning
signo sign
Sigüenza *a town in the province of Guadalajara northeast of Madrid*
siguiente following, next; **la —** the next one
silbar to whistle, sing
silbido whistle
silbo whistling
silbote whistle
silencio silence, pause
silencioso silent
silueta figure, form, shape, outline
silla chair
sillón chair, armchair
silloncito small armchair
simbolizar to symbolize
símbolo symbol
simpatía sympathy
simpático nice, pleasing, attractive
simpatizar to sympathize
simple simple minded
simpleza simpleness
simplón simpleton
simultáneamente simultaneously, at the same time
sin without; **— +** *inf.* un- *as* **— terminar** unfinished
sinfín endless amount
sino but, but on the other hand, but rather, but instead, but still more; **no ser —** to be nothing more than
sinsentido meaningless, senselessness

sinuoso winding
siquiera even; **ni —** not even, nor even, even; **ni tan —** not even, even
sirena siren, whistle, foghorn
sitio place, spot
situación location
situar to locate
so *used as an intensifying element in preposition with an insulting epithet or name:* **so pasmao** you big numbskull
sobar to knead, massage, rub
sobeo squeezing, patting
soberbio superb
sobra: de — well enough, plenty well; **—s** leftovers
sobrado attic
sobrar to be excessive
sobrecargado de loaded down with
sobre upon, on, over, above, concerning, about; **— la marcha** suddenly
sobremesa: de — after dinner
sobrenatural supernatural
sobrentendido unexpressed nuance, unexpressed reference, half phrase
sobreponerse (a) to overcome
sobresalir to stand out, excel, be successful
sobresaltado startled
sobresaltar to startle; **—se** to jump up, be aroused
sobresalto surprise; **sin —** without anything unusual happening
sobrevenir to come
sobrino nephew; **—s** nephews and nieces
sobrio sober, reserved
socarrón cunning, *m.* cunning, crafty individual
socarronamente slyly, ironically
socorrer to help
socorro help
sofocado speechless, breathless
sofoco: darle — to suffocate
sol sun, sunshine; **el — de los días** the daily sunshine
solana sun room
solapa lapel
solapadamente sneakingly, deceitfully
solaz *m.* enjoyment
soldado soldier

soldar (**ue**) to join, weld
soleado sunny, sun-drenched
soledad solitude, loneliness, lonely place
soler (**ue**) to be accustomed to
solería tile flooring
solicitud request, petition
solidaridad solidarity
sólido solid
solitario abandoned
soliviantado excited, worked up
soliviantarse to become excited
solo slone, single, only, sole; **a —as** alone, to herself
sólo only, alone
soltar (**ue**) to release, let go, let fly, come out with, tell; — **bridas** to throw off the reins, loosen the bridle, be unrestrained, be unchecked; —**se el tapabocas** to take off the muffler
soltero unmarried
solterona old maid
soltura ease
sombra shade, shadow
sombrear to shade
sombrero hat; — **de copa** tophat
sombrío gloomy, sombre
somero top, summit
someter to submit
sonar (**ue**) to sound, ring; —**se** to blow one's nose; **hace** — she plays; — **a** to sound like, to sound of; *m.* blaring
sondear to sound, probe
sondeo sounding, probing, exploring
sonido sound
sonoro sonorous
sonreír (**i**) to smile
sonriente smiling
sonrisa smile
sonrisilla little smile
sonrosado rosy
soñador dreamer
soñar (**ue**) to dream; — **con** to dream about
soplar to blow
soplo puff, breath
sopor stupor
soportar to stand, bear up under, support
sorber to sip

sorbito little sip
sorbo swallow
sordidez sordidness
sordo dull, muffled
sorna scorn
sorprenderse to be surprised, be startled
sorprendido surprised
sorpresa surprise
sosegadamente quietly
sosegado quiet
sosiego peace, quiet, contentment, calmness
sospecha suspicion
sospechar to suspect
sospechoso suspect
sostener to sustain
sotillo grove; **el** — the Grove, *the name of a subdivision on the edge of an imaginary city*
soto grove
suave smooth, soft, pliable
suavidad gentleness
subasta auction
subir to climb, mount, enter, go, raise, put up, pull down, undergo, suffer, go up, put up in, rise up, come up; —**se** to get in, climb in, climb up
súbito: de — suddenly, sudden(ly)
suboficial non-commissioned officer
suceder to happen, take place; **¿Qué sucede?** What's the matter? What's up?
suceso event
sucinto succinct, short, laconic
sucio dirty
sudor sweat
sudoroso perspiring, sweaty
sueco Swedish
sueldo salary
suelo ground, floor
suelto single, loose, separate, new item; **movido por la mano de la broma —a** lifted by the hand of the joke-playing individual
sueño sleep, dream, dreaming; **en —s** in a dream
suerte *f.* luck; **su perra** — his lousy luck; suerte, *a division in the bullfight*

sufrimiento suffering
sufrir to suffer, put up with
sugestivo suggestive, inspiring
sujeción subjection
sujetar to hold back, fasten, fix in place
sujeto fellow
sulfúreo sulphurous
suma addition, sum; **en** — in short
sumario brief, scanty
sumido shrouded, overwhelmed, absorbed
sumo: a lo — at (the) most
superdotado one who has everything, very gifted
superior upper
Superrealismo Surrealism *André Breton, in his Manifeste du Surréalisme (1924), headed a literary movement that sought to explore the subconscious. The writing of this group was to be "automatic" and to express, therefore, the real functioning of the mind. Dreams, hallucinations, passing fancies were to be recorded — all without any logical or planned arrangement*
superrealista surrealist
supino supine, flat, inert, inactive
suplicante entreating, begging
suposición fancy
supremo supreme
suprimir to suppress,
supuesto supposition; — **que** inasmuch as, provided that; **por** — of course, naturally
sur south, southern
surco furrow
surgir to come up, break out, come forth, come out
surtidor spray, fountain
suscitar to bring up, awaken, inspire
suspender to cast
suspensivo: puntos —**s** leaders, dots
suspenso in suspense
suspirar to sigh, long
suspiro sigh
sustituir to replace
susto fright; **dar** — to frighten
susurrar to whisper, mutter
sutil subtle, fine
sutilizar to make subtle, sharpen

suyo: pasar lo — to have a bad time of it; **Era lo** — That's what he liked

T

tabaco tobacco; **color** — tobacco colored; **ofrecer** — to offer a smoke
tabardo outer jacket
taberna tavern
tabernero tavern keeper
tabla scale; — **rasa** clean slate
tablero board, panel, table top, table plank
taco oath, curse
taconeado heel tapping, tapped by heels
taconear to make a noise with one's heels
taconeo heel noise, heel taps
tacto touch
tal such, such a, so; **¡Qué** —! How are you?; **de manera** — in such a way that; — **o cual** such and such a(n); — **vez** perhaps, maybe; **La primavera no resultaba ya** — **para ella** Spring just was not Spring for her; — **cual** just as
taladrar to pierce, cut through
talento genius
talentoso talented
tallar to carve
taller factory, workshop
tallo stem, branch
tambor drum
tamborilero drummer
tampoco nor, neither, either
tang *abbreviated form of* **tangente** tangent
tantear to feel out
tanto so much; — ... **como** both and (as well as); **de** — **en** — every now and then
tañer to ring, toll
tapa cover
tapabocas *m.* muffler
tapadera cover, blind, disguise, cover-up
tapado covered

tapar to cover
taparrabo loincloth
tapia wall, garden wall
tapiado walled up
tapizado upholstered
tapón cap; — **del motor** radiator cap
taquillera ticket girl
tararear to hum
tardar to delay; — **en** + *inf.* to be long
in + *ger.*, to delay in + *ger.*
tarde *f.* afternoon; **de** — **en** — now and
then; **media** — mid-afternoon
tarea task
tarjeta calling card
tarta tart
tartajear to stammer, stutter
tartana closed carriage
tartanero coachman
taza cup
técnica technique
técnico technical
techo ceiling, roof
tedio boredom, tedium
tedioso tedious
teja roof tile
tejado roofing, roof
tejido textile
tela cloth; **—s** yard goods, dry goods;
muleta, *the red cloth used by a matador*
telefonear to telephone
telégrafo telegraph
telegrama *m.* telegram
tema *m.* topic, subject, theme
temblar (**ie**) to tremble, shake
temblor tremor, trembling
temblorcillo little tremor
tembloroso trembling
temer to fear, be afraid
temeridad daring thing, rashness, folly
temeroso timid, fearful(ly)
temor fear
temperamento temperament, consti-
tution
temperatura temperature
tempestad storm
templado temperate
templanza moderation, sobriety
templar to cool off
temple self control, restraint, temper

temporada season, while, time
temporal temporary
temprano early
tenaz steady, tenacious, continuous
tendal awning
tender (**ie**) to stretch out, tend toward,
approach
tendero shopkeeper
tendido seat, stretched wire
tenebroso dark, gloomy
tener to have; — **a bien** to please to;
— **... años** to be ... years old; —
seguridad to be sure; — **prisa** to be
in a hurry; — **lugar** to take place
tensarse to grow tense
tenso tense, taut
tentador tempting
tentaruja fresh slap, dissimulated
petting
tentón: a —es fumblingly
tenue light, wispy
teñir (**i**) to tinge, stain
terciar to break in
tercio regiment
terciopelo velvet
terco stubborn
terminante absolute
terminar to finish
término term, end; **llevar a** — to
carry out
ternura tenderness
terreno lot
terroso mud-caked
terso shiny
tertulia conversation group
tesis *f.* thesis
tesón: tener — to be stubborn
testero main wall
testigo witness
teutónico teutonic, German
terneza tender thing
tez skin, complexion
tí you
tía aunt
tibio warm
ticket *m.* check, bill, stub
tic-tac tick tock
tiempo time, weather; **a un** — at the
same time

tienda store; — **de modas** fashionable ladies dress shop
tierno tender, gentle, young
tierra land, earth, dirt
tieso stiff
tifoideas *f. pl.* typhoid fever
tifus *m.* typhus; **fue un —** it was typhus
tílburi *m.* tilbury, *a type of carriage*
timidez timidity; **timideces** timidity, bashfulness, tenseness
tímido timid, bashful
timón helm; **al —** at the helm
tino knack, skill
tinta ink, inky secretion
tintero inkwell
tintín *m. pl.* clang clang
tío guy, uncle
tiovivo merry-go-round
tipo guy, fellow, type, kind; **con — de** as a sort of
tiraje edition
tirano tyrant
tirante tense
tirar (de) to pull, draw, throw, drag; — **pellizcos** to pinch; **—se** to dash away; — **por su lado** to pull in his own direction
tiritar to shudder, tremble, shiver
tiro shot; **—s** sniping, volley; — **al blanco**
tiroteo gunfire
tísico consumptive
titiritera show girl, chorus girl
titubear to totter, waver
titular with a degree, official headline
título headline
tiza chalk; — **de encina** charred oak stick, charcoal stick
tiznado smudged, charred
tobillo ankle
tobogán *m.* toboggan
tocador dressing table
tocar to play, touch, knock, blow
todavía yet, still
todo all, every
toldilla sunshade
toldito awning
tomar to take, consider; — **por** to consider

tomate tomato
tomavistas *m.* camera
tomillo thyme
tonificante strengthening, invigorating
tono tone
tontamente stupidly
tontería stupidity, feeblemindedness; **—s** silly things, silliness
tonto silly, stupid, feebleminded, backward, retarded; *m.* silly fool
Toño Tony
topar (con) to meet, come across
tópico subject, idea, architectural sketch
topo mole
toque touch, call
torbellino vortex, whirlpool
torcido twisted
tordo dapple, gray
torear to fight bulls
toreo bullfighting
torero bullfighter
toril bullpen
tornar to turn; — **a +** (*nf.* to do . . . again
torneado twisted
torno turn, lathe; **en —** around; **en — de** around
toro bull; **—s** bullfighting
torpe slow, stupid, dumb
torpemente stupidly, clumsily
torrente flood
tortuga turtle
torturadamente in a tortured manner
tos *f.* cough; — **de disimulo** cough of disapproval
tosecica little cough
toser to cough
total o. k., all right, in short, in a word, total
tozudamente stubbornly
trabajador worker, hard worker
trabajo trouble, effort, work
trabajoso difficult
tracatrá clicking
traducción translation
traducir(se) to translate, interpret, reveal, show
traer to bring, carry, wear

tragar(se) to swallow; **—selo para su coleto** to keep it to oneself
tragedia tragedy
trágico tragic
trago swallow; **echar —** to take a drink
traidor treacherous
traje suit, dress; **— de baño** bathing suit
trajecito little dress
trajín *m.* movement, action, activity, moving about
trajinante carrier
tralla whip; **— pasada por los hombros** whip slung around his shoulders
trama plot
tramitación; —es red tape
trámite business transaction
tranca bolt
tranquilidad tranquility; **con —** peacefully, in peace
tranquilizar to tranquilize
tranquilo peaceful, quiet
transcurrir to take place, pass, happen
transcurso course
transformación transformation, change
transformarse to change
transición transition
transparentar to make transparent
transpiración prespiration
transportar to transport, carry
tranvía *m.* streetcar
trapecio trapeze
trapitos *m. pl.*
trapo rag, slotch; **—s** clothes
tras through, behind, after
trasatlántico ocean liner
trascendental major, significant
trascender (ie) to pervade, penetrate, extend beyond, transcend
trasera rear
trasero back; **cuarto —** garret
trashoguero idling
trashumar to roam in search of food
trasladar to transfer
trasnochado careworn
trasnochador night owl, night hawk
traspaso subleasing

trasponer to cross
trasquilado close cropped
traste: dar al — to ruin, shatter
trasteo tactic, move
trastornado dazed, upset, taken aback
trastrocar (ue) to upset
tratado treaty, treatise
tratar to treat; **se trata de** it is a question of, it is a matter of
trato negotiation, manner, dealings with people, deal; **—s** business
través: a — de through
travesía crossing
trayecto trip
trayectoria trajectory, flight, tendency
traza sign
trazado traced
trazar to draw, trace; **—se** to take shape, be formed, follow
trazo stroke
trecho stretch; **a —s** at intervals, every now and then; **de — en —** every now and then, every few inches
Tremendísmo *A style of writing so named characterized by the matter of fact, cynical, and disinterested recounting of the tremendous sordidness, degeneracy, and violence of life. Camilo José Cela is the initiator and primary author of this movement*
trémulo trembling
tren *m.* train
trepar to climb, reach up
triangúlico triangular; **lo —** triangularish
triángulo triangle
tributario tributary
trigo wheat
trillizo triplet
trinchera trench, trench coat
tripa tripe; **las —s** insides
triste sad, drab, ordinary
tristeza sadnes
tristísimo very sad
tristón sad
triturado chewed, masticated
triunfar to triumph, be successful
trocar (ue) to change; **—se** to change
trocha trail

trompeta horn, horn part
tronco log, tree trunk
tropel troop
tropezar (**ie**) (**con**) to bump, meet, stumble, trip, bump into; — **con la cabeza** to bump one's head
tropiezo stumbling
trotacuarteles: un buhonero — an army barracks peddler
trozo piece, chunk, distance, slice
truculencia roughness, cruelty, truculence
truculento truculent, fierce, cruel
tuerto one-eyed man
tumba tomb, grave
tumor tumor; **de** — tumorous
tumulto tumult, confusion
turbación disturbance, uneasiness
turbado disturbed, uneasy
turbar to disturb; **—se** to be disturbed
turbio husky
turno turn

U

ubre *f.* udder
ulterior final
últimamente recently
último last; **por** — finally, final
umbral threshold
umbría shade
unánime same, the same, alike, just alike
únicamente only
único only; **lo** — the only thing
unidad unity, unit, item
uniforme dull, uninspiring
uniformado uniformed
unipersonal individual, made up of one person
unir to unite, join together
unto unguent
uña finger nail
uñita little finger nail
urbano city
úrico uric
usar to use, wear
uso use

usurpar to appropriate, take over
utopía utopia, utopian dream

V

vaca cow, ox
vaciar to empty
vacilación hesitation
vacilar to sway, hesitate
vacío vacant, empty; *m.* vacuum, void
vadear to wade through
vagabundaje vagabondage
vagabundeo wandering about
vagabundo vagabond, tramp, bum
vagar to wander
vagaroso vague
vago wandering, vague, hazy
vagón railway coach, car
vaho vapor, fume, mist, cloud
vaivén *m.* movement, confusion
valer to be worth, be of value; — **la pena** to be worthwhile
valiente valiant, brave
valimiento worth, influence
valor writer, unknown writer
valva convolution, fold
valla wall
vanagloria vainglory, pride
vanamente gently, smoothly, suavely
vanguardia Vanguard; **de** — Vanguardist. *Vanguardism is a generic term applied to all the experiments that appeared in Spanish and Spanish American literatures after World War I, e. g. the innovations of Federico García Lorca*
vanguardista Vanguardist
vano useless, vain
varilla rib, lever
varios several
varón man; *adj.* male; **de** — masculine
vasco Basque
vascongado Basque
vascuence Basque
vástago descendant, scion
vaticinar to predict
vaya Golly, Gosh, My golly
vecindad neighborhood
vecino citizen

vehemente vehement, angry, impatient
veintitantos: los años — the Twenties
veintitrés twenty-three
vejez old age
vela sail, candle
velada evening
velocidad speed, rate of speed; **a gran** — at great speed
vena vein
vencer to overcome, conquer, win out
vencido fallen due, conquered, beaten, defeated
vendaje bandage
vendedor vendor, seller
vendedora seller, vendor
vendeja sale, public sale (*of produce*)
vender to sell; —**se** to give oneself away; **se vende** for sale
veneno poison
venerado venerated
venida arrival; **las idas y** —**s** the comings and goings
venir to come; — **a ser** to become, turn out to be; **ni le va ni le viene en todo esto** he hasn't anything to do with all this, **venga** give it to me
venta sale
ventana window
ventanal window
ventanilla window, carriage window
ventolera gust of wind
ventorillo low-class tavern, dive, joint
ventura good fortune, luck
ver to see; —**se** to be
vera edge, side
veracidad veracity, trueness to life
veraneante summer visitor
veraneo summer visit
verano summer
veras: de — really
verbena festival
verdad truth
verdadero true
verde blossoming, young, green, unripe
verdeamarillento greenish yellow
verderón green finch
verdiazulado greenish blue
verdor verdure, greenness
verdoso greenish

verdura green, verdure, vegetable; **plumoncillo de** — feathery green
vereda path
vergonzoso shameful
vergüenza shame; **tener** — to be ashamed
verismo truth, credibility
verja grating, iron railing
vermut *m.* vermouth
versalita small capital
vertical erect, straight
vértice vertex, apex; **en** — angular
vertiente *f.* slope, side
vertiginoso dizzily
vértigo dizziness
vestíbulo vestibule, lobby, hall, waiting room
vestidillo dainty little dress
vestido dress, dressed
vestimenta clothing, attire, garment
vestir (i) to dress, wear; —**se** to get dressed, put on, wear
vez time; **una** — once; **cada** — **más** or **más ... cada** — more and more; **a veces** at times; **tal** — perhaps, maybe; **de** — **en cuando** every now and then; **a su** — in its own right, in turn
vía highway; **por** — **incidental** in incidental fashion
viaje trip
viajero traveler, passenger
vibración pulsation, vibration
vibrante vibrant(ly)
vibrar to sound, resound, vibrate
vicio vice, extravagance
vicioso abundant(ly), vigorous(ly)
víctima victim
vid *f.* grapevine
vida life
vidrio glass
vieja old woman
viejecillo rather old
viejecito little old person
viejito little old man
viejo old; *m.* old man
viento direction, wind, breeze
vientre stomach
vigilante watchful

vilo: en — in suspense, suspended
vino wine
viñal vineyard
viñedo vineyard
violáceo violet
violar to violate, break
violeta violet
violín violin
virar to turn
virgen *f.* virgin
viruta excelsior, wood shaving
visaje: hacer —s to smirk, make a wry face, make a face
visera projecting overhang
visible visible
visión view, vision
visita visit, guest
visitante visitor
viso appearance, glimmer, chance, character
víspera night before; **las de —** nights before big events
vista sight, glance, gaze, appearance; **cortedad de —** shortsightedness
vistazo glance
visto seen; **lo —** things seen, what was seen; **por lo —** apparently; **nunca —** never seen before
vistoso showy
viuda widow
viudez widowhood
vivero hothouse, nursery
vivido living
vivienda dwelling, house
vivir to live, reside
vivísimo very intelligent
vivo schemer, sharp operator
vocablo word
vocear to call out, shout
volador flying
volante steering wheel
volar (ue) to fly
volcado dumped, capsized, deposited
voltear to ring out
volumen *m.* volume, size
voluntad will; **mover su —** to win his support
voluta spiral
volver (ue) to return, turn; **—se** to turn (around), return, go (come) back; **—se loco** to go crazy; **— a +** *inf.* to ... again; **— a ser** to become again; **se vuelve sobre lo andado** things are said again and again
voto oath
voz *f.* word, voice; **a voces** in shouts, in a loud voice; **dar voces** to shout
vuelco start, flip
vuelo flight; **en un —** in a jiffy; **alzar el —** to take flight
vuelta repetition, return, turn, ride; **dar la —** to turn; **— a** once again; **— de romería** a real picnic; **dar —** to circle, turn over and over in one's mind; **a la — de** mixed with, buried under, together with; **de —** back; **dar —s** to turn over and over, go round and round
vuelto turned
vulgar common, ordinary, everyday, vulgar
vulgaridad commonness, ordinariness, commonplace *or* ordinary event *or* thing
vulgo common people

W

whisky *pron.* [wíski] whiskey

Y

ya already, now, then, again, anymore; **— no** no longer; **no —** perhaps not; **— que** since, inasmuch as; **¡—!** There!; **ya ... no** *or* **no ... ya** no longer, not ... anymore
yedra ivy
yegual horsey, filly
yema tip
yugoeslavo Yugoslavian
yunta team; **jardinera de —** team drawn basket carriage

Z

zafarse to escape, get away
zaguán lobby

zapatillazo whipping with a slipper, whipping; blow with a slipper

zapato shoe

zapatón clodhopper, big shoe

zarandeo moving about, shaking about

zarpar to shove off

zarza bramble

zona zone

zoquete block

zozobra anxiety, worry, anguish; — **en reflujo** an anxiety that ebbed and flowed

zutano *an imaginary surname,* Mr. So and so